现代企业管理系列教材同步综合练习

企业管理信息系统
同步综合练习

主　编　黄兰秋
副主编　鄂寒梅　王雅丽

科学出版社
北　京

内 容 简 介

本书是为了配套现代企业管理系列教材《企业管理信息系统》而编写的教学练习册。编写的目的是帮助读者总结和巩固企业内部控制的课程知识，提高读者的应试能力。全书依据“企业管理信息系统”考试大纲，按最新体例分章节进行编写，并配有多套全真模拟演练题，便于读者自测知识掌握情况，更加扎实地掌握学习内容。

本书可作为广东省高等教育自学考试科目“企业管理信息系统”配套用书，也可作为普通高等院校经济管理类学生的学习参考书。

图书在版编目(CIP)数据

企业管理信息系统同步综合练习/黄兰秋主编．—北京：科学出版社，2014

现代企业管理系列教材同步综合练习

ISBN 978-7-03-041792-3

Ⅰ．①企…　Ⅱ．①黄…　Ⅲ．①企业管理-管理信息系统-习题集　Ⅳ．①F270.7-44

中国版本图书馆 CIP 数据核字（2014）第 203895 号

责任编辑：张　宁／责任校对：刘小梅

责任印制：赵　博／封面设计：蓝正设计

科学出版社出版

北京东黄城根北街 16 号

邮政编码：100717

http://www.sciencep.com

北京盛通数码印刷有限公司 印刷

科学出版社发行　各地新华书店经销

*

2014 年 9 月第　一　版　　开本：787×1092　1/16

2024 年 2 月第七次印刷　　印张：13 3/4

字数：323 000

定价：38.00 元

（如有印装质量问题，我社负责调换）

编写说明

本书是为了配套现代企业管理系列教材《企业管理信息系统》而编写的教学练习册。“企业管理信息系统”（课程代码08816）是广东省高等教育自学考试“现代企业管理”（本科）专业必考的专业课，是为了培养和检验自学应考者的企业管理信息系统的基本理论、基本知识和基本技能而设置的一门基础课。本门课程所使用的教材为高波主编、科学出版社 2011 年 6 月出版的《企业管理信息系统》。

编写依据：

1. 广东省高等教育自学考试指导委员会颁布的《企业管理信息系统自学考试大纲》。

2. 广东省高等教育自学考试指导委员会指定教材《企业管理信息系统》（科学出版社，高波主编）。

本书的特点：

1. 以考试大纲规定的考试内容、考核知识点和考核要求为线索，按最新体例分章节进行编写。每章均列有考核内容，并将每一章节可能出现的考核知识按考试题型编写练习题，以便考生扎实、准确地掌握该章内容。

2. 本书含多套全真模拟演练题，贴近全真试题，命题科学，解答准确，便于考生模拟考试，自测知识掌握情况。

书中难免有不足之处，恳请读者批评指正。

《企业管理信息系统》编写小组

2014 年 7 月

目录
Contents

第1章 管理信息系统导论

考核内容

1. 掌握数据、信息的概念，信息的性质，数据与信息的区别与联系；
2. 掌握系统、管理信息系统的概念、特点和性质；
3. 理解管理信息系统的结构与类型；
4. 了解管理信息系统的发展阶段。

一、数据与信息

（一）数据

数据是指日常生产和生活中未经过加工的事实或对一种特定现象的描述，是人们为反映客观世界而记录下来的可以鉴别的符号集。它可以是字母、数字、图像、声音或其他符号。

（二）信息

1. 信息的概念

随着时代及人们认识的不同，人们对信息的定义也不同。

（1）信息是加工后的数据。

（2）信息是对客观事物的反映。

（3）信息是表征事物状态的普遍形式。

我们认为，信息（information）是经过加工并对人类社会实践和生产经营活动产生影响的数据。信息与能源、物质构成了信息社会的三大支柱。

2. 信息的要素

（1）信源：信息的发布者或信息的来源。

（2）信宿：信息的接收者。

（3）信道：信息传递的途径或渠道。

（4）媒介：信息依附的载体，如纸张、光盘、磁盘等。没有媒介，信息就无法存在，更谈不上传递和沟通。

3. 信息的特征

信息是对客观事物的变化和特征的反映，是客观事物之间相互作用和相互联系的表现形式，其特征如下。

（1）客观性。信息的客观性是指一切事物都是信息的来源。客观性是信息的基本性质，信息无处不在、无时不有。

（2）共享性。信息不同于能源和物质，其具有非消耗性，可同时被多方使用，共同享有。

（3）时效性。信息的时效性是指一条信息如果没有及时地发布出去，就不能充分地发挥它的作用，随着时间的推移，信息的效用会越来越小，直到全部消失。

（4）可存储性。信息不是事物本身，信息可通过竹、帛、纸、磁盘、光盘等载体进行记录和存储，并通过光、声、电等能量来传递。离开了这些物质载体，信息就无法存在。

（5）可传递性。人们可通过各种手段将信息传递出去。信息的传递既方便又快捷，成本也很低。

（6）可处理性。人们可通过一定的方法和手段来对信息进行处理，如扩充、压缩、分解、提取、排序等，在处理信息时要注意避免信息失真。

（7）再生性（增值性）。随着时间的推移及环境的变化，信息可能会失去它原有的效用，但信息可以在其他的时空发挥新的效用，这就是信息的再生性或增值性。因此应适当保存和管理过去的信息。

(8) 可转换性。信息的可转换性表现为信息可以转化为价值。能源、物质、信息是人类的三大资源，它们既相互联系，又相互转换，能源、物质可以换取信息，有了信息，也可以间接获得物质和能源。

(三) 数据和信息的区别及联系

数据和信息既有区别又有联系，数据是反映客观事物而记录下来的符号，而信息是为了向人们提供某一方面的数据，而对相关数据进行加工提炼得出的结果。但是，并不是所有的数据都能转化成信息。二者的关系如图 1-1 所示。

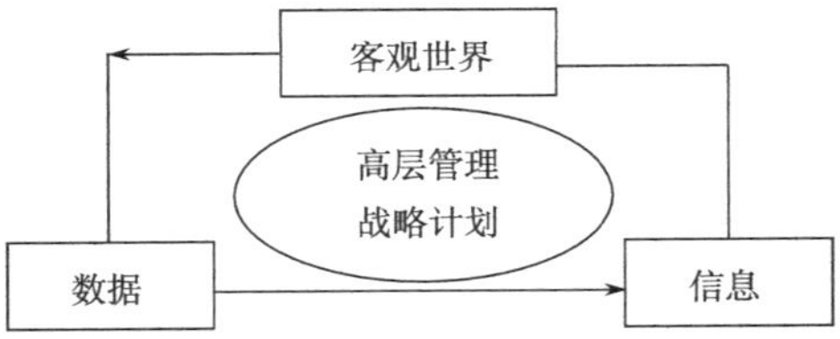

图 1-1　数据与信息的转化过程

从图 1-1 中可以看出，数据是客观世界存在的原始材料，而信息则是数据加工过的产品，这个过程是循环结构。数据和信息不能分割，信息需要数据的形式来表示，数据经过加工、提炼又形成新的信息，它们在非正规场合是可以相互转换的。

二、系统、管理信息、管理信息系统

(一) 系统

1. 系统的概念

所谓系统，就是由若干个相互联系和相互制约的因素结合在一起并形成的具有特定功能的有机整体。系统的构成必须具备三个条件。

(1) 有两个以上的组成成分。

(2) 两个以上的组成成分相互联系、相互制约。

(3) 整体具有特定功能的有机整体。

2. 系统的分类

根据系统组成的要素和功能，可以将系统分为自然系统、人工系统、复合系统 。此外还有静态系统和动态系统、封闭系统和开放系统等分类。

3. 系统要素

系统的要素包括输入、处理、输出、控制、反馈，其过程如图 1-2 所示。

(二) 管理信息

管理信息是组织在管理活动中收集并整理后对企业生产经营活动、管理决策产生影响

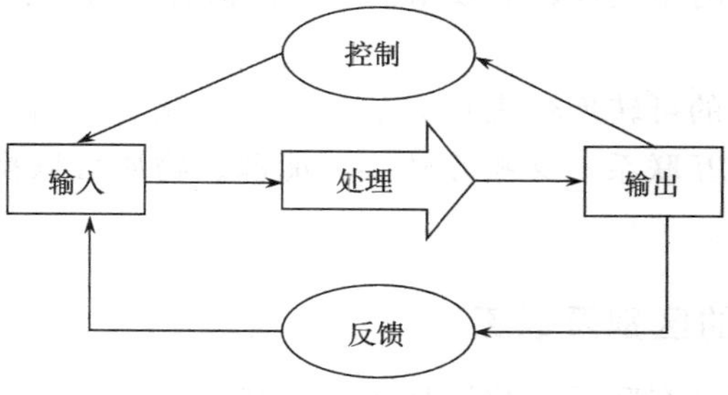

图 1-2 系统运行模型

的各种数据的总称。管理信息的表现形式有报告、计划书、协议等。

(三) 管理信息系统

1. 管理信息系统的定义

管理信息系统（management information system，MIS）包括人、计算机技术、信息流三大要素，它借助计算机技术，对信息进行收集、存储、加工、传递、更新和维护，是通过处理信息流来为企业组织提供决策支撑的信息处理系统。

2. 管理信息系统的特点

（1）管理信息系统的最终目的是为决策提供服务。

（2）管理信息系统能够对企业整个供应链进行有效和全面的管理。

（3）管理信息系统是人机相结合的系统。

（4）管理信息系统将先进的管理手段融入其中。

（5）管理信息系统是多学科交叉而成的边缘学科。

三、管理信息系统的结构

管理信息系统的结构是指管理信息系统的组成及其各组成部分之间的关系。一般来说，管理信息系统的结构主要包括概念结构、层次结构、职能结构。

(一) 概念结构

从概念来看，管理信息系统由四大部分组成。

（1）信息源。信息源就是原始信息的产生地。

（2）信息处理器。信息处理器根据不同的需求，对原始信息进行收集、分析、加工、存储并转化成所需要的信息，最终传递给信息使用者。

（3）信息使用者。信息使用者就是信息的归宿，其应用信息来进行决策。

（4）信息管理者。信息管理者对管理信息系统进行设计和维护，在管理信息系统运行之后，对其进行协调，保证各个部分能够正常运行。

(二) 层次结构

按企业所处的层次，对应管理信息的分类特点，可将管理信息系统分成以下三个子系统。

(1) 操作层子系统。操作层子系统位于管理信息系统的最底层，它进行最基础的业务处理，是监控组织的基本活动和交易的信息系统，常用的系统是交易处理系统（transaction processing system，TPS）。

(2) 管理控制子系统。管理控制子系统是支持中层管理人员进行监督、控制、决策和行政活动的信息系统，常用的系统是管理信息系统（MIS）和决策支持系统（decision support system，DSS）。

(3) 战略信息管理子系统。战略信息管理子系统是支持高级管理层进行长期计划活动的信息系统，常用的系统是专家支持系统（executive support system，ESS）。

（三）职能结构

按照在企业中的职能，可将管理信息系统分为销售和市场营销信息系统、制造和生产管理信息系统、人力资源信息系统、财务会计信息系统及办公室管理系统等子系统。

四、管理信息系统发展的三个阶段

20 世纪五六十年代，是计算机在管理领域应用的起步阶段，经过 50 年的发展，管理信息系统经历了三个阶段。目前，我国仍然处于第二阶段。

(1) 电子数据处理系统（electronic data processing systems，EDPS）阶段。该阶段处于 20 世纪 50～60 年代，包括单项数据处理与综合数据处理两个子阶段。单项数据处理子阶段中，人们只是利用计算机代替手工操作处理简单的数据问题，这时候数据处理水平较低。综合数据处理子阶段中，可实现一定程度的数据共享，可对多个业务数据进行综合处理，初步显示出计算机系统的优越性。

(2) 管理信息系统（management information system，MIS）阶段。20 世纪 70～80 年代，随着计算机网络、数据库等先进技术的出现和发展，很多企业开始实行计算机管理，并通过网络连接，使得分布式的企业管理信息系统实现了数据共享。该阶段的最大特点是能够将组织中的数据高度集中地收集起来，进行快速的分析处理，从而统一使用。管理信息系统的标志是有一个中心数据库和计算机网络系统。此外，管理信息系统能利用定量化的科学管理方法，通过计划、管理、控制、调节、优化、预测等手段来支持决策。

(3) 决策支持系统阶段。决策支持系统不同于前两个阶段的信息系统，管理信息系统只是为管理者提供预订的报告，而决策支持系统能为决策者提供可能的方案和决策所需的信息。20 世纪 90 年代至今，随着计算机硬件、软件水平的不断提高和人工智能技术的不断发展，决策支持系统、专家系统、战略信息系统等更为高级的管理信息系统逐渐走向成熟。

综上所述，电子数据处理系统、管理信息系统、决策支持系统各自代表了从计算机应用到管理信息系统的三个发展阶段。电子数据处理系统是面向业务的信息系统，管理信息系统是面向管理的信息系统，决策支持系统则是面向决策的信息系统。决策支持系统可以是一个独立的信息系统，也可以是管理信息系统中的高层子系统。

五、管理信息系统的发展趋势

管理信息系统是随着社会的发展而不断发展的。20 世纪 90 年代以来，决策支持系统与计算机网络技术、人工智能技术等先进技术相结合，形成了智能决策支持系统（intelligent decision support systems，IDSS）和群体决策支持系统（group decision support systems，GDSS）。电子数据处理系统、管理信息系统和办公室自动化在商业中的应用形成了电子商务系统（electronic business processing system，EBPS）。此外，还出现了一些新兴的概念，如经理管理信息系统、战略信息系统、计算机集成制造系统和基于知识管理的信息系统等。

重点和难点

本章的考核重点是对数据、信息、系统的概念，对信息的要素和特征，对系统的分类和构成要素的理解和识记。此外，需理解和掌握管理信息系统的三种结构、管理信息系统的三个发展阶段等问题。

同步综合练习题

一、单项选择题

1. 以下关于信息的描述，说法不正确的是(　　)。
   A. 信息就是字母、数字、图像、声音或其他符号
   B. 信息是加工后的数据
   C. 信息是对客观事物的反映
   D. 信息是表征事物状态的普遍形式
2. 信息可同时被多方使用，信息的这种特征是(　　)。
   A. 客观性　　B. 共享性
   C. 可处理性　　D. 可再生性
3. 人们可通过各种类型的媒介向全球各地传播信息，这体现了信息的（　　）特征。
   A. 可传递性　　B. 可存储性
   C. 可处理性　　D. 可转换性
4. 人们总是喜欢第一时间知道世界上最近发生的事件，大众媒介中的昨日消息、上午新闻，正迅速地被刚刚发生的、正在发生的甚至即将发生的信息取代。这体现了信息的（　　）特征。
   A. 共享性　　B. 客观性
   C. 再生性　　D. 时效性
5. 人们往往可以借助信息分析工具，从大量的常规信息中发现事物运行规律，从而获得新的价值。这体现了信息的（　　）特征。
   A. 共享性　　B. 客观性
   C. 增值性　　D. 时效性
6. 按企业所处的层次，对应管理信息的分类特点，可将管理信息系统分成（　　）、管理控制子系统、战略信息管理子系统。
   A. 执行层子系统　　B. 处理层子系统
   C. 操作层子系统　　D. 交易层子系统
7. 以下属于复合系统的是（　　）。
   A. 宇宙系统　　B. 人体系统
   C. 计算机系统　　D. 企业系统
8. 以下属于自然系统的是（　　）。
   A. 人工系统　　B. 人体系统
   C. 通信系统　　D. 信息系统
9. 在构成信息的要素中，信息传递的途径叫(　　)。
   A. 信道　　B. 媒介
   C. 信源　　D. 信宿
10. 以下关于数据和信息说法正确的是（　　）。
   A. 所有的数据都能转化为信息

B. 相同的数据对于不同的人可能会产生完全不同的信息

C. 数据和信息可以分割

D. 一个系统的信息不能成为另一个系统的数据

二、多项选择题

1. 信息的要素包括（　　）。

A. 信道　B. 信源　C. 信宿

D. 信号　E. 媒介

2. 系统的构成必须具备下列哪三个条件（　　）。

A. 必须由动态的组成成分构成

B. 必须有两个以上的组成成分

C. 两个以上的组成成分相互联系、相互制约

D. 必须有人的参与

E. 整体是具有特定功能的有机整体

3. 根据系统组成的要素和功能，可以将系统分为以下类型（　　）。

A. 人工系统　B. 自然系统　C. 复杂系统

D. 复合系统　E. 单一系统

4. 从概念来看，管理信息系统由哪四大部分组成（　　）。

A. 信息源　B. 信息使用者　C. 信息干扰源

D. 信息处理器　E. 信息管理者

5. 系统的要素包括（　　）。

A. 输入　B. 处理　C. 输出

D. 控制　E. 反馈

6. 系统具有以下（　　）特征。

A. 独立性　B. 整体性　C. 层次性

D. 目的性　E. 环境适应性

7. 由于人们对管理信息系统存在不同的理解，所以一般认为，管理信息系统的结构主要包括（　　）。

A. 物理结构　B. 概念结构　C. 逻辑结构

D. 层次结构　E. 职能结构

8. 管理信息系统发展的电子数据处理系统阶段，包括了以下（　　）阶段。

A. 单项数据处理　B. 管理信息系统

C. 决策支持系统　D. 综合数据处理

E. 智能数据处理

9. 属于管理信息系统的职能结构的子系统是（　　）。

A. 人力资源信息子系统

B. 战略信息管理子系统

C. 财务会计信息子系统

D. 管理控制子系统

E. 信息处理子系统

10. 关于决策支持系统，以下说法正确的是（　　）。

A. 模拟人类的思维运作方式，在信息管理和企业决策上起重要作用

B. 是面向决策的信息系统

C. 必须独立于管理信息系统而存在

D. 其标志是有一个中心数据库和计算机物流系统

E. 主要用来将组织中的数据收集起来，快速分析处理，从而统一使用数据

三、名词解释

1. 数据
2. 信息
3. 系统
4. 管理信息系统

四、简答题

1. 简述数据和信息的区别和联系。
2. 简述系统的要素及其过程。
3. 简述管理信息系统的特点。
4. 简述管理信息系统的层次结构。

五、论述题

试论述管理信息系统发展的三个阶段及其发展趋势。

参考答案

一、单项选择题

1. A	2. B	3. A	4. D	5. C
6. C	7. D	8. B	9. A	10. B

二、多项选择题

1. ABCE	2. BCE	3. ABD	4. ABDE	5. ABCDE
6. BCDE	7. BDE	8. AD	9. ACE	10. AB

三、名词解释

1. 数据是指日常生产和生活中未经过加工的事实或对一种特定现象的描述，是人们为反映客观世界而记录下来的可以鉴别的符号集。它可以是字母、数字、图像、声音或其他符号。

2. 信息是经过加工并对人类社会实践和生产经营活动产生影响的数据。信息与能源、物质是信息社会的三大支柱。

3. 系统就是由若干个相互联系和相互制约的因素结合在一起形成的具有特定功能的有机整体。

4. 管理信息系统包括了人、计算机技术、信息流三大要素，它借助计算机技术，对信息进行收集、存储、加工、传递、更新和维护，是通过处理信息流来为企业组织提供决策支撑的信息处理系统。

四、简答题

1. 数据和信息既有区别又有联系，数据是反映客观事物而记录下来的符号，而信息是为了向人们提供某一方面的信息，而对相关数据进行加工提炼出来的结果。但是，并不是所有的数据都能转化成信息。二者的关系如下图所示。

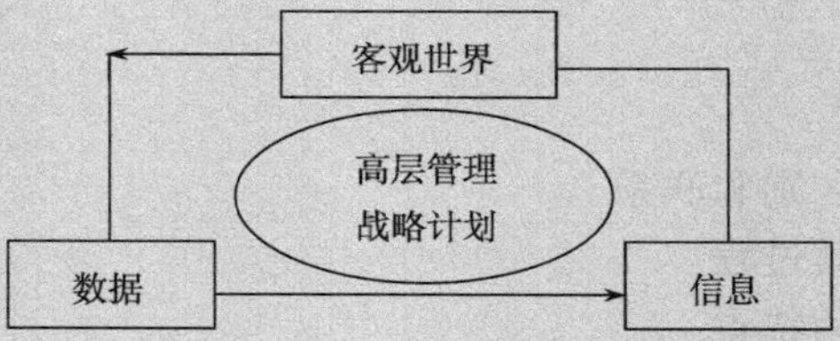

从上图可以看出，数据是客观世界存在的原始材料，而信息则是数据加工过的产品，这个过程是循环结构。数据和信息不能分割，信息需要数据的形式来表示，数据经过加工、提炼又形成新的信息，它们在非正规场合是可以相互转换的。

2. 系统的要素包括输入、处理、输出、控制、反馈，其过程如下图所示。

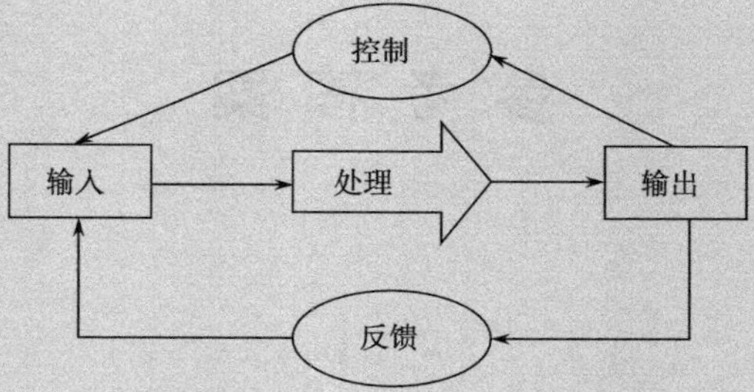

3. 管理信息系统的特点有五个。

（1）管理信息系统的最终目的是为决策提供服务。

（2）管理信息系统能够对企业整个供应链进行有效和全面的管理。

（3）管理信息系统是人机相结合的系统。

（4）管理信息系统将先进的管理手段融入其中。

（5）管理信息系统是多学科交叉而形成的边缘学科。

4. 按企业所处的层次，管理信息系统的层次结构为操作层子系统、管理控制子系统、战略信息管理子系统。

（1）操作层子系统。操作层子系统位于管理信息系统的最底层，它进行最基础的业务处理，是监控组织的基本活动和交易的信息系统，常用的系统是交易处理系统。

(2) 管理控制子系统。管理控制子系统是支持中层管理人员进行监督、控制、决策和行政活动的信息系统，常用的系统是管理信息系统和决策支持系统。

(3) 战略信息管理子系统。战略信息管理子系统是支持高级管理层进行长期计划活动的信息系统，常用的系统是专家支持系统。

五、论述题

20世纪五六十年代，是计算机在管理领域应用的起步阶段，经过50年的发展，管理信息系统经历了三个阶段。

(1) 电子数据处理系统阶段。该阶段处于20世纪50～60年代，包括单项数据处理与综合数据处理两个子阶段。单项数据处理子阶段中，人们只是利用计算机代替手工操作处理简单的数据问题，这时候数据处理水平较低。综合数据处理子阶段中，可实现一定程度的数据共享，可对多个业务数据进行综合处理，初步显示出计算机系统的优越性。

(2) 管理信息系统阶段。20世纪70～80年代，随着计算机网络、数据库等先进技术的出现和发展，很多企业开始实行计算机管理，并通过网络连接，使得分布式的企业管理信息系统实现了数据共享。该阶段的最大特点是能够将组织中的数据高度集中地收集起来，进行快速的分析处理，从而统一使用。管理信息系统的标志是有一个中心数据库和计算机网络系统。此外，管理信息系统能利用定量化的科学管理方法，通过计划、管理、控制、调节、优化、预测等手段来支持决策。

(3) 决策支持系统阶段。决策支持系统不同于前两个阶段的信息系统，管理信息系统只是为管理者提供预订的报告，而决策支持系统能为决策者提供可能的方案和决策所需的信息。20世纪90年代至今，随着计算机硬件、软件水平的不断提高和人工智能技术的不断发展，决策支持系统、专家系统、战略信息系统等更为高级的管理信息系统逐渐走向成熟。

管理信息系统是随着社会的发展而不断发展的。20世纪90年代以来，决策支持系统与计算机网络技术、人工智能技术等先进技术相结合，形成了智能决策支持系统和群体决策支持系统。电子数据处理系统、管理信息系统和办公室自动化在商业中的应用形成了电子商务系统。此外，还出现了一些新兴的概念，如经理管理信息系统、战略信息系统、计算机集成制造系统和基于知识管理的信息系统等。

第2章 管理信息系统与信息技术

考核内容

1．了解计算机的运算基础；
2．理解计算机的软硬件基本知识及相互关系；
3．了解网络和通信的概念和技术；
4．掌握数据的组织方式；
5．掌握数据库的类型、组织结构和设计。

一、计算机系统基础

（一）计算机系统的发展历史

从20世纪40年代中期世界上第一台电子计算机诞生开始，计算机已经发展到了第四代。第一代计算机（1945～1955年）：真空管和插件板；第二代计算机（1956～1965年）：晶体管和批处理系统；第三代计算机（1966～1980年）：集成电路芯片和多道程序；第四代计算机（1981年至今）：个人计算机。

（二）计算机系统的信息编码

计算机采用二进制编码。大多数计算机采用美国信息交换标准码（ASCII）作为字符编码的标准。汉字编码用2个字节表示。

（三）计算机系统的基本组成

计算机系统由计算机硬件系统和软件系统两大部分组成。硬件系统包括主要由运算器和控制器组成、用于运算和控制的中央处理器（Central Processor Unit，CPU），用来存储程序和数据的存储器，用于输入程序和所需的原始数据的输入设备，用于输出计算机的运行结果或数据处理结果的输出设备，以及其他的外围设备。软件系统包括系统软件和应用软件。

二、计算机通信与网络

计算机通信是一种以数据通信形式出现，在计算机与计算机之间或计算机与终端设备之间进行信息传递的方式和过程。

计算机网络是用通信介质把分布在不同地理位置的计算机和其他网络设备连接起来，实现信息互通和资源共享的系统。

计算机网络的发展经历了四个阶段：第一阶段——20世纪50年代的面向终端的计算机网络，第二阶段——20世纪60年代的数据通信网络，第三阶段——20世纪70年代的开放的标准化网络，第四阶段——20世纪90年代至今的Internet时代。

计算机网络系统是由网络硬件系统和网络软件系统组成的。

计算机网络的主要功能有数据通信、资源共享、分布处理、提高兼容性和安全性。

三、数据资源管理技术

广义的数据资源管理包括文件组织、数据库、数据规划和数据管理。

数据处理包括八个方面：①数据收集；②数据转换；③数据的筛选、分组和排序；④数据的组织；⑤数据的运算；⑥数据存储；⑦数据检索；⑧数据输出。

数据结构是指数据的存储结构及在此结构上的运算或操作。

数据文件（简称文件）是为了某一特定目的而形成的同类记录的集合。

数据文件的组织方式是指文件内部构造数据的方式，主要有四种：①顺序文件；②索引文件；③链表文件；④倒排文件。

数据库是比文件系统更高级的一种数据组织方式，是存放数据的仓库，是长期存储在计算机内有组织的、可共享的大量数据的集合。数据库处理系统具有完善的数据字典和数据模型，数据相对独立，具有方便的接口、完整的数据控制功能和较强的系统灵活性。

数据库管理系统是一组对数据库进行管理的计算机程序，通常包括数据定义语言及其编译程序，数据操纵语言及其编译程序，以及数据管理例行程序，用来控制组织和用户的数据库生成、维护和使用。数据库管理系统具有数据库开发、数据库查询、数据库维护等功能。

数据库的设计步骤包括用户需求分析、概念结构设计、逻辑结构设计和物理结构设计四个阶段。

重点和难点

本章应掌握的知识如下：(1) 计算机系统的基本组成及各部件的主要功能；(2) 计算机的指令、程序、软件的概念及软件的分类；(3) 计算机的网络技术和数据资源的管理技术；(4) 数据的组织方式；(5) 数据库的类型、组织结构和设计。

同步综合练习题

一、单项选择题

1. 计算机软件一般分为系统软件和应用软件两大类，不属于系统软件的是（　　）。
   A. 操作系统　　B. 数据库管理系统
   C. 客户管理系统　　D. 语言处理程序
2. 计算机有多种技术指标，而决定计算机的计算精度的则是（　　）。
   A. 运算速度　　B. 字长
   C. 存储容量　　D. 进位数制
3. 计算机内部用于处理数据和指令的编码是（　　）。
   A. 十进制码　　B. 二进制码
   C. ASCII 码　　D. 汉字编码
4. 微型计算机的微处理器芯片上集成的是（　　）。
   A. 控制器和运算器　　B. 控制器和存储器
   C. CPU 和控制器　　D. 运算器和输入输出接口
5. 在计算机程序设计语言中，可以直接被计算机识别并执行的只有（　　）。
   A. 机器语言　　B. 汇编语言
   C. 算法语言　　D. 高级语言
6. 计算机系统中，最贴近硬件的系统软件是（　　）。
   A. 语言处理程序　　B. 数据库管理系统
   C. 服务性程序　　D. 操作系统
7. 下列不属于输入设备的是(　　)。
   A. 打印机　　B. 键盘
   C. 鼠标　　D. 磁盘装置

二、多项选择题

1. 关于主存储器和辅助存储器的说法正确的是（　　）。
   A. 主存储器的容量相对较小
   B. 主存储器的存取速度快于辅助存储器
   C. 主存储器存放的信息是永久的
   D. 辅助存储器存放的信息是暂时的
   E. 辅助存储器的价格相对低
2. 下列选项是操作系统的是（　　）。
   A. DOS　　B. Linux　　C. Windows XP
   D. UNIX　　E. NetWare
3. 计算机通信按照传输方式可分为(　　)。
   A. 直接式　　B. 间接式　　C. 局域式
   D. 城域式　　E. 广域式

4. 常用的网络协议有(　　)。

A. IPX　　B. TCP/IP

C. NetBEUI　　D. NWLink

三、名词解释

1. 操作系统
2. 系统软件
3. 计算机网络
4. 计算机通信
5. 数据结构

四、简答题

1. 计算机发展经历了哪几代?
2. 简述冯·诺依曼结构计算机。
3. 简述操作系统的功能。
4. 简述运算器的主要功能。
5. 简述控制器的工作原理。
6. 简述计算机网络的功能和应用。
7. 数据处理的基本内容是什么?
8. 数据文件的组织方式有哪几种?

五、论述题

什么是数据库?什么是数据库管理系统?数据库和传统文件的区别是什么?

参考答案

一、单项选择题

1. C　2. B　3. B　4. A　5. A
6. D　7. A

二、多项选择题

1. ABE　2. ABCDE　3. AB　4. ABCD

三、名词解释

1. 操作系统是管理、控制和监督计算机软、硬件资源协调运行的程序系统,由一系列具有不同控制和管理功能的程序组成,是直接运行在计算机硬件上的最基本的系统软件,是系统软件的核心。

2. 系统软件由一组控制计算机系统并管理其资源的，并为应用软件提供支持和服务的程序组成，其主要功能如下：启动计算机，存储、加载和执行应用程序，对文件进行排序、检索，将程序语言翻译成机器语言等。

3. 计算机网络是用通信介质把分布在不同地理位置的计算机和其他网络设备连接起来，实现信息互通和资源共享的系统。

4. 计算机通信是一种以数据通信形式出现，在计算机与计算机之间或计算机与终端设备之间进行信息传递的方式和过程。

5. 数据结构是指数据的存储结构及在此结构上的运算或操作。数据结构又分为数据的逻辑结构和物理结构。

四、简答题

1. 计算机发展经历了四代。

第一代（1945～1955 年）：真空管和插件板。

第二代（1955～1965 年）：晶体管和批处理系统。

第三代（1965～1980 年）：集成电路芯片和多道程序。

第四代（1980 年至今）：超大规模集成电路的计算机和个人计算机。

2. 1946 年，美籍匈牙利人冯·诺依曼提出了存储程序原理，其主要思想如下：将程序和数据存放到计算机内部的存储器中，计算机在程序的控制下一步一步地进行处理。按此原理设计的计算机称为存储程序计算机，或者称为冯·诺依曼结构计算机。今天我们所使用的计算机，无论机型大小，都属于冯·诺依曼结构计算机。冯·诺依曼结构计算机包括五大部分：运算器、控制器、存储器、输入设备和输出设备。

3. 操作系统通常包括五大功能模块。

（1）处理器管理：当多个程序同时运行时，解决中央处理器时间的分配问题。

（2）作业管理：完成某项独立任务。作业管理主要是为用户提供一个使用计算机的界面使其方便地运行自己的作业，并对所有进入系统的作业进行调度和控制，尽可能高效地利用整个系统的资源。

（3）存储器管理：为各个程序及其使用的数据分配独立的、互不干扰的存储空间。

（4）设备管理：不断地接受用户提出使用设备的请求和设备反馈的信息进行设备分配和回收。

（5）文件管理：主要负责文件的存储、检索、共享和保护，为用户提供文件操作的方便。

4. 运算器（arithmetical unit）的主要功能是完成对数据的算术运算、逻辑运算和逻辑判断等操作。在控制器控制下，运算器对取自存储器或其内部寄存器的数据按指令码的规定完成指定的基于二进制数的算术运算或逻辑运算，并将结果暂存在内部寄存器或送到存储器中。

5. 控制器是计算机中指令的解释和执行中心，其主要功能是控制运算器、存储器、输入输出设备等部件协调动作。控制器从存储器取出一条指令，并指出下一条指令所在的存放地址，然后对所取指令进行分析，产生相应的控制信号，并由控制信号启动有关部件，使这些部件完成指令所规定的操作。这样逐一执行一系列指令组成的程序，使计算机各部分自动、连续并协调动作，使计算机按照程序的要求，自动完成预定的任务。

6. 计算机网络的主要功能有数据通信、资源共享、分布处理、提高兼容性和安全性。

(1) 数据通信：计算机网络最基本的功能。它用来快速传送计算机与终端、计算机与计算机之间的各种信息，包括文字信件、图片资料、新闻消息等。

(2) 资源共享：主要有硬件资源共享、软件资源共享和用户间信息交换三个方面。

(3) 分布处理：网络可以根据各计算机的负载情况，实时地分配任务，及时调整，从而提高处理问题的实时性，充分利用网络资源，增强计算机的处理能力。

(4) 提高兼容性和安全性：网络的标准化使其兼容性进一步提高，从而大大地扩展了系统性能和提高了处理能力。同时网络利用软件的或物理的手段进行权限限制，在很大程度上保证了网络的安全性。

7. 数据处理的基本内容包括以下几个方面。①数据收集：根据需求收集相关的数据；②数据转换：将各种实际数据用计算机能够处理的代码表述；③数据的筛选、分组和排序；④数据的组织：将数据按照逻辑关系组织起来，并按一定的存储方式配置在计算机的存储器中，目的是使计算机处理的速度快、占用存储器的容量少、成本低；⑤数据的运算：算术运算和逻辑运算；⑥数据存储；⑦数据检索；⑧数据输出。

8. 数据文件的组织方式是指文件内部构造数据的方式，主要有以下几种。

(1) 顺序文件：文件中的记录是按照某些关键字排序的文件。顺序文件中，记录的物理次序与逻辑次序一致，文件的记录，按关键字值的顺序赋予序号来排序。其特点是必须按顺序存取记录，插入记录只能加在末尾。顺序文件的优点是连续存取、速度快，主要用于进行顺序存取、批量修改的情况。

(2) 索引文件：包括索引表文件数据区和索引表。索引表是为了便于检索而建的一张指示逻辑记录和物理记录之间对应关系的表格。索引表的索引项应当按顺序排列，而数据文件本身可以按顺序排列，也可以不按顺序排列，前者称为索引顺序文件，后者称为索引非顺序文件。索引表是由系统程序自动生成的，在输入记录建立数据的同时建立索引表，表中的索引项按记录输入的先后顺序排列，待全部记录输入完成后再对索引表排序。

(3) 链表文件：将各个记录通过指针串联成一条链的文件。指针记录的是下一条记录的存储地址。

(4) 倒排文件：带有辅助索引或倒排索引的文件。

五、论述题

数据库是以一定的组织方式存储在一起的相互有关的数据集合。

数据库管理系统是一组对数据库进行管理的软件。

数据库与传统文件之间的区别是：①数据库包含了若干文件，通过连接路径实现记录间的联系；②数据库能反映现实世界中信息间的联系。③文件只包含数据本身（记录），而数据库则包含了基本数据和关于数据的数据。

第3章 管理信息系统与组织、管理和战略

考核内容

1．掌握组织的概念；

2．了解信息系统对组织的影响；

3．了解组织对信息系统的影响；

4．正确认识信息系统应用成功的条件和要求；

5．了解信息系统是一门不断发展的学科，面临着技术、社会等多方面的挑战；

6．了解信息系统与管理之间的关系；

7．掌握决策概念、决策过程及信息在决策过程中的作用；

8．了解信息系统在企业信息化时代的战略意义。

一、管理信息系统与组织

（一）组织的概念

组织是一个稳定的、正式的社会结构，它从周围环境接受资源并且对资源进行加工从而产生出来。组织又可以被认为是权利、特权、义务和责任的集合。

（二）组织的特征

德国社会学家马克斯·韦伯（Max Weber）把具有一定“结构”特征的组织叫作官僚制组织。除此之外，组织还被认为有如下特征：①都具有一套适于该组织的标准作业流程；②都有各自的组织政治；③都有各自的组织文化。

（三）组织的差别

组织具有不同的结构类型：①创业型结构；②机械官僚结构；③部门官僚结构；④专门型官僚结构；⑤特别任务型结构。

由于环境（社会和物理环境）的不同，组织在发展过程中也会有所不同。

组织还有其他差异。

组织的差异性比共同性多，因此信息系统对不同组织的作用和影响也不同。只有针对特定的组织作详细合理的分析，才能有效地设计具有针对性的信息系统。

（四）组织中常用的信息系统

组织常用的信息系统有事务处理系统（TPS）、办公自动化系统（OAS）、知识工作系统（KWS）、管理信息系统（MIS）、决策支持系统（DSS）、人工智能信息系统（AIS）、经理信息系统（EIS）等。

（五）信息系统与组织的关系

信息系统和组织是相互影响的，信息技术和组织之间的相互作用也是复杂的，受到许多中介因素的影响，主要包括组织结构、标准作业程序、周围环境、政治、文化和管理决策等。

组织通过决定由谁设计、由谁建立和由谁操作组织中的信息技术来影响信息技术和信息系统。

信息系统影响组织的计算和结构。我们可以从经济理论方面，也就是从微观经济理论、转换成本理论和决策控制理论方面来分析信息系统对组织的影响。

我们还可以从行为理论方面入手来分析信息技术对组织的影响。这包括三个方面：信息技术对组织决策的影响、信息技术的作用、组织政治和组织文化与变革的冲突。

二、管理信息系统与管理

信息系统对企业管理的支持表现在以下四个方面：①信息系统对计划职能的支持；②信息系统对组织职能的支持；③信息系统对领导职能的支持；④信息系统对控制职能的支持。

信息系统不仅是一个技术系统，还是一个社会系统。它必然要受到各种挑战，如来自社会和技术更新的挑战。

信息系统面临的技术挑战如下。

(1) 信息系统要能够跨平台运行。

(2) 信息系统要能够支持多种应用系统之间的数据交换。

(3) 信息系统要能够支持分布式应用和分布式数据库。

(4) 在系统的分析设计和开发过程中，信息系统需要将各子系统、各子系统中的各项功能高度模块化，使子系统能够自由组合和重新配置。同时，信息系统要使系统的数据能够根据预先的设定及管理工作的内在规律和联系，高度集成并传递到相关的功能模块中，使数据能够高度共享。

(5) 新的信息系统应支持多语种和个性化用户界面。

(6) 信息系统能够支持智能化的信息处理功能，实现职能化业务过滤、计划优化及多重的数据分析。

(7) 信息系统应具有可扩展性，应该在标准化的基础上，适应管理思想的发展、用户需求的变化和多样性，以便二次开发。

(8) 信息系统应具有广泛性，除支持固定和可移动的计算机外，能够支持更广泛的各类数字终端。

(9) 信息系统应具有高可靠性和安全性。

信息资源管理的基本原则：①信息管理人文化；②着重信息系统中的管理因素；③合理有效地接收信息，避免信息过分数字化和结构化。

三、信息系统与决策

(一) 决策的概念

决策就是为解决现实中出现的问题，实现某个特定的目标的一种方法和途径。根据对相关信息的充分搜集和详细分析，提出解决问题和实现目标的各种可行方案，并依据评定准则，选定方案并实施。决策活动具有三要素：决策者、决策对象和决策环境。现在通常每个决策都需要经过四个阶段：情报采集阶段、方案设计阶段、方案选择阶段和方案执行阶段。

(二) 决策的类型

决策的类型可以按照制定决策的组织层次分为战略决策、管理决策和业务决策。

决策的类型又可以按照决策问题的结构化程度分为结构化决策问题、非结构化决策问题和半结构化决策问题。

(三) 决策的发展和信息系统的支持

决策过程要向科学化发展，这是现实管理提出的要求，而计算机和近代数学的发展，为它提供了实现的可能性。

当代决策活动发展的必然趋势是定性决策向定量与定性相结合的决策发展。

四、管理信息系统与竞争战略

企业信息化是指企业为了提高企业的经济效益和企业的市场竞争力，利用现代信息技术，通过对信息资源的深入开发和广泛利用，使企业资源合理配置，并且不断提高企业决策、生产、经营、管理的效率和水平的过程。

企业信息化是一个过程，其内涵是借助信息技术、以信息资源开发为核心，使信息化涵盖企业经营活动的所有方面，从而增强企业核心竞争力。企业信息化是随着企业的发展而逐渐深入的，其发展过程呈现出螺旋式上升趋势。

（一）企业信息化

企业信息化包括生产过程信息化、流通过程信息化和管理决策信息化。其中生产过程的信息化又可分为产品设计自动化、生产过程自动化和设备智能化。流通过程的信息化指用于流通的信息网络体系的形成。管理决策的信息化使企业组织结构发生改变，它能够实现信息迅速传递、决策准确及时、充分调动人员的积极性和提高管理效率。

（二）信息技术促使管理变革

由信息技术引发的管理变革包括管理模式的变革、组织结构的变革、营销策略的变革、服务方式的改变和企业文化的变革。

（三）企业流程再造和持续改进

企业自身改造的方式包括企业流程再造（BPR）和持续改进（BPI）。企业流程再造是为了显著改善衡量绩效的关键指标，从根本上重新思考、彻底改造从接受原材料到提供给客户产品的一系列业务活动的企业流程。企业流程再造的内容包括技术的再造、组织结构的再造、企业文化的再造和人的再造。

持续改进是不断对组织进行改进，以能保证满足客户的需求，这也是全面质量管理的内容。

（四）组织运用信息系统获取竞争优势

企业所面临的竞争来自于同行业之间、供应商、同类产品、顾客等方面的压力，而网络与信息系统像一把双刃剑，既可以加强企业的竞争能力，也会危及企业的发展。

重点和难点

本章应掌握的知识如下：（1）组织概念、特征、与信息系统的关系；（2）信息系统应用成功的条件和要求；（3）决策概念、决策过程及信息系统在决策过程中的作用等。

同步综合练习题

一、单项选择题

1. 建立管理信息系统的组织基础是指建立管理信息系统中组织内部所需的（　　）。
   A. 技术性条件　　B. 非技术性条件
   C. 管理基础条件　　D. 人才基础条件
2. 事物处理系统的英文缩写是（　　）。
   A. KWS　　B. TPS　　C. OAS　　D. EIS
3. 人工智能和办公自动化系统的英文缩写分别是(　　)。
   A. OA、CIMS　　B. AI、CMIS　　C. AI、OA　　D. OA、AI
4. 决策支持系统通常用于解决哪一类决策问题（　　)?
   A. 结构化　　B. 管理　　C. 半结构化　　D. 经济
5. 事务处理信息系统适用于（　　）。
   A. 中层管理　　B. 高层管理
   C. 基层管理　　D. 目标管理
6. 战略性计划和决策的管理信息用于（　　）。
   A. 中层管理　　B. 高层管理
   C. 基层管理　　D. 目标管理
7. EIS 是(　　)的英文缩写。
   A. 知识工作系统　　B. 事物处理系统
   C. 人工智能　　D. 经理信息系统
8. 可以依据一定的通用模型和决策规则来实现决策过程基本自动化的决策问题类型是(　　)。
   A. 单一型决策问题　　B. 复杂型决策问题
   C. 结构化决策问题　　D. 非结构化决策问题
9. 决策者制定合理有效的决策的基础是(　　)。
   A. 决策的实施　　B. 决策的设计
   C. 情报的采集　　D. 方案的选择
10. 为了更为有效地利用信息系统，我们应该坚持(　　)的原则。
   A. 信息计算机化处理　　B. 信息管理人文化
   C. 信息数字化　　D. 信息管理结构化

二、多项选择题

1. 信息技术专家对组织中的真实信息表述有（　　）。
   A. 绝大多数信息，包括人们真正需要的信息，并不在计算机里
   B. 信息管理的手段的复杂化使人们行为的改变困难化
   C. 信息有一定程度的无序性和灵活性
   D. 员工参与某种信息模型越深入其使用这种模型的效率就越高

E. 任何信息模型都应该把人包括在内

F. 任何信息都有其存在的价值，我们就应该不加限制地尽可能地接受

2. 企业信息化包括(　　)。

A. 管理决策信息化　　B. 生产过程信息化

C. 资源管理信息化　　D. 流通过程信息化

E. 运输过程信息化

3. 由信息技术引发的管理变革包括(　　)。

A. 管理模式的变革　　B. 营销策略的变革

C. 组织结构的变革　　D. 服务方式的变革

E. 企业文化的变革

4. 决策活动具有三要素(　　)。

A. 决策者　　B. 决策对象　　C. 决策过程

D. 决策环境　　E. 决策情报

5. 组织文化是关于(　　)的一组基本设想。

A. 生产什么　　B. 如何生产

C. 在哪里生产　　D. 为谁生产

E. 如何销售

6. 根据 Mintzberg 的说法，组织的结构有(　　)。

A. 机械官僚结构　　B. 专门型官僚结构

C. 创业型结构　　D. 部门官僚结构

E. 特别任务型结构

7. 管理决策具有(　　)的特点。

A. 全局性　　B. 局部性　　C. 长期性　　D. 中期性

E. 短期性　　F. 战略性　　G. 战术性

8. 业务决策具有(　　)的特点。

A. 全局性　　B. 局部性　　C. 琐碎性　　D. 中期性

E. 短期性　　F. 日常性　　G. 战术性

9. 战略决策具有 (　　) 的特点。

A. 全局性　　B. 局部性　　C. 长期性　　D. 中期性

E. 短期性　　F. 战略性　　G. 战术性

10. 我们可以从经济理论的方面，也就是从(　　)分析信息系统对组织的影响。

A. 转换成本理论　　B. 微观经济理论

C. 宏观经济理论　　D. 管理控制理论

E. 决策控制理论

三、名词解释

1. 组织

2. 决策

3. 标准作业流程 (SOP)

4. 战略决策
5. 管理决策
6. 竞争战略

四、简答题

1. 简述组织的结构特征。
2. 简述信息系统与组织的关系。
3. 信息系统对企业管理的支持表现在哪几个方面?
4. 为什么决策要科学化?
5. 决策活动一般包括哪些阶段?
6. 决策活动的发展趋势是什么?
7. 简述企业流程再造的原则和内容。

五、论述题

建立管理信息系统的经济效益应该从哪些方面去评价?间接经济效益的主要表现是什么?

参 考 答 案

一、单项选择题

1. B	2. B	3. C	4. C	5. C
6. B	7. D	8. C	9. C	10. B

二、多项选择题

1. ABCDEF	2. ABD	3. ABCDE	4. ABD	5. ABCD
6. ABCDE	7. BDG	8. CEF	9. ACF	10. ABE

三、名词解释

1. 组织是一个稳定的、正式的社会结构,它是从周围环境接受资源并且对资源进行加工从而产生出来的。组织又可以被认为是权利、特权、义务和责任的集合。

2. 决策是解决现实中出现的问题,实现某个特定的目标的一种方法和途径。根据对相关信息的充分搜集和详细分析,提出解决问题和实现目标的各种可行方案,并依据评定准则,选定方案并实施。

3. 标准作业流程(SOP)是组织中的人员逐渐形成的一套应对所有预期情况的精确的规则、程序和惯例。

4. 战略决策是指纵观企业全局和外部环境,为企业制定的能够适应时刻变化着的外部环境的一种决策,具有全局性、长期性与战略性的特点。

5. 管理决策是指为了能够使企业内部的人力、资金、物资等资源得到合理配置，以及为了适应战略决策所带来的改变而作出的组织机构调整的一种决策，具有局部性、中期性及战术性的特点。

6. 竞争战略是指在企业总体战略的制约下，指导和管理具体战略经营单位的计划和行动。

四、简答题

1. 1911 年，德国社会学家马克斯·韦伯把具有一定“结构”特征的组织叫作官僚制组织。其他学者认为组织不仅具有韦伯所提出的官僚制组织的特征，同时还具有其他一些组织特性，如所有组织都有各自的企业过程（办事常规）、政治和文化。

根据 Mintzberg 的组织分类法，组织可分为创业型结构、机械官僚结构、部门官僚结构、专门型官僚结构和特别任务型结构。

2. 信息系统和组织是相互影响的：一方面，信息系统必须与组织密切合作为组织提供所需要的信息，为组织服务；另一方面，组织必须认识到新技术的好处，从新技术上获益也推动新技术的普及和发展。

信息技术和组织之间的相互作用非常复杂，还受许多中介因素的影响，主要包括周围环境、组织结构、标准作业程序、政治、文化和管理决策等。

3. 信息系统对企业管理的支持表现在以下四个方面。

（1）信息系统对计划职能的支持。信息系统支持计划的预测和编制工作，对计划数据的快速、准确存取工作和对计划的优化工作。

（2）信息系统对组织职能的支持。组织结构朝“扁平化”方向发展。

（3）信息系统对领导职能的支持。信息系统指引、影响个人和组织按照计划去实现目标，提高经营和管理效率。

（4）信息系统对控制职能的支持。信息系统提供反馈信息使管理者随时掌握反映管理运行动态的系统监测信息和调控所必要的信息。

4. 决策要科学化：随着人们认识事物和规律的提高，随着科学的发展，决策过程再不是传统意义上的仅依靠决策者个人的经验和直觉，而是决策人借助科学手段（信息系统等）获取大量的信息作出的相对全面和系统的各种可行方案的过程。由于生产规模的扩大和自动化技术的应用，管理的性质和环境都发生了巨大的变化，所以管理的决策问题也比过去更为复杂，不仅难度大而且数量多。在这种情况下，仅凭借个人的能力来解决管理决策等问题是不能满足日益复杂的管理决策的需要的，是不现实的。因此决策过程就要朝科学化发展，这是现实管理提出的要求，也是计算机和近代数学的发展，为它提供了实现的可能性。

5. 决策是人们为达到一定的目的而进行的有意识、有选择的活动。在一定的人力、设备、材料、技术、资金和时间因素的制约下，人们为了实现特定目标，可从多种可供选择的策略中作出决断，以求得最优或较好效果的过程就是决策过程。决策活动一般包括情报阶段、设计阶段、选择阶段和实施阶段等四个阶段。

6. 当代决策活动发展的必然趋势是定性决策朝定量与定性相结合的决策方向发展。

现代科学中的系统工程学、仿真技术、计算机理论、科学学、预测学，特别是运筹学、布尔代数、模糊数学、泛函分析等引进决策活动，为决策的定量化奠定了基础。

7. 企业流程再造的原则如下：①以过程管理代替职能管理，取消不增值的管理环节；②以事前管理代替事后监督，减少不必要的审核、检查和控制活动；③取消不必要的信息处理环节，消除冗余信息集；④以计算机协同处理为基础的并行过程取代串行和反馈控制管理过程；⑤用信息技术实现过程自动化，尽可能抛弃手工管理过程。

企业流程再造的内容包括技术的再造、组织结构的再造、企业文化的再造和人的再造。

五、论述题

管理信息系统是为组织的管理服务的，其根本目的是要创造企业的经济效益。建立管理信息系统产生的经济效益应该从直接经济效益和间接经济效益两个方面去评价。

间接经济效益是指管理信息系统建立后辐射到组织管理和提高管理人员素质等方面的效益。

第4章 管理信息系统的开发方法

考核内容

1. 掌握信息系统常用的开发方法的基本思想、开发过程等；
2. 掌握各种不同开发方法的优缺点和应用范围；
3. 了解各种开发方法的侧重点和各种开发方法之间的联系与区别。

一、概述

1. 管理信息系统开发的原因

管理信息系统是在管理科学、系统科学、计算机科学等的基础上发展起来的综合性边缘科学。它是能够进行管理信息的收集、传输、加工、保存、维护和使用，以支持一个组织机构的作业、管理、分析和决策职能的人机系统。它除了具有一般的事务处理系统的数据处理功能外，更多的是为管理活动提供信息，帮助决策者制定和实施实时、高效、准确的策略和行动方案。

管理信息系统开发的目的如下：①使所开发的管理信息系统为管理决策提供信息支持，能正确反映管理需要，满足用户需求；②有效地安排系统开发进程，加快软件开发速度，提高软件生产效率，同时降低费用；③在增强管理信息系统软件产品的功能的同时提高软件产品的质量；④充分利用和发展软件技术，尽快跟上硬件发展速度，使软硬件协调发展，能够最大限度地发挥和挖掘硬件的功能；⑤合理组织和充分调动人力、物力和财力等资源，为社会和国家的发展作好准备。

2. 管理信息系统开发的原则和策略

管理信息系统的开发原则：①创新原则；②系统原则；③发展原则；④经济原则；⑤规范原则；⑥人文原则。

管理信息系统的开发主要有两种策略："自下而上"策略和"自上而下"策略。

"自下而上"策略是从现行系统的业务状况出发，先实现一个个具体的功能，再逐步地由低级到高级建立起整个管理信息系统。

"自上而下"策略强调由全面到局部、由长远到近期、从上到下的设计开发过程。

"自下而上"策略用于小型系统的设计，它适用于那些牵扯面较小，功能相对独立的系统。而"自上而下"法则适用于大型系统的设计。这两种策略并不是绝对的，在实际开发工作中，往往把这两种方法结合起来使用，即一方面采用"自上而下"规划整个系统；另一方面，采用"自下而上"的方式逐步开发，也就是"自上而下"地总体规划，"自下而上"地应用开发，这是建设管理信息系统的正确策略。

3. 管理信息系统开发方法的结构体系

根据信息系统开发方法的侧重点可将信息系统的开发方法分为四类：系统开发生命周期类、方法论类、技术类和系统开发环境/工具研究类。

二、管理信息系统开发的主要方法

1. 结构化系统分析与设计方法

结构化系统分析与设计方法又称结构化生命周期法，是自上而下分析与设计和自下而上逐步实施的建立计算机信息系统的一个过程，是组织、管理和控制信息系统开发过程的一种基本框架。

结构化系统开发方法由管理策略和开发策略两个部分组成。

开发过程包括五个阶段：系统规划阶段、系统分析阶段、系统设计阶段、系统实施阶段和系统运行与维护阶段。

结构化系统开发方法有很多优点：①由于是分阶段、分任务地完成系统开发，前一个阶段工作的完成是后一个阶段工作的前提和依据，后一阶段工作的完成往往又验证了前一阶段的成果；②这个开发过程是从抽象到具体、逐步求精的过程，从时间的进程来看，每一阶段的工作，都体现出自上而下、逐步求精的结构化技术特点；③分析和设计过程完善，即首先进行系统分析，然后进行系统设计，从而大大提高了系统的正确性、可靠性和可维护性；④对每一个阶段的工作任务完成情况设立检查点，对于出现的错误或问题，及时加以解决，否则不允许转入下一工作阶段，也就是及时对本阶段工作成果进行评定，使错误止于该阶段，从而降低了损失，保证了开发质量。

结构化系统开发方法也有不足之处：①它是一种需要预先定义需求的方法，只适应于可在早期阶段就完全确定用户需求的项目，在其后的阶段很难再根据用户新的需要而增加或更改开发程序，这在实际中往往是不现实的，用户很难“一次性”准确地陈述其需求；②不能很好地完成系统分析到系统设计的过渡，即如何使物理模型如实反映逻辑模型的要求；③该方法文档的编写工作量极大，随着开发工作的进行，这些文档需要及时更新。

结构化系统分析与设计方法适用于一些组织相对稳定、业务处理过程相对规范、需求相对明确且在一定时期内不会发生大的变化的大型复杂系统的开发。

2. 原型法

原型法是在系统开发初期，系统开发人员凭借对用户需求的深入了解和系统主要功能的要求，在强有力的软件环境支持下，迅速构造出系统的初始原型，然后与用户一起不断对原型进行修改、完善，直到满足用户需求。

开发过程如下：①分析研究系统开发的可行性，针对系统开发的意义、投入、时间等作出初步的确定；②确定系统的目的；③建造系统原型；④评审系统原型；⑤修改系统原型；⑥再次评审系统；⑦开发完成。

该方法的优缺点见表 4-1。

原型法的适用范围是比较有限的，多应用于小型、简单、处理过程比较明确、没有大量运算和逻辑处理过程的系统。不适合于大型的难以模拟的复杂系统和存在大量运算、逻辑性强的处理系统，也不适用于管理基础工作不完善、处理过程不规范的系统和大量批处理系统。

3. 面向对象方法

面向对象方法把数据和过程包装成为对象，以对象为基础对系统进行分析与设计，为认识事物提供了一种全新的思路和办法，是一种综合性的开发方法。这种方法更加贴近实际。

开发过程包括如下内容：①调查系统和分析需求；②分析问题和求解问题（OOA）；③整理问题和设计方案（OOD）；④实现程序和开发软件（OOP）。

面向对象方法的开发过程：首先识别客观世界中的对象及行为，分别独立设计出各个对象的实体；其次是分析对象之间的联系和相互所传递的信息，由此构成信息系统的结构模型；再次是由信息系统模型转换成软件系统模型；最后由软件系统模型转换成目标系统。

该方法的优缺点见表4-1。

面向对象方法是当今流行的开发方法，适用面很广。但是如果在大型管理信息系统开发中，不遵循由上至下的整体规划原则，而是一开始就自下而上地采用面向对象方法开发系统，会出现系统结构不合理、各部分关系失调等问题。所以面向对象方法和结构化方法在系统开发中是相互依存、不可替代的。

4. 计算机辅助软件工程方法

计算机辅助软件工程方法是一种自动化或半自动化的方法，能够全面支持除系统调查外的每一个开发步骤，使得原来由手工完成的开发过程转变为由自动化工具支撑和环境支持的自动化开发过程。从严格意义上说，这只是一种开发环境而不是一种开发方法。

该方法的优缺点见表4-1。

表4-1　四种常用开发方法的优缺点

方法	优点	缺点
结构化系统分析与设计方法	阶段的顺序性和依赖性； 从抽象到具体，逐步求精； 逻辑设计与物理设计分开； 质量保证、措施完备	只适应于在早期阶段就完全确定用户需求的项目
原型法	突破了以往的系统，能更好地满足用户的需求； 改进了用户和系统开发人员的交流方式； 提高了用户的满意程度，更加贴近实际； 降低了系统开发风险，一定程度上减少了开发费用	对开发工具要求高； 对复杂系统和大型系统开发相对困难； 对用户的管理水平要求高
面向对象的开发方法	更加直观，直接反映了人们对客观世界的认知模式； 具有极强的对应性； 使得与用户的沟通更加容易； 具有安全性，把数据和操作封装到对象之中； 具有可拆分性； 应用程序具有较好的重用性，易改进、易维护和易扩充等性能	如果在大型管理信息系统开发中，不遵循由上至下的整体规划原则，而是一开始就自下向上地采用面向对象方法开发系统，会出现系统结构不合理、各部分关系失调等问题
计算机辅助系统工程法	解决了从客观对象到软件系统的映射问题，支持系统开发的全过程； 提高了软件质量和软件重用性； 加快了软件开发速度； 简化了系统开发过程的管理和维护过程； 可自动生成开发过程中的各种文档资料	必须结合各种具体的开发方法

三、管理信息系统开发方法的发展趋势

面向对象方法是今后发展的主要方向，与之相适应先后出现了一系列的方法与工具：①统一建模语言；②统一软件开发过程；③ROSE工具。

重点和难点

本章应掌握的知识如下：（1）信息系统常用开发方法的基本思想、开发过程等；（2）各种不同开发方法的优缺点和应用范围。

同步综合练习题

一、单项选择题

1. 下面哪句话最准确地概括了结构化方法的核心思想(　　)?

A. 由分解到抽象　　B. 自顶向下，由细到粗，逐步抽象

C. 自下而上，由抽象到具体　　D. 自顶向下，由粗到细，逐步求精

2. 计算机辅助软件过程的英文缩写是(　　)。

A. CASE　　B. SEE　　C. GUI　　D. RUP

3. 统一建模语言的英文缩写是(　　)。

A. SEE　　B. GUI　　C. UML　　D. RUP

4. 关于对象的说法，下列中错误的是(　　)。

A. 对象包含属性，但不包含方法

B. 对象之间的联系主要是通过传递消息来实现的

C. 对象可按其属性进行归类

D. 对象是一个被模块化了的实体

5. (　　)构成了面向对象方法的基础。

A. 继承性　　B. 抽象性　　C. 多态性　　D. 封装性

6. 为了有效地发挥管理信息系统的功能，应当注意技术的发展和环境的变化。这是管理信息系统开发原则中的（　　）。

A. 创新原则　　B. 人文原则　　C. 系统原则　　D. 发展原则

7. 管理信息系统开发原则中的（　　），就是让我们在开发信息系统时，要从总体观点出发，从全局着眼。

A. 创新原则　　B. 系统原则

C. 经济原则　　D. 发展原则

8. 衡量管理信息系统的标准是它的（　　）。

A. 创新性　　B. 实用性　　C. 高效性　　D. 系统性

9. 在面向对象方法的开发过程中，对分析的结果作进一步的抽象、归类、整理，并最终以范式的形式确定下来，提出解决问题的方法。这一过程称为(　　)。

A. 面向对象的设计　　B. 面向对象的分析

C. 面向对象的程序开发　　D. 面向对象的方法选择

10. 以下（　　）不是 RUP 的优点

A. 针对所有关键的开发活动提供了必要的准则、模板和工具指导

B. 涵盖了软件开发过程的全部内容

C. 为全体成员提供相同的可供分享的知识基础平台

D. 提高了开发团队的生产力

二、多项选择题

1. OOA、OOD、OOP 分别指（　　）。
   A. 面向对象的系统分析　　B. 面向对象的系统开发
   C. 面向对象的系统实施　　D. 面向对象的系统设计
   E. 面向对象的程序设计
2. 按照结构化思想，系统开发的生命周期可划分为（　　）。
   A. 总体规划　　B. 系统分析
   C. 系统设计　　D. 系统实施
   E. 运行维护
3. 结构化系统开发方法的开发标准包括（　　）。
   A. 职责　　B. 活动　　C. 维护
   D. 文档　　E. 质量检测
4. 任务分解结构（WBS）由（　　）组成。
   A. 系统规划　　B. 系统分析　　C. 系统设计
   D. 系统实施　　E. 系统支持
5. 面向对象方法的特点是（　　）。
   A. 具有抽象性　　B. 具有封装性　　C. 具有继承性
   D. 间接反映了人们对客观世界的认知模式
   E. 在设计中容易与用户沟通
6. 原型法的特点是（　　）。
   A. 具有突破性，更好地满足客户的要求
   B. 提高了用户的满意程度，更加贴近实际
   C. 改进了用户和系统开发人员的交流方式
   D. 降低了开发风险
   E. 一定程度上减少了开发成本
7. 管理信息系统的开发包括（　　）等原则。
   A. 创新原则　　B. 人文原则
   C. 系统化原则　　D. 发展原则
   E. 经济原则
8. 系统开发环境和工具包括（　　）。
   A. 软件工程环境　　B. 计算机辅助工程
   C. 软件开发环境　　D. 系统工程
   E. 集成化/程序支持环境
9. 计算机辅助软件工程方法具有（　　）特点。
   A. 加快了软件开发速度
   B. 使客观对象到软件系统的映射问题得以解决，可支持系统开发的全过程
   C. 使系统开发过程的管理和维护更加简单
   D. 使软件质量和重要性得到提高

E. 能够自动生成开发过程中的各种文档资料

10. 根据信息系统的开发方法的侧重点可将信息系统的开发方法分为(　　)。

A. 系统开发生命周期类

B. 开发方法学类

C. 技术类

D. 工程类

E. 系统开发环境和工具研究类

三、名词解释

1. 系统开发生命周期
2. 计算机辅助软件过程方法
3. 面向对象方法
4. 统一建模语言

四、简答题

1. 管理信息系统开发要满足哪些条件?
2. 简述管理信息系统的开发原则。
3. 简述管理信息系统的开发策略。
4. 简述结构化系统分析与设计方法的开发策略。
5. 结构化系统分析与设计方法的优缺点有哪些?
6. 什么叫原型法?简述其优缺点与适用场合。
7. 简述面向对象方法的适用范围。
8. 简述统一建模语言(UML)的目标。

参考答案

一、单项选择题

1. D　2. A　3. C　4. A　5. D
6. D　7. B　8. B　9. A　10. B

二、多项选择题

1. ADE　2. ABCDE　3. ABDE　4. ABCDE　5. ABCE
6. ABCDE　7. ABCDE　8. ABCE　9. ABCDE　10. ABCE

三、名词解释

1. 系统开发生命周期是指一个过程,是系统分析员、软件工程师、程序员及用户建立计算机信息系统的一个工程，是管理和控制信息系统的一种必要措施，也是一种将系统工程学用于规划、执行和控制信息系统开发项目的组织和管理方法。

2. 计算机辅助软件工程方法是一种自动化或半自动化的方法，能够全面支持除系统调查外的每一个开发步骤，使得原来由手工完成的开发过程转变为由自动化工具和支撑环境支持的自动化开发过程。

3. 面向对象法就是在定义对象的基础上建立类和类的层次结构与继承机制，通过消息的传递实现对象之间的彼此通信。

4. 统一建模语言是用来对面向对象的开发系统进行说明使其可视化和编制文档的第三代建模语言。统一建模语言是软件界首次出现的统一的建模语言，也是面向对象进行分析与设计的，它取代了目前软件业众多的分析和设计方法成为一种标准。

四、简答题

1. 管理信息系统开发要满足如下五个条件。

(1) 使所开发的管理信息系统为管理决策提供信息支持，能正确反映管理需要，满足用户需求。

(2) 有效地安排系统开发进程，加快软件开发速度，提高软件生产效率，同时降低费用。

(3) 在增强管理信息系统软件产品功能的同时提高软件产品的质量。

(4) 充分利用和发展软件技术，尽快跟上硬件发展速度，使软硬件协调发展，能够最大限度地发挥和挖掘硬件的功能。

(5) 合理组织和充分调动人力、物力和财力等资源。

2. 管理信息系统的开发原则如下。

(1) 创新原则。

(2) 系统原则。

(3) 发展原则。

(4) 经济原则。

(5) 规范原则。

(6) 人文原则。

3. 管理信息系统的开发主要有两种策略："自下而上"策略和"自上而下"策略。

(1) "自下而上"策略：为了满足组织中的某一部门的特殊需求，在没有制订总体规划的情况下，就开始项目开发。这种开发方法一般首先从各项数据处理程序或子系统开始，然后根据需要逐步增加有关计划、控制和决策等方面的功能。优点：在条件不具备的情况下，采用"自下而上"策略设计信息系统可以避免大规模系统可能出现的诸如运行不协调等的风险。缺点：由于没有完整周密的计划和设计，随着系统的进展，往往会需要重新设计和开发许多子系统和模块。

(2) "自上而下"策略强调由全面到局部、由长远到近期、从上到下的设计开发过程。这种策略从整体上协调和规划，要求很强的全面性和逻辑性，因而难度较大，但这是一种更为重要的策略，因为整体性是系统的基本特性，也是我们开发信息系统的原则之一。

（3）“自下而上”策略用于小型系统的设计，它适用于那些牵扯面较小、功能相对独立的系统。而“自上而下”法则适用于大型系统的设计。这两种策略并不是绝对的，在实际开发工作中，往往把这两种方法结合起来使用，即一方面采用“自上而下”规划整个系统，另一方面采用“自下而上”的方式逐步开发，也就是“‘自上而下’地总体规划，‘自下而上’地应用开发”，这是建设管理信息系统的正确策略。

4. 结构化系统分析与设计方法的开发策略包括如下四个方面。

（1）任务分解结构（WBS），由系统规划、系统分析、系统设计、系统实施和系统支持组成。

（2）WBS优先级结构，包括瀑布模型、阶梯模型、螺旋模型、迭代模型等系统开发所要遵循的模式。

（3）开发经验，在系统开发的过程中开发人员丰富的开发经验是非常宝贵的一种系统开发资源。如果能够充分利用这些开发经验，就能达到事半功倍的效果。

（4）开发标准，通常包括活动、职责、文档、质量检验四个方面的标准。

5. 结构化开发方法优点如下。

（1）由于是分阶段、分任务地完成系统开发，前一个阶段工作的完成是后一个阶段工作的前提和依据，而后一阶段工作的完成往往又验证了前一阶段的成果。

（2）这个开发过程是从抽象到具体、逐步求精的过程。从时间的进程来看，每一阶段的工作，都体现出自上而下、逐步求精的结构化技术特点。

（3）分析和设计过程完善，即首先进行系统分析，然后进行系统设计，从而大大提高了系统的正确性、可靠性和可维护性。

（4）由于对每一个阶段的工作任务完成情况进行设立检查点，对于出现的错误或问题必须及时加以解决，否则不允许转入下一工作阶段，也就是及时对本阶段工作成果进行评定，使错误止于该阶段，从而降低了损失，保证了开发质量。

结构化开发方法也有不足之处。

（1）它是一种需要预先定义需求的方法，只适应于可在早期阶段就完全确定用户需求的项目，在其后的阶段很难再根据用户新的需要而增加或更改开发程序。这在实际中往往是不现实的，用户很难“一次性”准确地陈述其需求。

（2）不能很好地从系统分析过渡到系统设计，即如何使物理模型如实反映逻辑模型的要求。

（3）该方法文档的编写工作量极大，随着开发工作的进行，这些文档需要及时更新。

6. 原型法是一种从基本需求入手，快速构筑系统的原型，通过原型确认需求及对原型进行改进，最终达到建立系统的目的的方法。

优点：允许用户在系统开发过程中完善其对系统的需求，开发时间短、成本低、有效发挥用户与开发人员的密切配合作用，更好地体现逐步完善、逐步发展的原则。

缺点：频繁的需求变化使开发进程难以管理和控制，技术上的要求比较高，需要有较好的工作基础。

适用场合：系统规模适中，需求的不确定性高。

7. 面向对象方法是当今流行的开发方法，适用面很广。但是如果在大型管理信息系统开发中，不遵循由上至下的整体规划原则，而是一开始就自下向上地采用面向对象方法开发系统，会出现系统结构不合理、各部分关系失调等问题。所以面向对象方法和结构化方法在系统开发中是相互依存、不可替代的。

8. UML 的目标有八个。

(1) 容易使用、表现能力强、可进行可视化建模。

(2) 跨平台，可应用于任何语言平台和工具平台。

(3) 与具体的过程无关，可应用于任何软件开发的过程。

(4) 简单并且可扩展，可在保留核心概念的基础上实现扩展。

(5) 为面向对象程序的设计与开发提供概念和标准。

(6) 结合最好的软件工程实践经验。

(7) 可升级换代，具有广阔的适用性和可用性。

(8) 能促进面对对象工具的市场成长。

第5章 管理信息系统的系统规划

考核内容

1. 了解诺兰阶段模型，认识组织所处的发展阶段，更好地指导系统规划工作；

2. 了解系统开发的策略，以及各种策略的特点和优缺点；

3. 充分认识系统规划在整个系统开发过程中的地位、作用和方法；

4. 企业系统规划法的步骤；

5. 可行性分析的理论、方法、作用及内容。

一、管理信息系统规划概述

（一）管理信息系统规划的意义及作用

规划指全面的长远发展计划。系统规划是信息系统生命周期的第一阶段。这一阶段的主要目标是明确组织管理信息系统建设的发展方向、系统规模和开发计划。

组织的信息系统建设具有持续性，是永不停歇的一个社会技术系统工程。科学的规划可以减少盲目性，使系统有良好的整体性、较高的适应性，建设工作有良好的阶段性，以便以较少的投入获得更大的产出。

现代企业用于管理信息系统的投资越来越多，规划不好会造成管理信息系统开发工作的损失，而且会造成企业运行的间接损失。所以必须把信息系统的规划摆到重要的战略位置上。

有的组织开发出的管理信息系统，或者不适用，或者适应性差、难以扩充。缺乏科学的规划是产生这种现象的原因之一。有些规模较大的项目，由于没有系统规划和科学论证，上马时轰轰烈烈，上马后困难重重、骑虎难下，不仅造成资金、人力的巨大浪费，而且为今后的系统建设留下隐患。因此，系统规划是信息系统建设成功的关键因素之一，它比具体项目的开发更为重要。

管理信息系统的作用主要体现在以下五个方面：①系统规划是系统开发工作的前提；② 系统规划是系统开发成功的保证；③ 系统规划是系统开发的标准；④ 系统规划指明了系统开发的方向；⑤ 系统规划是管理科学化、规范化的基础。

（二）管理信息系统规划的任务、特点

1. 系统规划的主要任务

系统规划是管理信息系统生命周期的第一个阶段，其主要目标是制订系统长期发展方案，主要包括以下几个方面的任务。

（1）制定信息系统的目标和发展战略。

（2）进行可行性分析。

（3）制订信息系统的总体方案，安排项目开发计划。

（4）制订系统建设的资源分配计划。

2. 系统规划的特点

（1）全局性。企业的战略目标是系统规划的出发点。系统规划是面向全局、面向长远的关键问题，具有较强的不确定性，结构化程度较低。

（2）高层次。系统规划是高层次的系统分析，高层管理人员是工作的主体，整体上着眼于高层管理，兼顾各管理层的要求。

（3）指导性。系统规划不宜过细。系统规划的目的是为整个系统确定发展战略、总体结构和资源计划，而不是解决系统开发中的具体问题。它是给后续工作以指导，而不是代替后续工作。

（4）系统性。系统规划是企业规划的一部分，并随环境发展而变化。系统规划阶段是

一个管理决策过程。它要应用现代信息技术有效地支持管理决策的总体方案。它又是管理与技术结合的过程。

(5) 独立性。着眼于企业流程（过程），独立于任何管理层和管理职责，以提高信息系统的应变能力。

(6) 经济性。系统规划应给后续工作提供指导，要便于实施。方案选择应追求实效。宜选择最经济、简单、易于实施的方案。

二、信息系统发展的阶段模型

信息系统发展阶段模型描述了信息系统发展的规律和特点，是信息系统规划需要遵循的基本原则。诺兰模型是业界公认的经典信息系统发展阶段模型。

理查德·诺兰认为诺兰模型包括六个阶段，即起步阶段（initiation stage）、蔓延阶段（contagion stage）、控制阶段（control stage）、集成阶段（integration stage）、数据管理阶段（data administration stage）和成熟阶段（maturity stage）。

1. 初装阶段

特点：①第一阶段经常出现在组织的工资管理、账务管理等领域；②计算机在管理领域的作用被初步认识到，组织中的个别人或个别部门具有了使用计算机的能力，但是组织对计算机的计划和控制是非常薄弱的，各应用系统之间、各部门之间基本上没有联系，整个组织缺乏信息系统规划。

标志：组织购买了第一台计算机，并初步开发出管理应用程序。

2. 蔓延阶段

特点：①数据处理能力大幅度提高；②出现了许多急需解决的问题；③组织在数据处理方面的投资急剧增长，对信息技术和信息系统人才的需求大幅度增加，但计算机使用效率不高。显著特点就是：在组织中，信息系统的应用一方面呈现出欣欣向荣的景象；另一方面潜伏的大量问题逐渐凸现出来。

标志：计算机的应用初见成效，管理应用程序从少数部门扩散到多数部门。

3. 控制阶段

特点：①出现了由组织高层和职能部门负责人参加的信息系统规划领导小组，对整个组织的信息系统建设进行统筹规划和严格控制，信息系统应用的无序发展和膨胀得到了遏制；②诺兰认为，这个阶段是组织实现从以计算机管理为主到以数据管理为主转换的关键，发展比较缓慢，相对来说投资比较平缓；③采用了数据库（DB）技术。

特征：组织开始以控制代替蔓延，思考代替盲目膨胀，规划代替无序。

4. 集成阶段

特点：①集中统一的数据库及其相应信息系统；②预算费用迅速增长。特征就是集成。

5. 数据管理阶段

组织在信息系统领域的工作重点从部署信息系统向利用信息系统积累的大量业务数据转变。这个阶段的显著特征就是数据管理和利用。

6. 成熟阶段

特点：①形成的成熟信息系统可以满足组织中高、中、低各个管理层次的信息需求；②人们对信息系统的认识更加客观和成熟，信息系统的应用已经普及，组织可以真正实现信息资源的全面管理。

特征：形成了完善的信息系统。

诺兰阶段模型指明了信息系统发展过程中的六种增长要素：①计算机硬件资源；②应用方式；③计划控制；④管理信息系统在组织中的地位；⑤领导模式；⑥用户意识。

诺兰阶段模型总结了西方发达国家信息系统发展的经验和规律。无论是确定开发信息系统的策略，还是制订信息系统规划，都应首先明确组织当前处于哪一阶段，根据该阶段的特征来科学地规划和指导整个组织的信息系统建设工作。

其主要启示如下：①信息系统建设是一项长期的、复杂的、投入高的社会化系统工程，其发展呈波浪式进程，它受各种综合条件的影响和制约，并不是一蹴而就的，而应遵循一定的客观规律；②信息系统伴随着计算机技术的应用发展而实施的，其发展的各阶段是一个人类对其应用的认识逐步提高的过程，各阶段是不能逾越的，但我们可以尽可能压缩蔓延和控制阶段的时间，对其规划和改造，使其按照正确的方向前进，并推动它从低层向高层发展；③我国是一个发展中国家，人口众多，资源还很紧缺，要在短时间内改变现有的管理信息系统的现状是不现实的，我们应该吸取别国的经验教训，避免盲从，少走弯路，根据自己国家、自己地区、自己单位的实际情况，规划出一套切实可行的信息系统建设方案来。

三、管理信息系统规划的步骤

（1）确定规划的基本问题。

（2）收集初始信息。

（3）现状评价、识别计划约束。

（4）明确战略目标。

（5）准备规划矩阵。

（6）识别各种活动。

（7）确定优先权、估计项目成本人员要求。

（8）提出实施进度计划。

（9）写出管理信息系统规划。

（10）审核。

四、管理信息系统战略规划的主要方法

（一）关键成功因素法

1. 基本思想

关键成功因素法（critical success factors）是一种重点问题突破法，即首先抓住影响系统成功的关键因素，进行分析，确定企业组织的信息需求。关键成功因素是指对组织的成

功起关键作用的影响因素。

关键成功因素法的基本思想：在现行系统中，总存在着多个变量影响系统目标的实现，其中若干个因素是关键的、主要的（即关键成功因素）。通过对关键成功因素的识别，找出实现目标所需的关键信息集合，从而确定系统开发的优先次序。

2. 步骤

（1）了解企业组织的目标，需要遵循信息系统规划与组织目标的一致原则。

（2）识别关键成功因素，包括子因素。

（3）识别性能指标和标准。

（4）识别测量性能的数据，定义数据字典。

3. 工具

常用工具为因果图，也称为鱼刺图、树枝图。

4. 特点

关键成功因素法的初始目标是帮助高层管理者确定他们所需信息以进行有效的规划和控制。需要注意的是在运用关键成功因素法过程中自始至终要努力做到保持组织目标与信息系统规划的一致性。当关键成功因素解决后，又会出现新的关键成功因素，就必须再重新开发系统。

关键成功因素法的一个优点是使管理者可以决定自己的关键成功因素，并且为这些因素建立良好的衡量标准，确定需求信息及其类型，据此开发数据库，进而开发一个对管理者有意义的信息系统。所开发的系统具有很强的针对性，能够较快地取得收益。

关键成功因素法的主要局限是它只注重特定的管理者的信息需求，而不是整个组织的信息需求。

（二）战略目标集转化法

战略目标集转化法（strategy set transformation）是由 William King 于 1978 年提出来的，其基本思想是把整个战略目标看成是一个“信息集合”，由使命、目标、战略等组成，管理信息系统的规划过程，是把组织的战略目标转变为管理信息系统的战略目标的过程。

工作步骤：一是识别企业组织的战略集，在组织的战略集长期计划的基础上，进一步进行归纳描述。构造战略集的步骤如下：①描绘出各类人员；②识别每类人员的目标；③对于每类人员识别系统相应的使命及战略。二是将企业组织的战略集转化为管理信息系统的战略集。步骤如下：①将企业组织的目标、约束、设计原则转化为管理信息系统的目标、约束；②根据信息系统目标和约束提出信息系统战略；③提出一个完整的管理信息系统结构，把这个结构交给企业负责人审核。

（三）企业系统规划法

企业系统规划法（business system planning，BSP）是一种全面调查法，是由 IBM 公司于 20 世纪 70 年代初提出来的，是一种企业组织内部系统开发的方法。从企业目标出发，逐步将企业目标转化为管理信息系统的目标和结构，从而更好地支持企业目标的实现的一种战略规划方法。

基本思路是：自上而下地识别系统目标、企业过程和数据，然后对数据进行分析，自下而上地设计管理信息系统。

企业系统规划法包括四个阶段。

1. 准备阶段

主要进行规划的前期工作，包括：①确定项目；②初步调查；③理论宣贯。

2. 系统分析阶段

系统分析是系统规划的基础，也是系统设计的前提。

(1) 定义业务过程，指识别企业逻辑上相关的一组决策和活动的集合，包括识别计划与控制的企业过程、识别产品服务的业务过程、识别资源支持的业务过程。

(2) 定义数据类，是指对能够激发企业管理工作活动所需求数据的识别，有两种方法，即企业实体法和企业过程法。

(3) 分析现行系统，是指对现行系统在开发新系统中能够提供的支持条件进行调查分析。主要用几个矩阵来表示：组织/过程矩阵、系统/过程矩阵、系统/数据矩阵。

(4) 确定管理部门对新系统的需求，一般用访谈法进行，用问题/过程矩阵表示。

3. 系统设计阶段

其主要任务是定义系统的总体结构及确定子系统开发的优先顺序，其主要方法是功能/数据分析法，通过 U/C 矩阵实现。U/C 矩阵是一个二维矩阵，U (use) 代表“使用”，C (create) 代表“创建”。U/C 矩阵的求解过程是通过表上作业来完成的，通过调换表中行或列，使得“C”元素尽量靠近对角线。

用 U/C 矩阵解决问题的步骤：① 建立 U/C 矩阵；②填上 U 或 C；③正确性检验。

检验原则是数据守恒。

检验方法有完备性检验、一致性检验、无冗余性检验。

4. 文档整理阶段

主要任务是编写信息系统开发的建议书、可行性分析报告、开发计划等。

(四) 三种规划方法的比较分析

(1) 关键成功因素法的特点是：①目标识别从重要需求引发规划，突出重点，最有利于确定企业的管理目标；②高层管理人员很熟悉，采用这种方法，管理人员乐于支持配合。其缺点是：①容易忽视次要问题；②受到成功因素分析结果的制约。

(2) 战略目标集转化法从另一个角度去识别企业组织的管理目标，清楚地反映了各类人员的要求，从组织的各类人员角度识别组织管理目标，最后将企业的战略目标转化为管理信息系统的战略目标。其特点是：①反映各类人员的要求；②由人员需求引出信息系统目标；③目标比较全面，较少疏漏。缺点是：重点不突出。

(3) 企业系统规划法通过识别企业“过程”引出了系统目标，企业目标到系统目标的转化是通过企业过程/数据类等矩阵的分析得到的。企业系统规划法也首先强调目标，但没有明显的目标引导过程。其最大优点是强大的数据结构规划，规范全面地展示了组织状况、系统和数据应用情况及其差距。其缺点是：成本高，耗时长；数据分析复杂，难度大。比较适用于刚启动或将产生重大变化的组织。

五、管理信息系统规划的组织和管理

(一) 第一把手原则

高层管理者参与规划工作是确保信息资源开发利用成功的关键。

(1) 高层管理者最了解各项战略决策中的信息需求，其必须亲自参与规划，了解规划的内容，把握规划方向。

(2) 规划中出现了争议和问题时，只有高层管理者出面才能得以解决。

(3) 规划中经常发现一些弊病会导致管理机构的调整，其调整的最终决策权在高层管理者手中。

(4) 信息系统的开发效率是至关重要的，为了避免信息资源开发上的浪费，必须有一个自顶向下的全局范围的信息结构，这种信息结构必须得到高层管理者的确认。

(5) 总体规划需要对下一步各项子系统的开发提出优先顺序，并作出开发预算，这些内容也必须由高层管理者作出最后的决策。

(6) 总体规划往往要进行关于系统内数据项定义的标准化工作，而且在数据项定义过程中经常会出现一些问题必须由高层管理者负责协调解决。

(二) 成立规划领导小组

组织内的信息系统总体规划工作需要成立一个责权明确的工作班子。这个班子在组织的最高层管理者的直接管理者下，由一名负责全面规划工作的信息资源规划者和一个核心小组组成，并通过一批用户分析员与广大的最终用户相联系。核心小组和用户分析员应该是脱产地从事总体规划工作，而广大的最终用户则是临时性或短期地参与规划工作。

(三) 人员培训

对于系统规划，以及企业信息化的理论、方法和技术，参加人员不一定都能掌握，因此，对各层次管理人员、用户、分析人员及系统规划领导小组的其他成员进行培训是至关重要的。

(四) 进度计划

系统规划工作也需要一个大体上的时间安排，需要制订一个进度计划，避免过分拖延造成其后工作的延误或被迫中止。

(五) 制订战略规划的具体步骤

制订总体规划的步骤一般如下：①确定总体规划的性质，明确管理信息系统总体规划的年限及具体的方法；②收集相关信息；③进行总体战略分析；④定义约束条件；⑤明确规划目标；⑥提出未来的战略规划略图，给出管理信息系统的初步框架；⑦选择开发方案，提出实施进度；⑧通过评审。

（六）文档管理

系统规划阶段的文档一般有系统立项报告、可行性分析报告、开发计划书等。

六、可行性分析

系统规划之后，如果需要开发信息系统，就需要研究分析系统开发的必要性和可行性，可行性分析首先从系统初步调查出发，然后从技术、经济和管理等方面论证系统分析的可行性及其方案并提交可行性分析报告。

（一）可行性分析的目的与任务

所谓可行性分析是指：在当前组织内外的具体环境和现有条件下，一项目投资的研制工作是否具备必要的资源及其他条件。可行性分析的目的（GB8567—88）是：说明实现该软件开发项目在技术、经济和社会条件方面的可行性；评述为了合理地实现开发目标而可能选择的各种方案；说明并论证所选定的方案。在项目规模比较小时可与“项目开发计划”合并。

可行性分析的任务是：了解客户的要求及现实环境，从技术、经济和社会因素等三方面研究并论证本软件项目开发的可行性，编写可行性分析报告，制订初步的项目开发计划。建设管理信息系统的必要性取决于需求的迫切性和实现的可行性。可行性并不等于可能性，它还包括必要性，如果领导或管理人员对信息的需求并不迫切或各方面的条件不具备，就是不具备可行性。

（二）系统初步调查

（1）系统的基本情况。

（2）系统中信息处理的概况。

（3）系统的资源情况。

（4）系统各类人员对信息系统的态度。

（三）可行性分析的内容

（1）经济可行性，主要是对项目的经济效益进行评价。一方面是支出的费用，其中包括设备购置费、软件开发费、管理和维护费用、人员工资和培训费等。另一方面，是取得的收益，其中有一部分可以用钱来衡量，如加强库存管理后，加快流动资金周转，减少资金积压等；收益的另一部分难以用钱表示，如比原系统提供更多的信息、缩短取得信息的时间等。

（2）技术上的可行性，要考虑将来采用的硬件和软件技术能否满足用户提出的要求（如计算机容量、速度等）。此外，还要考虑开发人员的水平。信息系统是一种知识密集型行业，对技术要求较高，如果没有足够的技术力量或单纯依靠外部力量开发系统，是很难成功的。

（3）管理上的可行性，主要是考察管理人员对开发信息系统的态度和管理方面的基础工作。主要领导不支持的项目肯定不可行。如果高中层管理人员抵触情绪很大，就有必要等一等，积极做工作，创造成熟的条件。管理基础工作好坏主要表现在管理制度和方法是否科学、规章制度是否齐全及原始数据是否正确等方面。

（四）可行性分析的步骤

（1）对现实系统进行初步调查。

（2）编写用户需求书面材料。

（3）对所开发系统进行可行性分析。

（4）写出可行性分析报告。

（5）评审和审批可行性分析报告。

（6）若项目可行，则制订初步项目开发计划，并签署合同。

可行性分析的结论一般有五种情形：①条件具备，可立即开发；②时机不成熟，需要增加资源才能进行开发（如增加投资、增加人力、延长开发时间等）；③需要推迟，直到某些条件具备之后才能进行开发（如管理工作的改进、组织机构的调整等）；④目标太低或太高，需要对目标进行某些修改后才能进行开发；⑤不能或没有必要进行开发（如经济上不合算，技术条件不成熟等）。

（五）可行性分析报告

可行性分析报告主要包括以下内容：①概述；②新系统的目标、要求和约束；③可行性分析的基本准则；④现行系统描述及现行系统存在的主要问题；⑤新系统对现行系统的影响；⑥投资和效益分析；⑦其他可选方案及与国内外同类方案的比较；⑧有关建议。

重点和难点

本章全面阐述信息系统发展的诺兰阶段模型，管理信息系统规划的内容、主要工作，以及管理信息系统规划的方法和技术。重点内容主要如下：（1）了解诺兰阶段模型，认识组织所处的发展阶段，更好地指导系统规划工作；（2）了解系统开发的策略，以及各种策略的特点和优缺点；（3）充分认识系统规划在整个系统开发过程中的地位和作用；（4）理解制订科学合理、符合实际情况的系统规划所应做的工作和所应具备的条件；（5）可行性分析的理论、方法和作用及内容。

同步综合练习题

一、单项选择题

1. U/C 矩阵描述了(　　)。
   A. 部门与部门之间的关系
   B. 部门与报表之间的关系
   C. 业务功能类与数据类之间的关系
   D. 多种数据类之间的关系
2. 可行性分析报告的结论中应明确指出(　　)。
   A. 有无必要进行系统规划　　B. 有无必要立即进行系统设计
   C. 有无必要立即进行系统开发　　D. 有无必要立即进行系统实施
3. 系统规划的主要任务不包括(　　)。
   A. 制定管理信息系统的发展战略
   B. 确定组织的信息需求、形成管理信息系统的总体结构方案
   C. 制订一系统建设的资源分配计划
   D. 确定计算机软硬件的方案
4. 用于管理信息系统规划的方法很多。把企业目标转化为信息系统战略的规划方法属于(　　)。
   A. U/C　　B. SST　　C. CSF　　D. BSP
5. 能够反映各类人员的要求，但是重点不突出的管理信息系统规划的方法是(　　)。
   A. U/C　　B. SST　　C. CSF　　D. BSP
6. 在系统开发过程中，总体规划之后的阶段是(　　)。
   A. 系统分析　　B. 系统设计
   C. 系统实施　　D. 运行和维护
7. 确定系统的主要功能和结构工作应完成的阶段是(　　)。
   A. 可行性分析　　B. 总体规划
   C. 初步调查　　D. 详细调查
8. 系统开发计划工作应完成的阶段是(　　)。
   A. 可行性分析　　B. 总统规划
   C. 初步调查　　D. 详细调查
9. 系统规划的特点是(　　)。
   A. 结构化程度高　　B. 面向最终用户
   C. 主要是技术问题　　D. 与企业发展战略相适应
10. 管理信息系统战略集不包括(　　)。
    A. 系统目标　　B. 系统约束
    C. 系统开发组织　　D. 系统开发战略
11. 管理系统规划，以下哪条叙述正确(　　)。
    A. 关键成功因素法属于全面调查法

B. 企业系统规划法属于重点突破法
C. 信息系统的战略主要表达业务控制层的管理需求
D. 信息系统应能适应组织机构及管理体制的变化

12. 组织实现从以计算机管理为主到以数据管理为主转换的关键是诺兰阶段模型的哪个阶段（　　）。
A. 成熟　　B. 数据管理　　C. 集成
D. 控制　　E. 初装与蔓延

二、多项选择题

1. 可行性分析从系统初步调查开始，从以下几方面论证系统开发的可行性（　　）。
A. 技术　　B. 经济　　C. 管理
D. 法律　　E. 社会

2. U/C 矩阵的正确性检验可以从以下几方面进行（　　）。
A. 完备性　　B. 可靠性　　C. 一致性
D. 安全性　　E. 无冗余性

3. 系统总体规划方法有（　　）。
A. SST　　B. BSP　　C. EDI
D. CSF　　E. ROI

4. 下面哪些属于系统规划的特点（　　）。
A. 全局性　　B. 客观性　　C. 独立性
D. 适应性　　E. 经济性

5. 在诺兰阶段模型中，诺兰没有进行详细描述的阶段是（　　）。
A. 成熟　　B. 数据管理　　C. 集成
D. 控制　　E. 初装与蔓延

6. 项目支出包括的费用有（　　）。
A. 设备购置费　　B. 软件开发费　　C. 管理和维护费
D. 人员工资　　E. 培训费

7. 可行性分析的结论一般有（　　）。
A. 条件具备，可立即开发　　B. 时机不成熟
C. 需要推迟　　D. 目标太低或太高
E. 不能或没有必要进行开发

三、名词解释

1. 管理信息系统的系统规划
2. 集成
3. 关键成功因素
4. 关键成功因素法
5. 战略目标集转化法
6. 企业系统计划法

7. 功能/数据分析法
8. U/C 矩阵
9. 可行性分析

四、简答题

1. 请简述系统规划的作用。
2. 请简述系统规划的主要任务。
3. 请简述诺兰阶段模型。
4. 请简述诺兰阶段模型对管理信息系统建设工作的启示。
5. 关键成功因素法的工作步骤和特点是什么。
6. 请比较分析三种常用的系统规划方法的特点。
7. 企业系统规划法的主要过程是什么。
8. 进行系统可行性分析时，主要调查哪些内容。
9. 请简述可行性分析的内容。
10. 请简述可行性分析的步骤。
11. 请简述可行性分析报告包括哪些内容。

五、案例分析题

1. KN 公司的产品覆盖了塑料模具制品的大部分领域，模具主要用来制作各种不同的产品，如电动车、园艺工具和儿童玩具。由于多样性，这里有 6 个不同的销售部，1 个生产部和一个订货部。另外有 1 个单独的 IT 服务部为所有部门提供 IT 服务。公司已经在每个单独的部门建立了 IT 系统。每个部门有自己独立的计算机化的数据库和记录。KN 公司的 IT 服务部前几年在实施 IT 系统方面非常成功，为其他的部门提供了高质量的服务。KN 公司现在希望建立一个可以被各个部门应用的中心销售数据库。数据库包括货物的信息、客户和负债人分析。这就意味着每个部门的单独的数据库需要整合成一个中心数据库。

请结合案例回答下列问题：

(1) 公司处于诺兰模型的哪一个阶段？请简述这个阶段的特点。

(2) 简述诺兰阶段模型对企业管理信息系统建设的意义。

(3) 说明 KN 公司把部门单独的数据和信息集成到中心数据库的优点及可能会遇到的问题。

2. 1965 年，加利福尼亚州的机动车管理局（DMV）的联机系统还是热门技术，25 年以后，他们已经用该系统处理了 5000 万个驾驶执照和车辆登记问题，同时还处理每年 52 亿美元的税收。虽然这个系统已经在升级后的 IBM 主机上，每天能处理 100 万笔业务了，它的软件却赶不上时代的发展，它们是用汇编语言写成的，非常难以维护。为了在执照和登记上加上一项“社会保障号码”，需要用 18 个人年去编制程序。虽然它在旧式的文件系统中仍能够很快地提取数据，却不能完成有条件的搜索和查询。机动车管理局的地方机构用的是一些已经有十年役龄的 IBM 系列小型机和与主机相连接的一些简易终端，这些设备也都有些过时了。

1987 年，机动车管理局启动了一个雄心勃勃的项目，把系统转换到 SQL 关系数据库上，该系统在 24 台协力公司的计算机上运行。为了在这个新的技术平台上开发应用软件，他们又雇佣了 E. & Y. 公司，该公司用 COBOI 与第四代开发工具工作。后来，这个项目搁浅了，E. &Y. 公司也于 1990 年退出了该项目，取而代之的是管理局自己的人员。他们打算靠自己的力量用德州仪器公司的 CASE 开发工具 IEF 完成应用软件的开发。不幸的是，他们内部的开发人员没有能克服学习新的开发工具所遇到的巨大困难。七年过去了，这个管理局在花了 4400 万美元以后终于停止了再向该项目注入资金。他们开始明白，这并不单单是一个编写应用软件的问题。他们可能还要再投入 1 亿美元和 4 年的时间才能使该项目完成。经过一番调查后，管理局的一位发言人解释说，我们决定采用的这个数据库并没有经过检验，它无法处理我们每天来自 3 万个用户的业务数据。协力公司却认为，自己已经完全尽了职责，并把失败的原因归咎于 E. & Y. 公司退出后项目管理的混乱。E. &Y. 公司说，我们介入了还不到一年，不能对失败负责。机动车管理局一筹莫展，只好凑合着用那套已经陈旧的技术和花了 4400 万美元更新来的却并不好用的数据。

请结合案例回答下列问题：

（1）系统规划的意义、作用。

（2）可行性分析的内容。

参考答案

一、单项选择题

1. C　2. C　3. D　4. B　5. B
6. A　7. B　8. B　9. D　10. C
11. D　12. D

二、多项选择题

1. ABC　2. ACE　3. ABDE　4. ACE　5. AB
6. ABCDE　7. ABCDE

三、名词解释

1. 管理信息系统的系统规划又称为管理信息系统的战略计划，是依据企业资源状况、企业整体信息管理需求及当前技术环境，对企业总的信息系统从系统目标、系统战略、系统资源、总体功能结构、关键功能、信息需求和开发工作等方面作出的战略性安排，保证管理信息系统支持组织的长期战略，有效地开发和管理组织的各项资源，保证系统建设规范、有序、顺利的进行。系统规划是管理信息系统生命周期的第一个阶段，其主要目标是明确管理信息系统的发展方向、系统规模和开发计划。

2. 所谓集成就是在控制的基础上，采用网络技术、数据库技术等对子系统中的硬件进行重新连接，建立集中统一的数据库，以及能够充分利用和管理各种信息的系统。

3. 关键成功因素是指对组织的成功起关键作用的影响因素。

4. 关键成功因素法的基本思想是在现行系统中，总存在着多个变量影响系统目标的实现，其中若干个因素是关键的、主要的（即关键成功因素）。通过对关键成功因素的识别，找出实现目标所需的关键信息集合，从而确定系统开发的优先次序。

5. 战略目标集转化法是由 William King 于 1978 年提出来的，其基本思想是把整个战略目标看成是一个“信息集合”，由使命、目标、战略等组成，管理信息系统的规划过程，是把组织的战略目标转变为管理信息系统的战略目标的过程

6. 企业系统计划法是一种全面调查法，是由 IBM 公司于 20 世纪 70 年代初提出来的，是一种企业组织内部系统开发的方法。企业系统规划法是从企业目标入手，逐步将企业目标转化为管理信息系统的目标和结构，从而更好地支持企业目标实现的一种战略规划方法。

7. 功能/数据分析法是 IBM 公司于 20 世纪 70 年代初在企业系统规划法中提出的一种系统化的基于“子系统划分应相互独立，而且内部凝聚性高”原则的一种聚类分析法，通过 U/C 矩阵实现。

8. U/C 矩阵是一个二维矩阵，U（use）代表“使用”，C（create）代表“创建”。

9. 所谓可行性分析是指在当前组织内外的具体环境和现有条件下，投资项目的研制工作是否具备必要的资源及其他条件。

四、简答题

1. 管理信息系统规划的作用主要体现在以下几方面。

(1) 系统规划是系统开发工作的前提。管理信息系统开发是一项非常复杂的系统工程，涉及组织的多个管理层次和管理部门，各子系统除了完成相对独立的功能外，相互之间还需协调工作，管理信息系统规划能够从整体上把握管理信息系统的开发，使信息系统的各个组成部分之间能够相互协调。

(2) 系统规划是系统开发成功的保证。管理信息系统规划有利于集中全部资源优势，使人力、物力、时间的安排合理、有序，并得到合理配置与使用，有利于保证系统开发的顺利进行和成功。

(3) 系统规划是系统开发的标准。系统开发、验收、评价都是以系统规划为标准的。

(4) 系统规划指明了系统开发的方向。管理信息系统规划明确规定了系统开发的目标、任务、方法和步骤，这是项目开发小组的每个成员需要遵循的内容，给系统开发指明了方向。

(5) 系统规划是管理科学化规范化的基础。管理信息系统规划过程中促使管理人员回顾过去的工作，发现可以改进的薄弱环节，有利于管理科学化、规范化的实现。

2. 系统规划的主要任务如下。

系统规划是管理信息系统生命周期的第一个阶段，其主要目标是制定系统长期发展方案，主要包括以下几方面任务。①制定信息系统的目标和发展战略；②进行可行性分析；③制定信息系统的总体方案，安排项目开发计划；④制订系统建设的资源分配计划。

3. 诺兰阶段模型及每个阶段的特点如下。

管理信息系统的发展和演变过程有其内在的客观规律，信息系统发展阶段模型描述了信息系统发展的规律和特点，是信息系统规划需要遵循的基本原则。1973年，哈佛商学院的理查德·诺兰（Nolan）第一次提出了信息系统发展阶段的诺兰模型。1979年，诺兰教授修正和完善了诺兰模型，把信息系统的成长过程分为六个阶段，即初装阶段、蔓延阶段、控制阶段、集成阶段、数据管理阶段和成熟阶段。

4. 诺兰阶段模型总结了西方发达国家信息系统发展的经验和规律。无论是确定开发信息系统的策略，还是制订信息系统规划，都应首先明确组织当前处于哪一阶段，根据该阶段的特征来科学地规划和指导整个组织的信息系统建设工作。其主要启示如下：①信息系统建设是一项长期的、复杂的、投入高的社会化系统工程，其发展呈波浪式进程，它受各种综合条件的影响和制约，并不是一蹴而就的，而应遵循一定的客观规律；②信息系统伴随着计算机技术的应用发展而实施的，其发展的各阶段是一个人类对其应用的认识逐步提高的过程，各阶段是不能逾越的，但我们可以尽可能压缩蔓延和控制阶段的时间，对其规划和改造，使其按照正确的方向前进，并推动它从低层向到高层发展；③我国是一个发展中国家，人口众多，资源还很紧缺，要在短时间内改变现有的管理信息系统的现状是不现实的，我们应该吸取别国的经验教训，避免盲从，少走弯路，根据自己国家、自己地区、自己单位的实际情况，规划出一套切实可行的信息系统建设方案来。

5. 关键成功因素法的工作步骤如下。

（1）了解企业组织的目标，需要遵循信息系统规划与组织目标的一致原则。

（2）识别关键成功因素，包括子因素。

（3）识别性能指标和标准。明确关键因素的性能和标准，分析信息需求，进行企业系统规划。

（4）识别测量性能的数据，定义数据字典。关键成功因素法的起点是企业目标，通过对目标的分解和识别、关键成功因素的识别、性能指标的识别，最终产生数据字典。从建立数据库开始，逐步推进，直至细化到数据字典。

关键成功因素法的初始目标是帮助高层管理者确定他们所需信息以进行有效的规划和控制。需要注意的是：在运用关键成功因素法过程中自始至终要努力做到保持组织目标与信息系统规划的一致性。当关键成功因素解决后，又会出现新的关键成功因素，就必须再重新开发系统。

关键成功因素法的一个优点是使管理者可以决定自己的关键成功因素，并且为这些因素建立良好的衡量标准，确定需求信息及其类型，据此开发数据库，进而开发一个对管理者有意义的信息系统。所开发的系统具有很强的针对性，能够较快地取得收益。

关键成功因素法的主要局限是它只注重特定的管理者的信息需求，而不是整个组织的信息需求。

6. 三种常用的系统规划方法的特点如下。

关键成功因素法（CSF）的特点是：①目标识别从重要需求引发规划，突出重点，最有利于确定企业的管理目标；②高层管理人员很熟悉，采用这种方法，管理人员乐于支持配合。其缺点是：①容易忽视次要问题；②受到成功因素分析结果的制约。

战略目标集转化法（SST）从另一个角度去识别企业组织的管理目标，清楚地反映了各类人员的要求，从组织的各类人员角度识别组织管理目标，最后将企业的战略目标转化为管理信息系统的战略目标。其特点：①反映各种人的要求；②由人员需求引出信息系统目标；③目标比较全面，较少疏漏。缺点是：重点不突出。

企业系统规划法（BSP）通过识别企业“过程”引出了系统目标，企业目标到系统目标的转化是通过企业过程/数据类等矩阵的分析得到的。企业系统规划法也首先强调目标，但没有明显的目标导引过程。企业系统规划法最大优点是强大的数据结构规划，规范全面地展示了组织状况、系统和数据应用情况及其差距。其缺点是：①成本高，耗时长；②数据分析复杂，难度大。比较适用于刚启动或将产生重大变化的组织。

7. 企业系统规划法的工作过程，可以归纳为四个阶段：准备阶段、系统分析阶段、系统设计阶段、文档整理阶段。

8. 可行性分析应当建立在初步调查的基础上，调查内容包括四个方面。

(1) 系统的基本情况，包括它的外部约束环境、规模、历史、管理目标、主要业务、当前面临的主要问题等。

(2) 系统中信息处理的概况，包括现有信息系统的组织机构、基本工作方式、工作效率、可靠性、人员素质和技术手段。

(3) 系统的资源情况，包括技术力量和能投入的人力和物力资源。

(4) 系统各类人员对信息系统的态度，包括领导和有关管理业务人员对现行信息系统的看法，对新系统建设的支持和关心程度等。

9. 可行性分析包括以下三方面内容。①经济可行性，主要是对项目的经济效益进行评价。一方面是支出的费用；另一方面是取得的收益。②技术上的可行性，主要考虑将来采用的硬件和软件技术能否满足用户提出的要求（如计算机容量、速度等）。此外，还要考虑开发人员的水平。③管理上的可行性，主要是管理人员对开发信息系统的态度和管理方面的基础工作。

10. 可行性分析的步骤如下。

(1) 对现实系统进行初步调查。

(2) 编写用户需求书面材料。

(3) 对所开发系统进行可行性分析。

(4) 写出可行性分析报告。

(5) 评审和审批可行性分析报告。

(6) 若项目可行，则制订初步项目开发计划，并签署合同。

11. 可行性分析报告主要包括以下内容：①概述；②新系统的目标、要求和约束；③可行性分析的基本准则；④现行系统描述及现行系统存在的主要问题；⑤新系统对现行系统的影响；⑥投资和效益分析；⑦其他可选方案及与国内外同类方案的比较；⑧有关建议。

五、案例分析题

1. 答：（本题不一定需要回答所有知识点，关键看理论与实践的结合程度和深度）

（1）根据诺兰模型，分析KN公司目前信息化建设的具体情况，我们认为该公司正处在从控制阶段向集成阶段的发展过程中，即第三阶段控制阶段。在这一阶段，因为计算机的迅速增长超出了控制，预算费用高比例增长，回报却不理想。另外，对信息系统的认识逐渐深入，经验逐渐丰富，信息系统项目的不断积累，客观上要求组织加强对信息系统的规划、协调和控制。这阶段的特点如下：①出现了由组织高层和职能部门负责人参加的信息系统规划领导小组，对整个组织的信息系统建设进行统筹规划和严格控制，信息系统应用的无序发展和膨胀得到了遏制；②诺兰认为，这个阶段是组织实现从以计算机管理为主到以数据管理为主转换的关键，发展比较缓慢，相对来说投资比较平缓；④采用了数据库技术。这个阶段的特征就是：组织开始以控制代替蔓延，思考代替盲目膨胀，规划代替无序。

（2）诺兰阶段模型总结了西方发达国家信息系统发展的经验和规律。无论是确定开发信息系统的策略，还是制订信息系统规划，都应首先明确组织当前处于哪一阶段，根据该阶段的特征来科学地规划和指导整个组织的信息系统建设工作。

其主要启示如下：①信息系统建设是一项长期的、复杂的、投入高的社会化系统工程，其发展呈波浪式进程，它受各种综合条件的影响和制约，并不是一蹴而就的，而应遵循一定的客观规律；②信息系统伴随着计算机技术的应用发展而实施，其发展的各阶段是一个人类对其应用的认识逐步提高的过程，各阶段是不能逾越的，但我们可以尽可能压缩蔓延和控制阶段的时间，对其进行规划和改造，使其按照正确的方向前进，并推动它从低层向高层发展；③我国是一个发展中国家，人口众多，资源还很紧缺，要在短时间内改变现有管理信息系统的现状是不现实的，我们应该吸取别国的经验教训，避免盲从，少走弯路，根据自己国家、自己地区、自己单位的实际情况，制订出一套切实可行的信息系统建设方案来。

（3）优点如下。一旦KN公司把部门单独的数据和信息集成到中心数据库：其一，保证了系统数据的实时性、一致性和正确性，大大提高了数据的利用率；其二，可以实现系统信息的实时共享和反馈，利于资源共享和协同工作，保证全公司业务的顺利开展；其三，可以有效地提供跨部门的综合性信息，作为KN公司的管理者随时可得到全局的实时的信息，为管理者的决策提供强有力的支持。

可能会遇到的问题如下。公司的每个部门分别建立了自己的IT系统和独立的数据库，因此在集成到中心数据库时，必须解决公司统一信息化规划的问题，即结合公司实际情况，进行信息化的统一规划，确定统一的系统运行环境、数据库系统，规定公司信息集成模式、接口标准和规范。之后重新理顺公司的数据流，即解决缺乏全局规划、各个部门的IT系统分散林立而造成的公司数据流混乱问题。最后建立公司的统一数据平台和集成标准。解决因各部门运行环境、数据库系统、信息编码规则、业务流程定义等方面执行不同的标准，造成各子系统之间无法实现信息共享和集成的问题。

2. 答：（本题不一定需要回答所有知识点，关键看理论与实践的结合程度和深度。）

（1）管理信息系统规划是关于管理信息系统的长远发展计划，是企业战略规划的一个重要组成部分。规划指全面的长远发展计划。系统规划是信息系统生命周期的第一阶段。这一阶段的主要目标是明确组织管理信息系统建设的发展方向、系统规模和开发计划。组织的信息系统建设具有持续性，是永不停歇的一个社会技术系统工程。科学的规划可以减少盲目性，使系统有良好的整体性、较高的适应性，建设工作有良好的阶段性，以便以较少的投入获得较大的产出。现代企业用于信息系统的投资越来越多，规划不好不仅会造成管理信息系统开发工作的损失，甚至会影响到企业运行，造成更大的间接损失。人们通常有一种认识，假如一个操作错误可能损失几万元，那么一个设计错误就能损失几十万元，一个计划的错误就能损失几百万元，而一个规划错误可能损失千万元，甚至上亿元。所以必须把信息系统的规划摆到重要的战略位置上。有的组织开发出的管理信息系统，或者不适用，或者适应性差、难以扩充。缺乏科学的规划是产生这种现象的原因之一。有些规模较大的项目，由于没有系统规划和科学论证，上马时轰轰烈烈，上马后困难重重、骑虎难下，不仅造成资金、人力的巨大浪费，而且为今后的系统建设留下隐患。因此，系统规划是信息系统建设成功的关键因素之一，它比具体项目的开发更为重要。

（2）可行性分析包括以下三方面内容。①经济可行性，主要是对项目的经济效益进行评价。一方面是支出的费用，其中包括设备购置费、软件开发费、管理和维护费用、人员工资和培训费等。另一方面是取得的收益，其中有一部分可以用钱来衡量，如加强库存管理后，加快流动资金周转，减少资金积压等；收益的另一部分难以用钱表示，如比原系统提供更多的信息，缩短取得信息的时间等。②技术上的可行性，考虑将来采用的硬件和软件技术能否满足用户提出的要求（如计算机容量、速度等）。此外，还要考虑开发人员的水平。信息系统是一个知识密集型行业，对技术要求较高，如果没有足够的技术力量或单纯依靠外部力量开发系统，是很难成功的。③管理上的可行性，主要是管理人员对开发信息系统的态度和管理方面的基础工作。主要领导不支持的项目肯定不可行。如果中高层管理人员抵触情绪很大，就有必要等一等，积极做工作，创造成熟的条件。管理基础工作好坏主要表现在管理制度和方法是否科学、规章制度是否齐全及原始数据是否正确等方面。

第6章 管理信息系统的系统分析

考核内容

1．掌握系统分析的概念、目的、任务和主要内容；

2．用户需求分析与详细调查的理论与方法；

3．结构化系统分析；

4．常用分析工具的掌握和运用，包括数据流程图、数据字典、决策树(判断树)、决策表(判断表)、结构式语言；

5．理解和掌握新系统逻辑方案的概念和内容；

6．掌握系统分析报告的主要作用、内容和撰写。

一、系统分析概述

（一）系统分析的目的

系统分析的目的是明确用户的需求并确定其解决方法。分析阶段需要确定下列五个问题：①开发者对现有组织管理状况的了解；②用户对信息系统功能的需求；③数据和业务流程；④管理功能和管理数据指标体系；⑤新系统拟改动和新增的管理模型等。系统分析所确定的内容是今后系统设计、系统实现的基础。

（二）系统分析的主要任务

系统分析定义或确定新的系统应该“做什么”，而不涉及“怎样做”（系统设计阶段的任务），其基本任务是在系统规划的指导下，在系统分析员和用户一起对系统进行深入详细调查研究并充分了解用户需求的基础上，确定新系统的逻辑模型并撰写系统分析报告，其关键在于开发人员对用户需求的“理解”和“表达”，即系统分析要明确表达出用户的需求，并通过逻辑模型表达出来。系统分析报告通过评审之后，将成为系统设计的基础、目标系统设计和验收的依据。

系统分析阶段，系统分析人员需要完成下面几项任务。

1. 确定系统目标

对现行系统目标和可行性分析中确定的系统目标进行对比研究，可以判断原有目标是否过时，是否适应需要；可以分析现行系统的目标是否合理，新目标是否符合实际情况，并最终确定新系统目标并加以具体化。

2. 现行系统详细调查

现行系统详细调查的目标是在可行性研究的基础上进一步对现行系统进行全面、深入的调查和分析，大致摸清企业的组织结构、业务状况、业务关系、人员情况、管理现状、信息技术应用现状。掌握现行系统的运行状况，发现薄弱环节，找出要解决的问题实质，保证新系统较原系统更具有效性。

3. 用户需求分析

在详细调查的基础上，对各级管理和业务人员就系统处理事务的能力和决策功能的需求进行分析。对一个信息系统的需求分析主要包括四个方面：信息需求、组织需求、控制需求和设备需求。需求分析的结果还要以系统需求规格说明书的形式定义并反馈给用户。

4. 组织结构与业务流程分析

详细了解组织的职能、职责及决策对新系统的需求，清楚组织中各项业务流程每个环节的细节和信息的来源走向。

5. 数据流程分析

分析原有的数据流程的各处理过程是否具有存在的价值，其中哪些过程可以删除或合并；原有数据处理流程中哪些过程不尽合理，可以进行改进或优化；对原有数据流程按计算机信息处理的要求进行优化然后画出新的数据流程图。

新系统的人机界面需确定新的数据流程图中人与机器的分工，即哪些工作可由计算机自动完成，哪些必须有人的参与。

6. 建立新系统的逻辑模型

新系统的逻辑方案主要包括：分析整理后的业务流程、分析整理后的数据词典、经过各种检验并优化后的系统功能结构、每一项业务处理过程中新建立或已有的管理模型和管理方法。

7. 撰写系统分析报告

（三）结构化系统分析的思想与工具

常用的系统分析方法有结构化分析方法、Jackson 系统开发方法、原型法等。迄今为止，结构化系统分析和设计还是系统开发中主要采用的方法。

结构化系统分析方法的基本思想是用系统的思想和系统工程的方法，按照用户至上的原则，结构化、模块化、自顶向下地对信息系统进行分析并用结构化分析的图表作为系统逻辑模型描述的工具。

结构化系统分析方法能够长期被人们接受并采纳，主要是因为它具备如下特点。

（1）强调用户自始至终的积极参与。

（2）注重整体分析、层层落实。

（3）强调系统的适应性。

（4）重视工作文件的标准化和文献化。

在系统分析阶段需要借助一系列的分析工具和辅助技术。用于概要描述的有业务流程图、数据流程图；进行数据详细描述的有数据字典；进行数据处理说明可用结构化语言、判断表、判断树；进行数据库逻辑设计需要数据存储结构规范化；进行数据存取分析可用数据存取分析图。

二、用户需求分析与详细调查

（一）用户需求分析

用户需求包括功能要求、性能要求、可靠性要求、安全性要求、开发费用、开发周期及可使用资源等方面的限制。需求分析是系统开发工作中最重要的环节之一，是系统分析的基础。

系统需求分析可分为四大步骤。

1. 问题定义

归纳整理用户提出的各种问题和要求，弄清用户企图通过信息系统达到的目的，并把它作为要求和条件予以明确表示。

2. 问题分解

在需求获取的基础上，建立逻辑模型，使用自顶向下、逐层分解的方法，把用户对系统的需求分解成若干子系统或软件成分，将外部需求赋予系统的各个功能成分，定义软件成分的内部功能，并标定它们之间的接口。

3. 制定需求规格说明

需求规格说明同时还是系统确认、测试、验收和交付的基准。

4. 需求评审

（二）系统详细调查的原则

（1）真实性。
（2）系统性。
（3）规范化。
（4）全面与重点。
（5）沟通性。

（三）详细调查的内容

需求调查内容大致地归纳为如下八类。
（1）组织机构和岗位职责。
（2）组织目标和发展战略。
（3）业务流程。
（4）基础数据与数据流程。
（5）管理方式和具体业务的管理方法。
（6）决策方式和决策过程。
（7）资源和约束条件。
（8）现行系统存在的问题和改进意见。

（四）详细调查的方法

常用的调查方法主要有座谈法、访谈法、问卷法、现场观察法等。在具体的实践中，座谈法和问卷法是两种最为普遍采用的方法。

三、组织结构与业务流程分析

（一）组织结构分析

根据详细调查的结果，绘制成一张反映企业内部各组织部门之间隶属关系的树状结构图，即组织结构图。在绘制时需要注意，与企业生产、经营、管理环节直接相关的部门一定要反映全面、准确。为了表明企业的运行过程，往往也要画出企业物流和组织管理关系图。

（二）业务功能分析

业务功能分析通过功能结构图实现。所谓功能结构图就是按照功能的从属关系画成的图表，图中的每一个方框都称为一个功能模块。功能模块可以根据具体情况分得大一点或小一点，最小功能模块可以是一个程序中的每个处理过程，而较大的功能模块则可能是完成某一项任务的一组程序。功能结构图是今后进行功能与数据间关系分析、确定新系统拟实现的管理功能和分析建立管理数据指标体系的基础，同时也为今后划分子系统、设计功能层次结构提供参考依据。

功能结构图中的每片树叶都必须是一项不可再分的基本业务功能，判断其是否分解到底的一个有效办法是，看是否能用一句话说明这个基本活动的内容和目的，这句话中必须有一个动词。

（三）组织结构与业务功能之间的关系分析

组织结构与业务功能之间的关系分析通常是通过组织与业务功能关系图实现的，是后续分析和设计新系统的基础，常作为划分子系统的参考依据。

（四）业务流程分析

所谓业务流程分析就是在业务功能的基础上将其细化，利用系统调查的资料将业务处理过程中的每个步骤用一个完整的图形将其串起来。对现行企业组织机构业务流程的分析和描述是系统分析工作的重要内容。

1. 业务流程分析的目的与作用

前面已经将业务功能一一理出，而业务流程分析则是在业务功能的基础上将其细化，利用系统调查的资料将业务处理过程中的每个步骤用一个完整的图形将其串起来（业务流程图），业务流程分析和绘制业务流程图（transaction flow diagram，TFD）可以帮助我们发现和处理系统调查工作中的错误和疏漏，修改和删除原系统的不合理部分，在新系统基础上优化业务处理过程，所以说绘制业务流程图是分析业务处理过程的重要步骤。业务流程图也为今后分析业务功能与数据间关系、设计程序模块提供了主要依据。

2. 业务流程图的概念及图例

业务流程图是一种用一些规定的符号（图 6-1）及连线来描述系统内各单位、人员之间业务关系、作业顺序和管理信息流向的图表。利用它可以表示某个具体业务处理过程，帮助分析人员找出业务流程中的不合理流向。在绘制业务流程图的过程中发现问题、分析不足、优化业务处理过程，是分析业务流程的重要步骤。

业务流程图是一种物理模型，主要作用是描述业务走向。业务流程图描述的是完整的业务流程，以业务处理过程为中心，一般没有数据的概念。

业务流程图的图例有六种基本图形符号，内部解释可直接用文字标于图内。符号所代表的内容与信息系统最基本的处理功能一一对应。

3. 业务流程图的绘制

基本上都是根据系统调查表中所得到的资料和问卷调查的结果，按照业务的实际处理过程绘制一本反映组织实际业务处理过程的图形“流水账”，这有利于理顺和优化业务过程。

4. 表格分配图

表格分配图可用于描述系统中复制多份的报告或单据的数量，以及这些报告或单据都

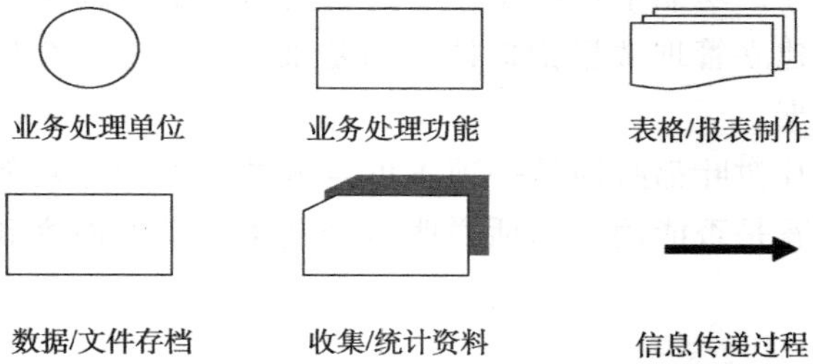

图 6-1　业务流程图的基本图形符号

与哪些部门发生业务联系。

四、数据流程分析

数据流程分析以需求调查的基础资料和第三节得到的所有业务流程图为依据，不考虑物质要素，抽象地对所收集的数据，以及统计和处理数据的过程进行分析和整理，绘制数据流程图（data flow diagram，DFD）。如果发现还有没弄清楚的问题，应立刻返回去弄清楚它。如果发现有数据不全、采集过程不合理、处理过程不畅和数据分析不深入等问题，也应在数据流程分析过程中加以解决。

（一）数据流程分析的目的与任务

数据流程与业务流程的区别是业务流程描述的是现实公司的业务处理的步骤和程序，而数据流程描述的是信息系统中的信息输入、处理、输出和数据存储，摆脱了所有的物质内容，把数据在组织内部的流动情况抽象地独立出来，舍去了具体组织机构、信息载体、处理工作、物资、材料等，单从数据流动过程来考查实际业务的数据处理模式。因此，我们说，数据流程分析是业务处理过程中的“数据处理过程”。

数据流程分析是针对信息的流动、传递、处理、存储等的分析。数据流程分析的目的是发现和解决数据流通中的问题。这些问题有数据流程不畅、前后数据不匹配、数据处理过程不合理等。问题产生的原因可能是原系统管理混乱、数据处理流程本身有问题，也可能是我们调查了解数据流程有误或作图有误。总之这些问题都应该尽量地暴露并加以解决。特定业务处理的数据流程分析将建立这个业务处理的逻辑模型，也是今后新系统中实现这个业务处理过程的系统设计的基础。

数据流程分析是系统详细分析的主要内容，是今后建立数据库系统和设计功能模块处理过程的基础，也是今后进行数据分类、确定数据结构、建立数据字典、规范数据及数据结构，以及进行数据之间关系分析（E-R 图）的基础。

（二）数据流程图

数据流程分析主要通过分层的数据流程图实现。

1．数据流程图的特性

数据流程图具备两个特性，即抽象性、概括性。

2. 数据流程图的图例

数据流程图由四种基本图例组成，即外部项（外部实体）、数据处理（数据加工）、数据存储、数据流（表 6-1）。本书主要采用方框图图例。

表 6-1　数据流的基本符号

类型	外部项	数据处理	数据存储	数据流
方框图	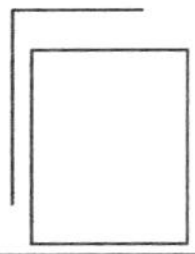			
圆圈图		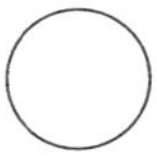	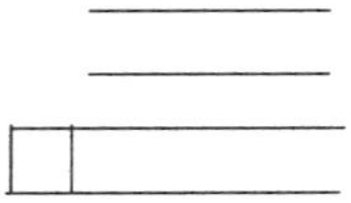	
3			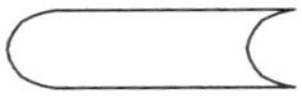	

3. 数据流程图的绘制

数据流程分析和数据流程图的绘制采用“自顶向下、逐层分解”的方法。按业务流程图理出的业务流程顺序，将相应调查过程中所掌握的数据处理过程，绘制成一幅完整的数据流程图，一边整理绘图，一边核对相应的数据和报表、模型等。在绘制数据流程图时，应考虑特殊的业务情况。如果有问题，则应从业务流程开始进行检讨和处理，一般可以通过以下七个步骤完成。

（1）了解和确定公司的主要商业业务问题所涉及的商业过程和业务过程，这里主要是业务功能分析和业务流程分析。

（2）画出数据流程图的概图，也称场景图（context diagram），主要描述出系统的外部实体，以及输入和输出系统的数据流，一般不显示具体的数据存储与处理。

（3）接下来画出数据流程图的第 1 层图，第 1 层图是将概图进一步的分解，加入流入数据的处理过程，也可以显示出必要的数据存储。

（4）画出在第 1 层数据流程图中各个处理的子处理流程图，将第 1 层图进一步分解成更详细的子处理。

（5）检查各层次数据流程图的正确性、完整性、连贯性，尤其要注意父子处理图的平衡，即各层次处理图之间的平衡关系是否正确。

（6）从上面得到的逻辑流程图中，加入处理的物理内容产生物理数据流程图，如区别哪些处理应由信息系统自动进行，哪些由人工操作完成、描述存储于信息系统中的文件和报告的名称与内容，并且加入一些必要的控制条件，使信息系统在出错时自动产生出错信息。

（7）将物理数据流程图按功能或数据关联程度等进行分块或分组划分，以便于后面阶段的系统设计及实施工作。

(三) 绘制数据流程图的注意事项

(1) 自顶向下、逐层分解。

(2) 数据流必须通过送去数据处理或从数据处理环节发出。

(3) 数据存储环节一般作为两个数据处理环节的界面来安排。

(4) 命名。数据流程图上的成分一般都要命名，命名的原则有五项。①名称要反映被命名的成分的真实和全部的意义，不能反映部分内容。②名称要意义明确，易理解，无歧义，不会造成错觉。③数据处理的名称一般以动词加宾语或名词性定语加动名词为宜，以明确反映信息处理的逻辑功能，其他成分的名词以名词或名词性定语加名词为宜。④避免使用不反映实际内容的空洞词汇。⑤进出数据存储环节的数据流（如内容）和存储环节的数据流相同，可采用同一名称。

(5) 编号。每个数据处理环节和每张数据流程图都要编号。按逐层分解的原则，父图与子图的编号要有一致性，一般子图的图号是父图上对应数据处理的编号。顶层图的图号为 0，其中各数据处理环节按 1、2、3……顺序编号，1 号数据处理环节分解后的子数据处理按 1.1、1.2、1.3 编号，2 号数据处理环节按 2.1、2.2、2.3……编号，依次类推。数据处理环节 1.1 分解后的子环节为 1.1.1、1.1.2……依次类推。数据流与数据存储环节也要进行编号以便于编写、分析与维护。编号方法原则上与数据处理环节的编号方法相同。为避免混淆，可在数据流与数据存储编号的第一位数字前冠以“F”，数据存储的编号冠以“D”。如果外部项较多，为便于分析、维护，也可在数据流程图上进行编号。

(6) 只绘制所描述的系统稳定工作情况下的数据流程。在数据流程图的绘制过程中，应特别注意父子图的平衡，这种平衡主要有两个方面：一个是功能的平衡，另一个是数据方面的平衡。功能平衡是指子处理功能的总和应该等于父数据流程图中的同一个处理功能，而数据平衡是指流入和流出父处理的数据流的类型和数目与分解后的子处理集合的流入和流出数据完全一致。

在数据流程图的绘制过程中，还应该注意外部实体与数据存储之间不可以用数据流直接连接在一起，而必须通过处理来连接，处理之间的连接一般通过数据存储，如果没有通过存储，表示交换的数据流是中间数据，而系统不必保存。一个处理必须至少有一个流入的数据流和一个流出的数据流。在流程图分解过程中，应注意每个层次的流程图中的处理的数目不能太多，分解层次的数目要与系统的大小和复杂程度一致，但应该分解到所有的处理都是一个基本的、不可再分的功能为止。

(四) 数据字典

1. 数据字典的概念

数据字典是关于数据库的数据库，是对数据流程图上各个元素作出的详细的定义和说明。数据流程图配以数据字典，就可以从图形和文件两个方面对系统的逻辑模型进行描述，从而形成一个完整的说明。一旦数据字典建立起来，并按编号排序后，就是一本可供人们查阅的字典。

数据字典是关于数据库中数据的描述，即元数据，而不是数据本身。数据本身将存放在物理数据库中，由数据库进行系统管理。数据字典有助于这些数据的进一步管理和控制，为设计人员和数据库管理员在数据库设计、实现和运行阶段控制有关数据提供依据。数据字典是进行数据收集和数据分析所获得的主要成果，是各类数据描述的集合。

2. 数据字典的作用

数据字典的作用是给词汇以定义和解释。在结构化分析中，数据字典的作用是对数据流上的每个成分给以定义和说明。它包含关于系统的详细信息。一般来说，系统分析人员把不便于在数据流程上注明而系统分析应该获得、对整个系统开发以至将来系统运行与维护必需的信息尽可能放入数据字典。数据字典是系统逻辑模型的详细、具体说明。

3. 数据字典的编写

数据字典的编写方法有手工编写和计算机辅助编写。编写数据字典的基本要求有四点。

(1) 对数据流上的各种成分的定义必须明确、易理解、唯一。

(2) 命名、编号与数据流一致，必要时（如计算机辅助编写数据字典时）可增加编码，方便查询检索、维护和统计报表。

(3) 符合一致性和完整性的要求，对数据流上的成分定义与说明无遗漏项。数据字典中无内容重复或相互矛盾的条目。数据流中同类成分的数据字典条目中，无同名异义或异名同义者。

(4) 格式规范、风格统一、文字精练，数字与符号正确。

4. 数据字典的主要内容

数据字典描述的主要内容有数据元素、数据流、数据存储、数据处理、外部项。

（五）描述处理逻辑的工具

1. 结构化语言

结构化语言是专门用来描述一个功能单元逻辑要求的。它介于自然语言和程序语言之间，受结构化程序的设计思想的启发而产生出来。

它受结构化程序设计思想的影响，由三种基本结构构成，即顺序结构、判断结构和循环结构。

结构化语言借助于程序设计的基本思想，并利用其中少数几个关键词来完成对模块处理过程的描述。这几个关键词是 if，then，else，and，or，not。

2. 决策树

用决策树来描述一个功能模块逻辑处理过程，其基本思路与结构化语言一脉相承，是结构化语言的另一种表现形式，而且是更为直观、方便的表现形式。

决策树（图 6-2）的左边为树根，从左向右依次排列各条件，左边的条件比右边的优先考虑。根据每个条件的取值不同，树可以产生很多分支，各分支的最右端（即树梢）为不同的条件取值状态下采取的决策（也称策略）。

3. 决策表

决策表也称判断表，也是一种表达逻辑判断的工具。

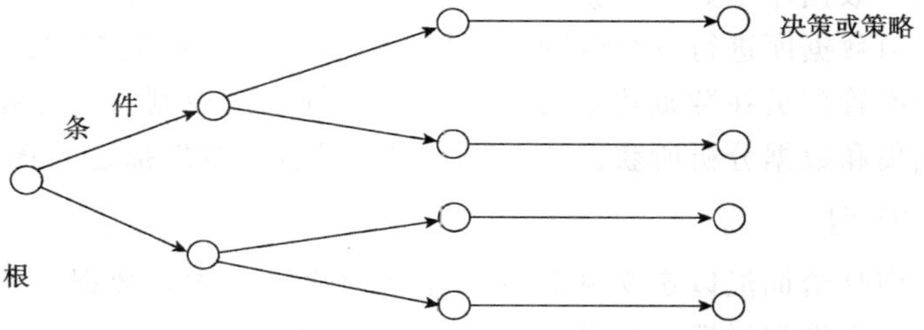

图 6-2　决策树的一般形式

决策表由四部分组成，左上部分为判断条件，左下部分为行动方案，右上部分为不同条件的组合，右下部分表示不同条件组合下应采取的决策（表 6-2）。

表 6-2　决策表格式

判断条件	条件组合
行动方案	应采取决策

构造决策表可以分三步进行：①条件分析及取值；②条件组合、考察策略并绘制决策表；③合并决策表。寻找不必存在的条件所列出的方案，并将这些方案从表中删除。下面我们用决策表来描述上述某公司产品销售业务过程中的折扣政策。

4. 三种工具的比较

（1）对于一个不太复杂、直观表达的判断逻辑，即条件只有 2～3 个，条件组合及动作在 10～15 个，使用决策树最好，决策表最差。

（2）如果一个复杂的判断逻辑（条件多、组合多、相应的动作也多），使用决策表最好。

（3）如果一个处理逻辑既包含了一般的顺序执行动作，又包含了判断或循环逻辑，或者作为程序设计说明，则使用结构化语言最好。

三种工具的比较分析参见表 6-3。

表 6-3　三种处理逻辑方法的比较分析

比较指标	结构化语言	决策树	决策表
直观性	一般	很好	一般
用户检查	不便	方便	不便
可修改性	好	一般	不好
逻辑检查	好	一般	很好
机器可读性	很好	差	好
机器可编程性	很好	不好	好

（六）数据汇总分析

主要任务首先是将系统调查所得到的数据汇总为如下三类：①本系统输入数据类；

②本系统内要存储的数据类；③本系统产生的数据类。数据分类的依据是前面阶段所绘制的业务处理流程图和数据流程图。然后，再对每一类数据进行如下两项分析：①对汇总结果进行检查，是否有遗漏；②分析检查数据的匹配情况。还需要对数据进行特性分析：①数据的静态特性分析；②数据的动态特性分析，即固定值属性、固定个体变动属性、随机变动属性。

五、系统逻辑方案的确定

新系统逻辑方案指的是经分析和优化后，新系统拟采用的管理模型和信息处理方法。因它不同于计算机配置方案和软件结构模型方案等实体结构方案，故称为逻辑方案。

新系统的主要逻辑方案如下：对系统业务流程分析整理的结果；对数据及数据流程分析整理的结果；子系统划分的结果；各个具体的业务处理过程，以及根据实际情况应建立的管理模型和管理方法。新系统的逻辑方案也是系统开发者和用户共同确认的新系统处理模式及打算共同努力的方向。

（一）新系统信息处理方案

（1）确定合理的业务处理流程。

（2）确定合理的数据和数据流程。

（3）确定新系统的逻辑结构和数据分布。

（二）新系统可能涉及的管理模型

管理模型是系统在每个具体管理环节上所采用的管理方法，确定新系统的管理模型就是要确定今后系统在每一个具体的管理环节上的处理方法。在系统分析中，要根据分析结果，对每个处理过程进行认真分析，研究每个管理过程信息处理的特点，找出相适应的管理模型。

六、系统分析报告

系统分析阶段的成果就是系统分析报告，系统分析报告是系统设计的依据，是与用户交流的工具，是应用软件的重要组成部分。

系统分析报告的作用：①系统分析报告是系统分析阶段的工作成果，它反映了这一阶段调查分析的全部情况；②经审议后的系统分析报告成为有约束力的指导性文件，成为用户与技术人员之间的技术合同，是系统设计阶段工作的前提和出发点，是进行系统设计的依据。

系统分析报告一旦审议通过，则成为有约束力的指导性文件，成为用户与技术人员之间的技术合同，成为下阶段系统设计的依据。对系统分析报告的审议是整个系统研制过程中的一个重要的里程碑。审议应由研制人员、企业领导、管理人员、局外系统分析专家共同进行。

重点和难点

本章全面阐述管理信息系统的系统分析的基本任务、理论方法和其包含的各方面内容，新系统的逻辑模型的构建；介绍系统分析报告的撰写，重点介绍系统分析的实用方法及其分析工具。重点内容如下：(1) 掌握系统分析的概念、目的、任务、主要内容；(2) 用户需求分析与详细调查的理论与方法；(3) 结构化系统分析；(4) 常用分析工具的掌握和运用，包括数据流程图、数据字典、决策树（判断树）、决策表（判断表）、结构式语言；(5) 理解和掌握新系统逻辑方案的概念和内容；(6) 掌握系统分析报告的主要作用、内容和撰写。

同步综合练习题

一、单项选择题

1. 数据库的概念设计一般在系统开发的下列哪个阶段进行(　　)。
   A. 系统开发之前　　B. 系统分析阶段
   C. 系统设计阶段　　D. 系统实施阶段
2. 下列图表工具中，不属于系统分析阶段使用的工具的是(　　)。
   A. 组织结构图　　B. 数据流程图
   C. 系统功能模块结构图　　D. 管理业务流程图
3. 系统开发过程中最重要、最关键的环节是(　　)。
   A. 系统分析　　B. 系统设计
   C. 系统实现　　D. A 和 B
4. 绘制数据流程图时，右边的符号表示(　　)。
   A. 数据存储　　B. 数据处理
   C. 外部实体　　D. 单据、报表

5. 在使用判定表进行是非判断时表中存在 3 个条件，共有 4 种行动方案，则实际的条件组合综合可能性有几种(　　)。
   A. 8 种　　B. 4 种　　C. 16 种　　D. 12 种
6. 数据流图的组成不包括(　　)。
   A. 数据输入　　B. 外部实体　　C. 数据处理　　D. 数据存储
7. 描述信息系统逻辑模型的最主要工具是(　　)。
   A. 数据流程图　　B. 业务流程图
   C. 功能结构图　　D. 组织结构图
8. 系统分析报告的主要作用是(　　)。
   A. 系统规划的依据　　B. 系统实施的依据
   C. 系统设计的依据　　D. 系统评价的依据
9. 调查管理业务流程时，调查范围应该是系统中(　　)。
   A. 所有环节的处理业务　　B. 关键的处理业务
   C. 与系统外有联系的处理业务　　D. 产生报表的处理业务
10. 数据流程图的特性是(　　)。
    A. 直观性和抽象性　　B. 概括性和准确性
    C. 抽象性和概括性　　D. 概括性和直观性
11. 系统分析的主要任务之一是(　　)。
    A. 完成新系统的逻辑设计　　B. 完成新系统的物理设计
    C. 完成新系统的总体设计　　D. 完成新系统的物理设计
12. 数据流程图由以下四种基本元素组成(　　)。
    A. 数据流、控制流、判断表、判断树
    B. 数据流、数据处理、数据存储、外部项

C. 数据流、数据处理、控制流、数据存储
D. 数据流、控制流、数据存储、外部项

13. 信息系统的开发和设计应该(　　)。
A. 以开发者为核心　　B. 以管理者为核心
C. 以操作员为核心　　D. 以用户为核心

14. 现行系统的详细调查在系统开发的(　　)阶段。
A. 系统规划　　B. 系统分析
C. 系统设计　　D. 系统实施

15. 业务流程图圆形符号的意义是(　　)。
A. 数据/文件存档　　B. 业务处理单位
C. 收集/统计数据　　D. 表格/报表制作

二、多项选择题

1. 描述处理逻辑的常用工具有(　　)。
A. 决策表　　B. 决策树　　C. 结构化语言
D. ER 图　　E. 数据

2. 数据流程图的基本元素有(　　)。
A. 数据存储　　B. 数据流　　C. 外部项
D. 数据结构　　E. 数据处理

3. 系统详细调查的原则有(　　)。
A. 真实性　　B. 系统性　　C. 规范化
D. 全面与重点　　E. 沟通性

4. 系统详细调查时最为普遍采用的方法有(　　)。
A. 座谈法　　B. 访谈法　　C. 问卷法
D. 现场调查法　　E. 原型法

5. 数据流程图的特性有(　　)。
A. 抽象性　　B. 系统性　　C. 规范化
D. 全面与重点　　E. 概况性

6. 数据字典的主要内容有(　　)。
A. 数据项与数据结构　　B. 数据流
C. 数据存储　　D. 处理过程
E. 外部项

7. 影响项目风险的因素主要有(　　)。
A. 项目规模　　B. 时间延误　　C. 项目结构
D. 利益损失　　E. 技术经验

8. 对一个信息系统的需求分析主要包括(　　)。
A. 信息需求　　B. 组织需求　　C. 控制需求
D. 安全需求　　E. 设备需求

9. 数据按动态特性可分为(　　)。

A. 固定值属性　　B. 取值范围
C. 固定个体变动属性　　D. 随机变动属性
E. 发生的业务量

10. 调查数据进行汇总分析的主要任务首先是将系统调查所得到的数据汇总为(　　)。
A. 本系统输入数据类　　B. 本系统内要传输的数据类
C. 本系统内要存储的数据类　　D. 本系统内要统计的数据类
E. 本系统产生的数据类

三、名词解释

1. 业务流程图
2. 结构化系统分析方法
3. 结构化
4. 模块化
5. 系统需求分析
6. 业务流程分析
7. 数据字典

四、简答题

1. 系统分析的目的是什么?
2. 系统分析的任务是什么?
3. 请简述结构化系统分析方法的特点。
4. 请简述系统分析的过程。

五、应用题

1. 试根据以下业务过程绘制业务流程图。

成品库保管员按车间送来的入库单登记库存台账。发货时，发货员根据销售科送来的发货通知单将成品出库，并发货，同时填写三份出库单，其中一份交给成品库保管员，由他按此出库单登记库存台账，出库单的另外两联分别送销售科和会计科。

2. 请根据以下描述的逻辑关系画出判断树。

移动通信公司为促进业务的发展发行各种优惠卡，其中包括金卡、银卡和普通卡三种，用户可以依据其信用度享受不同额度的透支。其中金卡、银卡和普通卡允许透支的额度分别为1000元、500元和100元。规则如下：从未发生过话费拖欠，且每月通话费在300元(含)以上者可获金卡，每月通话费在150元(含)以上者可获银卡，低于150元者可获普通卡；发生过话费拖欠，能在规定时间内补清欠款，每月通话费在300元(含)以上者可获银卡，每月通话费在150元(含)以上者可获普通卡；发生过话费拖欠，并未能在规定时间内补清欠款，无论每月话费多少均不能获得优惠卡。

3. 试绘制确定收费标准的判断表。

某货运站的收费标准如下：若收件地点在本省，则快件每公斤6元，慢件每公斤4元。若收件地点在外省，则在25公斤以内(包括25公斤)快件每公斤8元，慢件每公斤6元；

如果超过 25 公斤时，快件每公斤 10 元，慢件每公斤 8 元。

4. 试绘制一张确定物资采购批准权限的判断表，要求能描述以下内容。

(1) 购买 50 元以下物资不要批准手续；

(2) 购买 50～500 元的物资应由供应科长批准；

(3) 购买 500 元以上物资需经厂长批准。

5. 请根据下述库存量监控功能的处理逻辑画出判断树。

若库存量≤0，按缺货处理；若库存量小于等于库存下限，按下限报警处理；若库存量大于库存下限，而又小于等于储备定额，则按订货处理；若库存量大于库存下限，小于库存上限，而又大于储备定额，则按正常处理；若库存量大于等于库存上限，而又大于储备定额，则按上限报警处理。

6. 试根据以下储蓄所取款过程画出数据流程图。

储户将填好的取款单及存折交储蓄所，经查对存款账，将不合格的存折和取款单退回储户，合格的存折和取款单被送交取款处理，处理时要修改存款账户，处理的结果是将存折、利息单和现金交储户，同时将取款单存档。

7. 试根据以下业务过程画出领料业务流程图。

车间填写领料单给仓库要求领料，库长根据用料计划审批领料单，未经批准的领料单退回车间，已批准的领料单被送给仓库管理员，仓库管理员查阅库存账，若有货，通知车间领料，也就是把领料通知单发给车间；否则，将缺货通知单通知供应科采购员。

8. 试根据以下业务过程绘制业务流程图。

设某储蓄所取款过程如下：储户将填好的取款单及存折交储蓄所，经查对储户账，将不合格的存折和取款单退回储户，合格的存折和取款单被送交取款处理，处理时要修改储户账和现金账，并将存折、利息单和现金交储户，同时将取款单存档。

9. 根据下列系统业务绘制业务流程图。

一个网上书店实施个性化信息服务系统，即根据客户购书和基本情况，向其提供及时的图书信息。系统包括客户基本信息、客户购书历史记录和书店图书目录等内容。

客户登录书店网站，对于老客户，只要输入客户号和密码；对于新客户，需填写基本情况信息，然后注册。

对于成功登录的老客户，系统根据其购书的历史记录，从新到图书目录中查找客户可能感兴趣的书目，并主动推荐给客户；允许老客户查询其他图书。

对于新客户，除了主动推荐新书外，也可查询整个图书目录。

10. 请根据以下业务过程画出某物资的订货业务流程图。

采购员从仓库收到缺货通知单后，查阅订货合同单，若已订货，则向供货单位发出催货请求，否则，填写订货单送供货单位。供货单位发出货物后，立即向采购员发出取货通知。

六、案例分析题

某重点大学的大学生录取信息系统主要由招生处与财务处负责开发，用于分析录取情况和财务援助决策，制定贷款标准，并根据申请者的特点生成各种报表，包括申请人及其父母的详细资料。这个系统的目标是申请人快速、准确地处理财务援助方面的事情，以便能够按时入学。到目前为止，这些工作都是手工进行的。

高级主管X女士处理着大量的学生事务。她熟悉各项业务并能够准确地回答申请者提出的问题。她认为良好的判断力与招生时的严格录取标准同样重要。而新的计算机系统只是按照程序将每个事务作为“打孔卡片”来看待，在遇到一些模棱两可的情况时，计算机系统不能基于经验作出正确的招生判断与决定。

另一个高级主管Y先生负责处理财务事务。由于计算机系统的自主决策取代了以往由他控制和管理的财务援助决策，Y先生感到受到了系统的威胁，同时也感到计算机系统忽略了人的判断因素。X女士和Y先生都尽量阻止计算机系统的使用，不支持对招生处与财务处办公人员的培训，不打算用系统来生成各种报告和保管数据。主管信息系统的Z先生怀疑由于用户的抵制，新系统不会成功。

请结合案例就以下几个问题提出你的观点。

(1) 结合案例谈谈为什么有关高级主管要抵制新系统。

(2) 对于系统分析人员来说，应采取什么方法来改变用户对新系统的态度，减少对新系统的潜在抵制。

(3) 结合案例谈谈人员管理的意义及内容。

(4) 结合案例谈谈管理人员的态度对管理信息系统的重要意义。

参考答案

一、单项选择题

1. B	2. C	3. D	4. B	5. A
6. A	7. A	8. C	9. A	10. C
11. A	12. B	13. D	14. B	15. B

二、多项选择题

1. ABC	2. ABCE	3. ABCDE	4. AB	5. AE
6. ABCDE	7. ABCDE	8. ABCE	9. ACD	10. ACE

三、名词解释

1. 业务流程图是一种用一些规定的符号及连线来描述系统内各单位、人员之间业务关系、作业顺序和管理信息流向的图表。

2. 结构化系统分析方法是面向数据流进行分析的方法，基本思想是用系统的思想和系统工程的方法，按照用户至上的原则，结构化、模块化、自顶向下地对信息系统进行系统分析并用结构化分析的图表作为系统逻辑模型描述的工具。

3. 结构化的含义是指用一组标准的准则和工具从事某项工作，“结构化”一词最早出自结构化程序设计。

4. 模块化是指解决一个复杂问题时自顶向下逐层把系统划分成若干模块的过程，每个模块完成一个特定的子功能，所有的模块按某种方法组装起来，成为一个整体，完成整个系统所要求的功能。

5. 系统需求分析采用一系列行之有效的技术、方法和工具来分析用户需求，通过特定的形式系统地描述拟开发的信息系统的功能、性能，以及行为特征和相关约束，定义所有内外部特征，最后形成既能指导系统设计，又能同用户沟通的系统需求规格说明。它覆盖了系统设计之前的各项活动。

6. 所谓业务流程分析就是在业务功能的基础上将其细化，利用系统调查的资料将业务处理过程中的每个步骤用一个完整的图形将其串起来。

7. 数据字典是关于数据库的数据库，是对数据流程图上各个元素作出的详细的定义和说明。

四、简答题

1. 系统分析的目的是明确用户的需求并确定其解决方法。分析阶段需要确定下列五个问题：①开发者对现有组织管理状况的了解；②用户对信息系统功能的需求；③数据和业务流程；④管理功能和管理数据指标体系；⑤新系统拟改动和新增的管理模型等。系统分析所确定的内容是今后系统设计、系统实现的基础。

2. 系统分析的任务主要有七项：①确定系统目标；②现行系统的详细调查；③用户需求分析；④组织结构与业务流程分析；⑤数据流程分析；⑥建立新系统的逻辑模型；⑦撰写系统分析报告。

3. 特点如下：①强调用户自始至终的积极参与；②注重整体分析、层层落实；③强调系统的适应性；④重视工作文件的标准化和文献化。

4. 第一步，概要分析，即对企业管理现状、组织结构现状、信息和应用现状进行概要分析和调查，获得第一手资料。同时，产生三个图表：组织结构图、组织结构与业务功能关系图（表）、业务功能结构图。

第二步，详细分析，即将调查获得的文档资料进行分析、汇总和处理，弄清组织结构与管理功能间的关系、数据字典和数据间的关系（E-R 图）、功能与数据间的关系（U/C 矩阵）、子系统划分和数据资源分布、计算机软硬件环境支持需求或网络方案等。其中，对调查资料分析、汇总后，利用 U/C 矩阵确定新系统的子系统划分和资源分配方案。

第三步，系统分析成果总结，即对前两步得到的分析结果进行总结，确定新系统拟采用的逻辑方案，编制系统分析阶段的成果文档——系统分析报告。

五、应用题

1. 答：业务流程图如图 1 所示（本图仅供参考，绘制图形不一定与之完全相同，根据是否符合题意综合打分）

2. 答：判断树如图 2 所示（本图仅供参考，绘制图形不一定与之完全相同，根据是否符合题意综合打分）。

3. 答：判断表如表 1 所示（本表仅供参考，绘制表不一定与之完全相同，根据是否符合题意综合打分）。

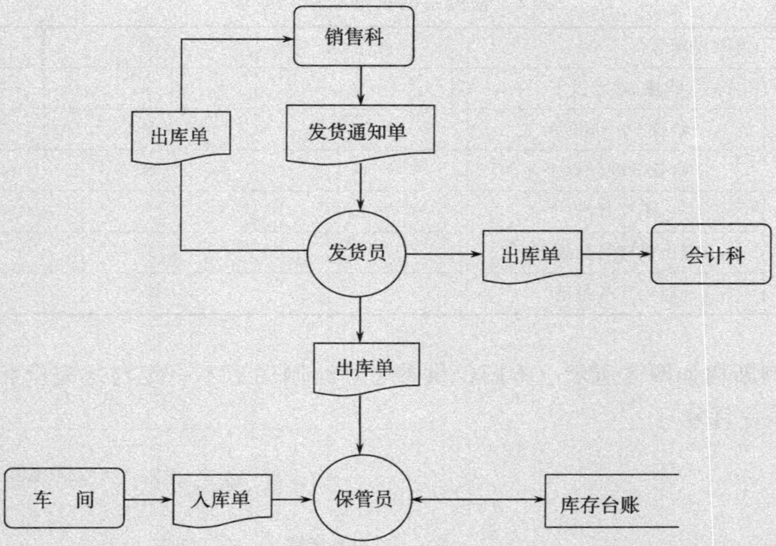

图 1　业务流程图

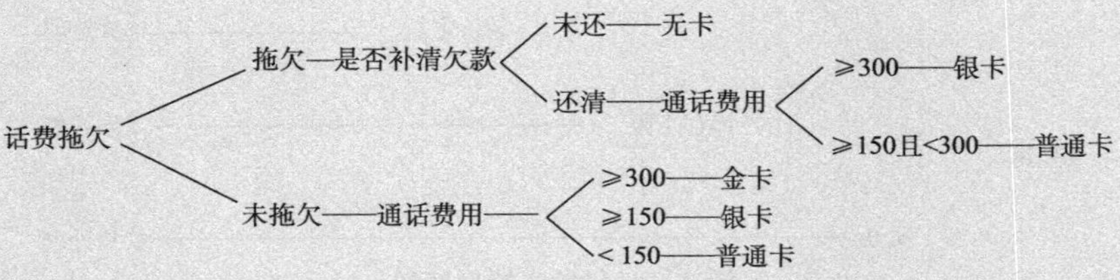

图 2　发卡规则判断树

表 1　收费标准判断表

决策规划号		1	2	3	4	5	6
条　件	本　省？	Y	Y	N	N	N	N
	<25 公斤			Y	Y	N	N
	慢　件？	Y	N	Y	N	Y	N
应采取的行动	4 元 / 公斤	×					
	6 元 / 公斤		×	×			
	8 元 / 公斤				×	×	
	10 元 / 公斤						×

4. 答：判断表如表 2 所示（本表仅供参考，绘制表不一定与之完全相同，根据是否符合题意综合打分）。

表 2　物资采购批准权限判断表

决策规则号		①	②	③
条件	购置 50 元以下	Y	N	N
	购置 50～500 元	N	Y	N
	购置 500 元以上	N	N	Y
采取行动	不要批准	X		
	应由供应科长批准		X	
	应由厂长批准			X

5. 答：判断树如图 3 所示（本图仅供参考，绘制图形不一定与之完全相同，根据是否符合题意综合打分）。

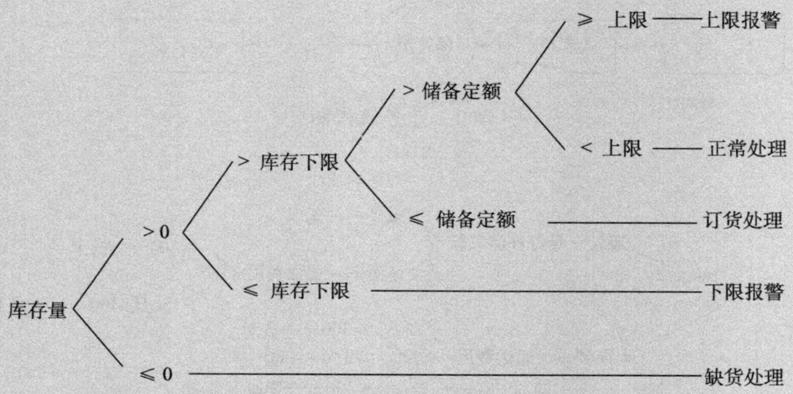

图 3　库存量监控判断树

6. 答：数据流程图如图 4 所示（本图仅供参考，绘制图形不一定与之完全相同，根据是否符合题意综合打分）。

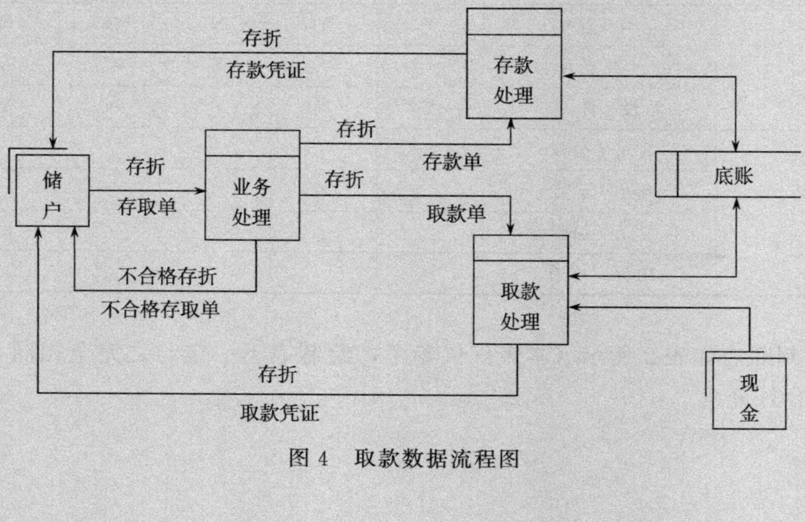

图 4　取款数据流程图

7. 答：业务流程图如图 5 所示（本图仅供参考，绘制图形不一定与之完全相同，根据是否符合题意综合打分）。

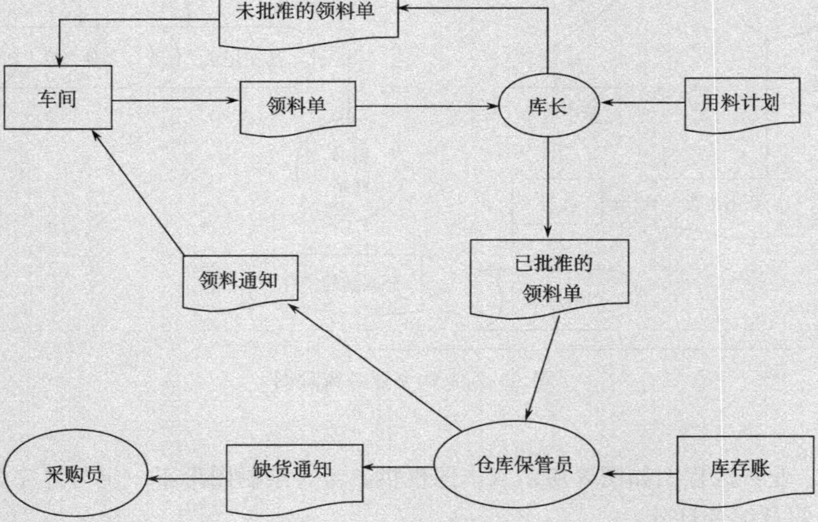

图 5　领料业务流程图

8. 答：业务流程图如图 6 所示（本图仅供参考，绘制图形不一定与之完全相同，根据是否符合题意综合打分）。

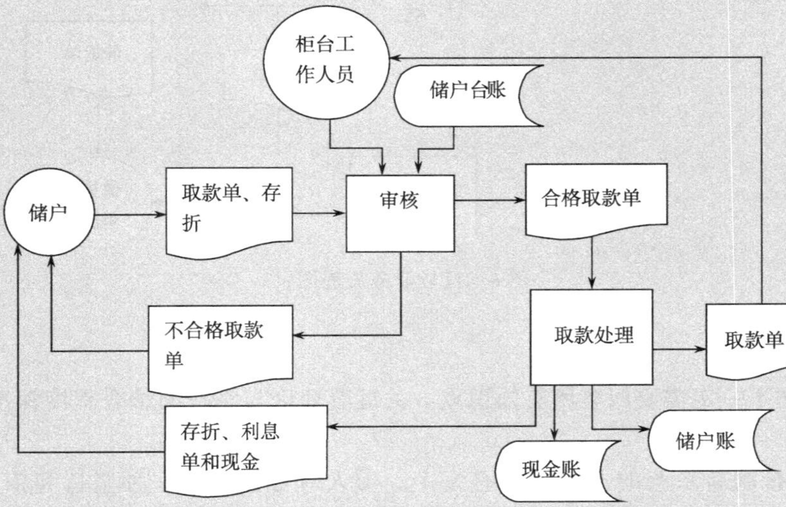

图 6　取款业务流程图

9. 答：业务流程图如图 7 所示（本图仅供参考，绘制图形不一定与之完全相同，根据是否符合题意综合打分）。

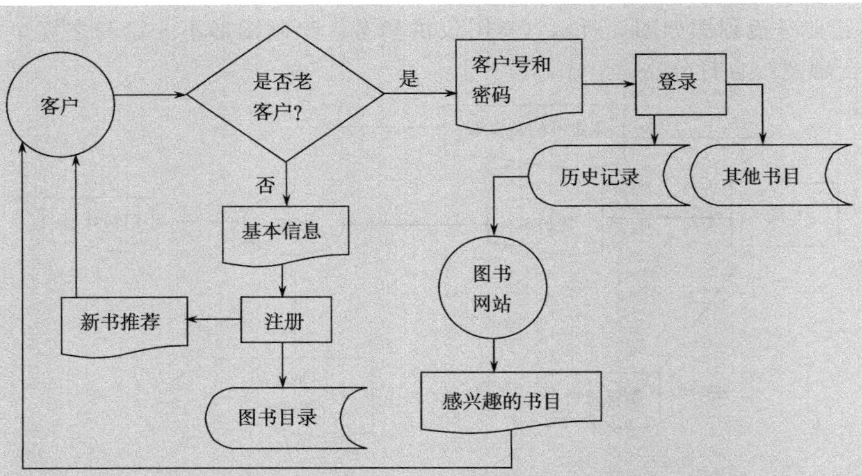

图 7　网上购书业务流程图

10. 答：业务流程图如图 8 所示（本图仅供参考，绘制图形不一定与之完全相同，根据是否符合题意综合打分）。

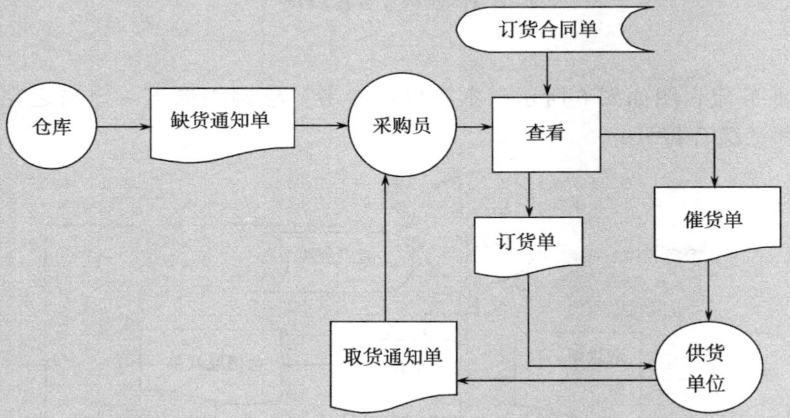

图 8　订货业务流程图

六、案例分析题

答：(本题不一定需要回答所有知识点，关键看理论与实践的结合程度深度是否有道理)

(1) 高管抵制新系统的主要原因有三个。①人对习惯都有一种坚持和依赖的心理，对新事物都有一种本能的质疑与排斥，现任高管习惯了人力操作，对新系统的接受需要一个过程。②新系统有不完善的地方，对一些模棱两可的情况不能作出正确的判断。③新系统的使用由于提高了工作效率，必然带来新的人员裁汰，而人工操作强调经验，这保证了现有高管在工作中的重要地位和不可替代性，而新系统的使用对现任高管的地位与价值提出了严峻挑战。

(2) 对于系统分析人员来说，可以采取以下办法：①应该把各种客观的现实情况考虑得更加周密、详尽。②对于实在无法用机器操作的项目应单独列出来进行人工操作。③对现任高管进行新系统的强化培训，强调新系统给工作带来的好处。④应该将新系统尽量优化，使之操作尽量的简单、方便、快捷。

(3) 人员管理是信息系统运行成败的关键。管理信息系统的运行管理最终体现在对人的管理上，所以人在管理信息系统运行中起着根本作用。运行管理中需要各种各样的人员搭配，各人员需要通力合作才能保障信息系统的正常高效运行，这些人员能否发挥各自的作用，他们之间能否互相配合、协调一致，是系统成败的关键之一。在信息系统运行过程中可将人员分为不同组别，各组各司其职，这些人员主要有系统主管人员、硬件管理人员、网络管理人员、数据管理人员、软件工程人员等。

人员的管理内容如下。①限定职责范围。明确规定各类人员的职责任务及职权范围，尽可能确切地规定各类人员在各项业务活动中应负的责任、应做的事情、办事的方式、工作的次序。简单地说，要有明确的授权，将各类人员的责权利结合，为各类人员的行动提供指导。②检查及评价。对各类人员工作进行定期检查与评价，通过设定，对每种工作都要有一定的评价指标。这些指标应该尽可能有定量的尺度，以便检查与比较。这些指标应该有一定的客观的衡量办法，并且要真正按这些标准去衡量各类工作人员的工作，即必须有检查和评价。通过检查与评价促进各类人员发现工作的错误，并积极改正错误。③各类人员培训。通过对各类人员开展培训，使他们的工作能力不断加强，工作质量不断提高，从而提高整个系统的效率。

(4) 企业决策者、主要管理人员的重视、支持是企业信息系统建设运行成功的关键条件。国内外大量的实践证明，信息系统使用失败的主要原因往往是企业的决策者重视不够，主要管理人员没有积极参与信息系统的运行管理，而是站在旁观者甚至是反对者的立场上。企业信息系统的高效运作是一项复杂的系统工程，它费时费力、投资大、周期长、涉及企业内部机构的调整、管理程序的变更等许多敏感性的问题，新系统投入运行不可避免地会导致一些机构和人员的地位、作用、工作内容及工作方式的变化，从而引起一些相关人员的抵制和不合作。

第7章 管理信息系统的系统设计

考核内容

1．掌握和理解系统设计的概念、目的(任务)、原则和主要内容；
2．掌握和理解结构化系统设计的概念、思想、步骤、内容和工具；
3．掌握和理解模块和模块化的概念、模块分解设计的基本原则；
4．掌握和理解总体设计的内容及详细设计的内容和方法；
5．掌握和理解详细设计各部分的主要内容和方法；
6．掌握和理解系统设计说明书的主要内容。

一、系统设计概述

管理信息系统设计阶段遵循自顶向下的设计原则，首先进行总体设计，逐层深入，直至完成系统每一模块的详细设计和描述工作，系统设计阶段的工作分为两部分，即系统的总体设计（或概要设计）和详细设计。

在系统分析阶段，我们明确了新系统的逻辑模型，回答了新系统“做什么”的问题。在系统设计阶段主要是依据系统分析阶段生成的系统分析报告和开发者的知识与经验，将分析阶段得出的逻辑模型（即需求模型）转化为物理模型（即解决方案），需要解决“怎么做”的问题，即通过给出新系统物理模型的方式描述如何实现系统分析中规定的系统功能。

（一）系统设计的目标

系统设计的基本目标就是使所设计的系统满足系统逻辑模型的各项功能要求，同时尽可能地提高系统的性能。这是评价和衡量系统设计方案优劣的基本标准，也是选择系统设计方案的主要依据。评价与衡量系统设计目标的指标主要有以下几个。

（1）系统的工作效率。

（2）系统的工作质量。

（3）系统的灵活性。

（4）系统的可靠性。

（5）系统的通用性。

（6）系统的经济性。

这几个指标既相互联系又互相制约，设计时需要根据实际需要和可能性，优先保证最重要的指标。

（二）系统设计的步骤与任务

系统设计阶段的任务是在现行系统分析的基础上进行的，根据新系统的逻辑模型建立新系统的物理模型，解决“怎么做”的问题。其主要任务就是在各种技术和实施方法中权衡利弊，合理地使用各种资源，最终确定新系统具体的实施方案。一般来说，系统设计可以分为两大阶段：总体设计和详细设计阶段。最后把设计方案编制为系统设计报告，通过专家评审即进入系统实施阶段。

1. 总体设计阶段

总体设计阶段也称概要设计阶段，根据系统分析的成果进行系统总体结构设计，主要完成下面五项工作。

（1）系统平台设计，根据要求和资源条件，为新系统选择适当的计算机系统（包括应用软件），包括设备配置、硬件结构设计、软件结构设计、网络结构设计及数据库管理系统的选择等。

（2）划分子系统，把整个系统按功能划分若干个子系统，明确各子系统的目标和功能。该部分的主要工作已经在系统分析阶段完成，根据需要，可以进一步优化和调整。

（3）功能结构图设计，按层次结构划分功能模块，画出功能结构图。

（4）处理流程图设计。

（5）数据文件结构和数据库设计，主要是根据系统分析阶段所得到的数据流程图和数据字典，再结合系统处理流程图，进行数据文件结构设计和数据库设计。

2. 详细设计阶段

详细设计阶段又称为物理模型设计阶段，真正回答新系统“如何做”的问题，具体考虑每一模块内部采用什么算法，其主要工作如下。

（1）代码设计。

（2）数据库设计。

（3）用户界面设计。

（4）编写程序模块设计说明书。

3. 编写系统说明书

应记载上述各项设计的全部成果，全面描述出新系统的基本结构，从总体上回答新系统该如何做的问题。同时还要指导下一步详细设计，订购系统所需各类设备，安排人员培训等各项工作。

（三）系统设计的方法

系统设计比较成熟的方法包括面向对象的系统设计方法和结构化的系统设计方法。

1. 结构化的系统设计方法

结构化程序设计由迪克斯特拉（E. W. Dijkstra）在1969年提出，是以模块化设计为中心，将待开发的软件系统划分为若干个相互独立的模块，这样使完成每一个模块的工作变得单纯而明确，为设计一些较大的软件打下了良好的基础。

模块相互独立，因此在设计其中一个模块时，不会受到其他模块的影响，因而可将原来较为复杂的问题简化为一系列简单模块的设计。模块的独立性还为扩充已有的系统、建立新系统带来了不少的便利，因为我们可以充分利用现有的模块作积木式的扩展。

按照结构化程序设计的观点，任何算法功能都可以通过由程序模块组成的三种基本程序结构的组合，即顺序结构、选择结构和循环结构来实现。

结构化程序设计的基本思想是采用“自顶向下，逐步求精”的程序设计方法和“单入口单出口”的控制结构。“自顶向下、逐步求精”的程序设计方法从问题本身开始，经过逐步细化，将解决问题的步骤分解为由基本程序结构模块组成的结构化程序框图；“单入口单出口”的思想认为如果一个复杂的程序仅由顺序、选择和循环三种基本程序结构通过组合、嵌套构成，那么这个新构造的程序一定是一个“单入口单出口”的程序。据此就很容易编写出结构良好、易于调试的程序来。

2. 面向对象的系统设计方法

1967年，挪威计算中心的Kisten Nygaard和Ole Johan Dahl开发了Simula67语言，它提供了比子程序更高一级的抽象和封装，引入了数据抽象和类的概念，它被认为是第一种面向对象语言。1990年以来，面向对象分析、测试、度量和管理等研究都得到了长足发展。

面向对象方法出现以前，结构化程序设计是程序设计的主流，结构化程序设计又称为面向过程的程序设计。在面向过程程序设计中，问题被看作一系列需要完成的任务，函数（在此泛指例程、函数、过程）用于完成这些任务，解决问题的焦点集中于函数。其中函数是面向过程的，即它关注如何根据规定的条件完成指定的任务。

比较面向对象程序设计和面向过程程序设计，面向对象程序设计的优点主要表现在以下方面。

（1）数据抽象的概念可以在保持外部接口不变的情况下改变内部实现，从而减少甚至避免对外界的干扰。

（2）通过继承，大幅减少冗余的代码，并可以方便地扩展现有代码，提高编码效率，也降低了出错概率，降低了软件维护的难度。

（3）结合面向对象分析、面向对象设计，允许将问题域中的对象直接映射到程序中，减少软件开发过程中中间环节的转换过程。

（4）通过对对象的辨别、划分可以将软件系统分割为若干个相对独立的部分，在一定程度上更便于控制软件复杂度。

（5）以对象为中心的设计可以帮助开发人员从静态（属性）和动态（方法）两个方面把握问题，从而更好地实现系统功能。

（6）通过对象的聚合、组合可以在保证封装与抽象的原则下实现对象在内在结构及外在功能上的扩充，从而实现对象由低级到高级的升级。

系统设计方法主要有结构化设计方法（以数据流程图为基础构成系统模块结构）、Jackson 方法（以数据结构为基础建立系统模块结构）和面向对象的系统设计方法（以对象行为封装、继承性、多形性为基础建立系统模块结构）。本章主要介绍以数据流程图为基础构成系统模块结构的结构化设计方法。

二、系统总体设计

管理信息系统的总体结构设计是在系统分析工作的基础上，主要完成以下工作：① 系统平台设计；② 系统功能模块设计；③ 系统数据存储的总体结构设计。

（一）系统平台设计

管理信息系统平台是系统应用开发的基础，平台设计包括系统体系结构设计、处理方式选择与设计、网络结构设计、硬件结构选择与设计和软件结构选择与设计。

系统体系结构决定了系统的框架，网络环境中常用系统体系结构有客户机/服务器（client/server，C/S）结构、浏览器/服务器（browser/server，B/S）结构。

第一，客户机/服务器结构

客户机/服务器，服务器负责管理数据库的访问，为多个客户程序管理数据，并对数据库进行检索和排序，此外还要对客户机/服务器网络结构中的数据库安全层加锁，进行保护。客户机负责与用户的交互，收集用户信息，通过网络向服务器请求对诸如数据库、电子表格或文档等信息的处理工作，是一种“胖客户机”（fat client）或“瘦服务器”（thin server）结构。

最简单的客户机/服务器模式数据库应用由两部分组成，即客户应用程序和数据库服务器程序。两者可分别称为前台程序与后台程序。客户端软件一般由应用程序及相应的数据库连接程序组成。

服务器端软件一般是数据库系统，多数服务器就是一台数据库服务器（如 DB2、Oracle 数据库），而客户端就是用开发工具编写的客户软件，通过 ODBC（open database connectivity，开放数据库互联）或 ADO（activex data object，数据对象）同数据库服务器通信，组成一个应用系统。ODBC 建立了一组规范，并提供了一组对数据库访问的标准 API（应用程序编程接口）；ADO 是 Microsoft 提出的应用程序接口用以实现访问关系或非关系数据库中的数据。作为最新的数据库访问模式，其简单易用，已经成为当前数据库开发和访问的主流。

客户机/服务器的缺点是客户方软件安装维护困难，数据库系统无法满足成百上千的终端同时联机的需求，由于客户与服务器间的大量数据通信不适合远程连接，其只适合于局域网应用。现在有多层客户机/服务器结构。

第二，浏览器/服务器结构。

浏览器/服务器模式，所谓三层体系结构，是在客户端与服务器之间加入了一个中间层（图 7-1）。应用程序将业务规则、数据访问、合法性校验等工作放到了中间层进行处理；表示层（browser）位于客户端，一般没有应用程序，它负责由 Web 浏览器向网络上的 Web 服务器（即中间层）发出服务请求，把接受传来的运行结果显示在 Web 浏览器上；中间层（Web server）负责接受远程或本地的用户请求，借助于中间件把请求发送到数据库服务器（即数据层），把数据库服务器返回的数据经过逻辑处理并转换成 HTML 及各种脚本传回客户端，数据计算与业务处理集中在中间层，只有中间层实现正式的进程和逻辑规则。数据层（DB server）负责管理数据库，接受 Web 服务器对数据库操纵的请求，实现对数据库查询、修改、更新等功能及相关服务，并把结果数据提交给 Web 服务器。

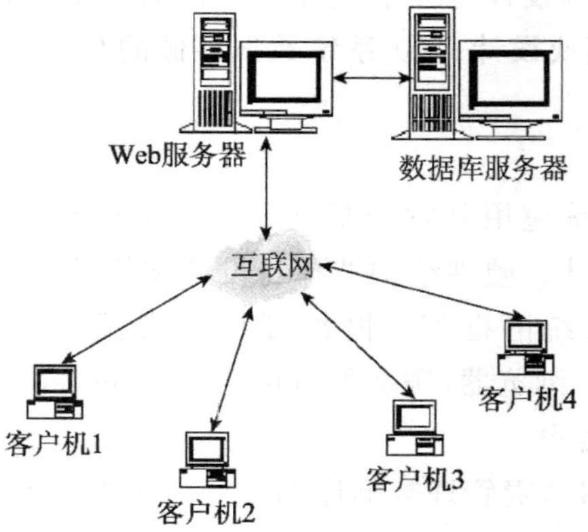

图 7-1　B/S 结构

目前常见的三层体系结构应用开发技术主要有 HTML、CGI（通用网关接口）、ISAPI、NSAPI、JavaScript、VBScript、ASP（活动服务器页面）、Java、DCOM 等几种。

浏览器/服务器结构是基于 WWW 的数据库信息服务系统，它将传统的数据库技术与

Internet/Intranet 技术相结合，通过统一的浏览器界面，利用 Internet/Intranet 访问位于不同地点、不同类型的数据库资源，为数据库的资源共享、数据库的本地化服务及数据库的分布奠定了基础。

浏览器/服务器结构主要优点如下。①具有较高的灵活性和易用性，主要的开发和维护集中在服务器；②客户端只需安装浏览器，操作简单，可发布动态和静态信息。③通过公共接口（ODBC 或 ADO）能很好地与数据库结合，提供大量的动态数据，并可通过代理服务器技术发布内外信息。④特别适合发布信息，是辅助决策、综合信息查询系统的首选应用，可满足各类、各层人员对信息的需求。⑤系统升级方便。客户端仅仅需要一个通用的浏览器，因此对软件的升级主要集中在服务器端，只需要更新应用服务器和数据服务器的相应软件即可。⑥维护成本低。同样由于客户端是浏览器，客户端的维护几乎变为了零，我们只要保证服务器正常工作就行了。

浏览器/服务器的局限性主要体现在如下几个方面。①客户端数据处理能力差，服务器的负担重，不利于大量数据的处理。②稳定性不好。由于在客户端把控制权交给了浏览器，所以有许多错误不可预知。③有一些数据的传输是明码的，没有真正的完全编译，所以速度与效率上都有所欠缺。④网络数据交换频繁，数据流量大，通信的可靠性相对来说比较差，因此效率较低。⑤存在网络数据安全问题。

在适用 Internet、维护工作量等方面，浏览器/服务器比客户机/服务器要强得多，但在运行速度、数据安全、人机交互等方面，浏览器/服务器远不如客户机/服务器。综合起来可以发现，凡是客户机/服务器的强项，便是浏览器/服务器的弱项，反之亦然。在实际管理信息系统应用中，可以把浏览器/服务器和客户机/服务器综合起来应用，对不同模块采用不同的体系结构。

（二）数据处理方式的选择和设计

可以依据系统功能、业务处理和性/价比，选择集中式、协作式和分布式等处理方式。

1. 集中式数据处理

集中式计算机网络有一个大型的中央系统，其终端是客户机。数据全部存储在中央系统，由数据库管理系统进行管理，所有的处理都由该大型系统完成，终端只是用来输入和输出。终端自己不作任何处理，所有任务都在主机上进行。

主要特点是能把所有数据保存在一个地方，保证了每个终端使用的都是同一信息。备份数据容易，因为它们都存储在服务器上，而服务器是唯一需要备份的系统。这意味着服务器是唯一需要安全保护的系统，终端没有任何数据，所以网络感染病毒的可能性很低。网络总费用比较低，因为主机拥有大量存储空间、功能强大的系统，终端可以使用功能简单而便宜的微机和其他终端设备。

缺点是来自所有终端的计算都由主机完成，主机处理速度较慢。此外，如果用户有各种不同的需要，在集中式计算机网络上满足这些需要可能是十分困难的，因为每个用户的应用程序和资源都必须单独设置，而让这些应用程序和资源都在同一台集中式计算机上操作运行，使得系统效率不高。不仅如此，因为所有用户都必须连接到一台中央计算机，集中连接可能成为集中式网络的一个大问题。由于这些限制，如今的大多数网络都采用了分布式和协作式网络计算模型。

2. 分布式数据处理

分布式网络中，数据的存储和处理都是在本地工作站上进行的。数据输出可以打印，也可保存在软盘上。通过网络主要是可得到更快、更便捷的数据访问。因为每台计算机都能够存储和处理数据，所以不要求服务器功能十分强大，其价格也就不必过于昂贵。这种类型的网络可以适应用户的各种需要，同时允许他们共享网络的数据、资源和服务。在分布式网络中使用的计算机既能够作为独立的系统使用，也可以把它们连接在一起得到更强的网络功能。

分布式计算的优点是可以快速访问、多用户使用。每台计算机可以访问系统内其他计算机的信息文件；系统设计上具有更大的灵活性，既可为独立的计算机的地区用户的特殊需求服务，也可为联网的企业需求服务，实现系统内不同计算机之间的通信；每台计算机都可以拥有和保持所需要的最大数据和文件；减少了数据传输的成本和风险。它为分散地区和中心办公室双方提供更迅速的信息通信和处理方式，为每个分散的数据库提供作用域，数据存储于许多存储单元中，但任何用户都可以进行全局访问，使故障的不利影响最小化，以较低的成本来满足企业的特定要求。

分布式计算的缺点是：对病毒比较敏感，任何用户都可能引入被病毒感染的文件，并将病毒扩散到整个网络；备份困难，如果用户将数据存储在各自的系统上，而不是将它们存储在中央系统中，难以制订一项有效的备份计划，这种情况还可能导致用户使用同一文件的不同版本；为了运行程序要求性能更好的计算机；要求使用适当的程序；不同计算机的文件数据需要复制；对某些计算机要求有足够的存储容量，形成不必要的存储成本；管理和维护比较复杂；设备必须要互相兼容。

3. 协作式数据处理

协作式数据处理系统内的计算机能够联合处理数据，处理既可集中实施，也可分区实施。协作式计算允许各个客户计算机合作处理一项共同的任务，采用这种方法，任务完成的速度要快于仅在一个客户计算机上运行。协作式计算允许计算机在整个网络内共享处理能力，可以使用其他计算机上的处理能力完成任务。除了具有在多个计算机系统上处理任务的能力，该类型的网络在共享资源方面类似于分布式计算。

协作式计算和分布式计算具有相似的优缺点。例如，协作式网络上可以容纳各种不同的客户，协作式计算的优点是处理能力强，允许多用户使用。缺点是病毒可迅速扩散到整个网络。因为数据能够在整个网络内存储，形成多个副本，文件同步困难，并且也使得备份所有的重要数据比较困难。

(三) 硬件平台的选择与设计

硬件平台的选择与设计在很大程度上决定了整个系统的成本，也决定了整个系统的性能指标。各项技术参数的选择可依据系统要处理的数据量及数据处理的功能要求来决定。

1. 根据数据处理方式进行硬件平台的选择与设计

一般来说，如果系统的数据处理是集中式的，则可采用主机-终端模式，要求以大型机或性能较高的小型机作为主机。对于具有一定规模的企业管理应用，其计算模式通常也是分布式的，可以用微机网络形式，服务器一般选用小型机或性能高的微机，客户端一般就是微机。可以选用名牌机、品牌机和兼容机。根据实用和经济的原则，也可以选用较低档次的兼容机，还可以选用无盘和有盘工作站，并考虑是否配备打印机等。总之，要做到适当考虑长远发展而又经济实用。

2. 计算机网络系统的选择与设计

系统体系结构的选择与设计确定之后，就可以确定系统的网络拓扑结构，并根据系统的逻辑功能划分（如有多少子系统）确定网络的逻辑结构（子网或网段的划分），这实际上也就决定了网络的主要连接设备及服务器等重要部分的构成，此时应遵循的重要原则就是尽量使信息交换量大的应用放在同一网段内。

目前的结构基本上都是总线结构与星形结构相结合的典型结构，它具有结构简单、可靠性高、系统稳定性好的特点，而且建网以后整个网络的性能基本上归到服务器身上，所以在以后的网络升级中，增加服务器处理能力即可（包括服务器升级或增加服务器数量）。

中心网络设备方案，实际就是网络集线器（HUB）、机柜、机架和配线架的选用，根据工作站的数量和速度的要求来确定 HUB 的档次和数量。

3. 计算机硬件选择的原则

硬件选择的一般原则如下：① 选择成熟可靠的标准系列机型；② 处理速度快，存储容量大；③ 具有良好的兼容性、可扩张性，性价比高；④ 售后服务好；⑤ 操作方便；⑥ 具备一定的先进性。

管理信息系统要求计算机速度快、容量大、通道能力强、操作灵活方便，其性能越高，价格越昂贵，硬件选择上应全面考虑。确定了数据处理方式后，在计算机机型的选择上则主要考虑应用软件对计算机处理能力的需求，包括：① 主存；② CPU 时钟；③ 输入、输出和通信的通道数目；④ 显示方式；⑤ 外接转储设备及其类型。

对于硬件设备的选择，应列出硬件设备明细表并绘制硬件配置图，并且，最好准备几种设备配置方案及几种不同类型、功能、容量的机器选择方案，请各方面有关人员和专家参加分析讨论，提出意见。

（四）软件平台的选择与设计

软件平台的设计实际上是对确定的硬件结构中的每台计算机指定相应的计算机系统软件和应用软件，包括网络操作系统、数据库管理系统、应用软件和开发工具软件等。

1. 网络操作系统的选择

网络操作系统的选择应该能够满足计算机网络系统的功能要求、性能要求，即选择网络维护简单、具有高级容错功能、容易扩充和可靠、具有广泛的第三方厂商的产品支持、保密性好、费用低的网络操作系统。服务器端一般选择多用户网络操作系统，如 UNIX、Netware、Windows NT 等；客户机上的操作系统一般采用易于操作的图形界面操作系统，现在多数选择 Windows 系列，如 Windows 2007 等。

2. 数据库管理系统的选择

管理信息系统以数据库系统为基础，数据库服务器是必不可少的网络组成部分，一个好的数据库管理系统对管理信息系统的应用有着举足轻重的作用。

在数据库管理系统的选择上，主要考虑：① 数据库的性能；② 数据库管理系统的系统平台；③ 数据库管理系统的安全保密性能；④ 数据的类型；⑤ 数据库软件的行业占有率。对于 UNIX 操作系统，在数据库的稳定性、可靠性、维护方便性、对系统资源的要求等方面，Informix 数据库总体性能比其他数据库系统更好；而在 Windows NT 平台上，SQL Server 与系统的结合比较完美。如果一行业中企业采用 Oracle 的比例很高，那么同一行业中的其他企业建设管理信息系统时一般也应采用相应的数据库系统软件，这样有利于相互的数据交换。

目前市场上流行的数据库管理系统，如 Sybase、SQL Server、Informix、FoxPro 等。Oracle、Sybase 均是大型数据库管理系统，运行于客户机/服务器模式，是开发大型管理信息系统的首选，Visual Foxpro、Microsoft Access 在小型管理信息系统建设中选用较多，其性价比也最优。而 Informix 则适用于中型管理信息系统的开发。

在建立数据库时，应尽量做到布局合理、数据层次性好，能分别满足不同层次的管理者的要求。同时数据存储应尽可能减少冗余，理顺信息收集和处理的关系，不断完善管理，符合规范化、标准化和保密原则。

3. 应用软件的选择

系统软件结构中的另一个方面是应用服务器软件及系统开发工具的选择。

系统开发工具的选取首先依据的是系统体系和网络操作系统，若系统应用为浏览器/服务器模式就应选择支持浏览器/服务器模式的应用服务器软件及系统开发工具。如果网络操作系统选择的是 Windows NT，则微软公司的 IIS（internet information server）是建立、支持 Web 应用的首选应用服务器软件。

客户机/服务器模式的开发工具及运行环境一般安装在客户端计算机上，常用的系统工具软件有 Power Builder、Delphi、Visual Basic 、VC＋＋等。

随着计算机产业的发展，出现了许多商品化应用软件，这些软件技术成熟、设计规范、管理思想先进。直接应用商品化软件既可以节省投资，又能够规范管理过程，加快系统应用的进度。

最后，大型管理信息系统的计算机系统平台的选择应尽量采取招标形式进行，还应尽量避免先买设备再进行设计，因为随着技术的发展，计算机硬软件更新升级速度非常快。

三、系统功能模块设计

系统功能模块设计主要采用结构化设计思想。结构化设计（structured design，SD）方法是使用最广的一种设计方法，由美国 IBM 的 W. Stevens、G. Myers 和 L. Constantine 等提出。该方法适合于软件系统的总体设计和详细设计，特别是将一个复杂的系统转换成模块化结构系统，该方法具有它的优势。在使用过程中可将结构化设计方法与结构化分析（SA）方法及编程阶段的结构化程序设计方法（SP）前后衔接起来。

结构化设计的基本思想是采用自顶向下的原则将系统划分成层次化的程序模块，这些模块相对独立、功能单一、接口简单。

（一）模块与模块化

在软件系统设计中，模块是指这样的一组程序语句（子程序或函数），它包括输入与输出、逻辑处理功能、内部数据及其运行环境。

在系统设计中，只关心模块的外部信息，即研究模块能完成什么样的功能，具体的实现将在系统实施阶段完成。模块通常还有其他一些附加属性，如模块的名称、编号等。

模块化就是将系统划分为若干个模块，每个模块完成一个特定的功能，然后将这些模块汇集起来组成一个整体（即系统），用以完成指定功能的一种方法。采用模块化设计思想可以使整个系统设计简易、结构清晰，可读性、可维护性强，可行性提高，同时也有助于信息系统开发与组织管理。

（二）模块结构图

描述模块的层次结构和它们之间的控制通信联系的工具是模块结构图（图 7-2）。系统设计中，为了保证系统的可行性、可读性、可修改性，要求各模块之间的耦合（即数据联系）尽可能小，尽量减少不必要的数据在模块之间的流动，尽量防止和减少一个模块的问题对其他模块工作的影响，这就要求对模块之间的控制和通信关系给以系统、明确的描述。

模块结构图用方块表示模块。模块间用箭线连接，箭头指示方向为被调用的模块。调用关系分为直接调用（无条件调用）、选择调用（判断调用）和重复调用（循环调用）三种。

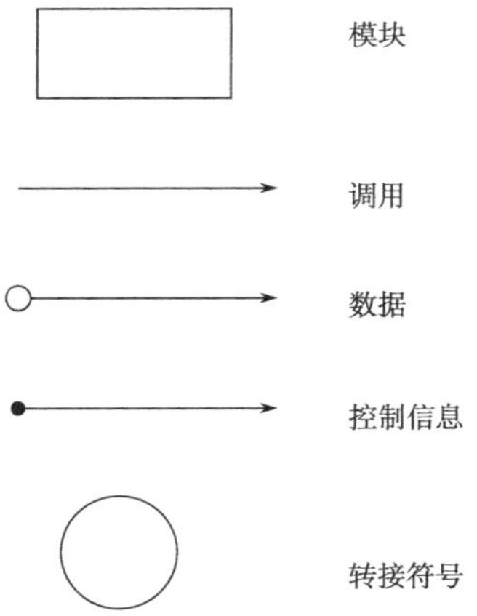

图 7-2　模块结构图

结构图可以由数据流程图转换而来，但与数据流程图有着本质的差别。数据流程图着眼于数据流，反映系统的逻辑功能，即系统能够“做什么”；结构图着眼于控制层次，反映系统的物理模型，即怎样逐步实现系统的总功能。从时间上来说，数据流程图在前，控制结构图在后。数据流程图是绘制结构图的依据。总体设计阶段的任务，就是要针对数据流程规定的功能，设计一套实现办法。因此，绘制结构图的过程就是完成这个任务的过程。

为了衡量模块的相对独立性，提出了模块间的耦合（coupling）与模块的内聚（cohesion）两个标准。耦合描述模块和模块之间的联系程度；内聚描述模块内部各元素之间的联系程度。

软件设计的目标就是让模块内的联系越紧密越好，模块间的联系越少越好，也就是要提高内聚，降低耦合。

(三) 耦合与内聚

耦合和内聚的概念是Stevens等提出的，是测量一个模块化系统好坏的标志。

1. 耦合

耦合是影响系统复杂程度的一个重要因素。为了使软件具有较好的可维护性和可修改性，模块间的关联程度即耦合程度越小越好。因为耦合程度越小，表明模块间的独立程度越大，这样在修改一个模块时，对其他模块的影响程度就越小，从而使模块的修改工作局限于一个最小的范围内，在维护的时候，不必担心其他模块的内部处理逻辑是否会受到影响。

影响模块间耦合程度有三方面的因素：①联系方式—— 模块间通过什么方式联系；②来往信息的作用—— 模块间来往信息的作用；③数量—— 模块间来往信息的多少。结构化设计要求模块间的耦合程度尽可能小。为此应该做到以下几点：①用过程语句调用其他模块；②模块间的参数作为数据用；③模块间的参数尽可能少。

模块的耦合反映模块间联系的紧密程度。常见的耦合类型如下。

(1) 数据耦合：采用子程序调用，调用模块将需要进行处理的数据传递给被调模块。数据耦合是不可避免的。

(2) 标记耦合：如果调用模块将整个数据记录传递给被调模块，而被调模块只使用了部分数据项，则称为标记耦合或特征耦合。

(3) 控制耦合：一个模块将控制信息传递给另一个模块，以控制被调模块的内部处理逻辑（可以分解）。

(4) 公共环境耦合：如果两个模块共享同一全局数据，称为公共耦合。

(5) 内容耦合：两个模块之间的内部属性有直接关联，也称病态耦合（某些GOTO语句）。

2. 内聚

模块的内聚反映模块内部联系的紧密程度。高内聚性的好处是可以提高程序的可靠性。

(1) 偶然内聚：如果一个模块所要完成的动作之间没有任何关系，或者即使有某种关系，也是非常松散的，就称为偶然内聚。偶然内聚可理解性差，难以修改，设计中应尽力避免。

(2) 逻辑内聚：如果一个模块内部的各个组成部分在逻辑上具有相似的处理动作，功能上、用途上却彼此无关，则称为逻辑内聚。逻辑内聚的模块与其他模块之间有相当复杂的块间联系，其可修改性差，维护困难。

(3) 时间内聚：时间内聚也称为瞬时内聚，模块内各组成部分所包含的处理动作必须在同一时间内完成。时间内聚模块的联系程度较低，不易于修改，维护较难，但它在一定程度上反映了系统的某些实质，因此比逻辑内聚要强一些。

(4) 过程内聚：如果一个模块内部的各个组成部分所要完成的动作彼此间没什么关系，

但必须以特定的次序（控制流）执行，则称为过程内聚，其内聚方式较强，可修改性高。

（5）通信内聚：如果一个模块内部的各个组成部分所完成的动作都使用了同一个输入数据或产生同一个输出数据，则称为通信内聚。通信内聚的模块与其他模块间的联系较简单，其内部紧凑性比过程内聚强，但它各部分执行次序可以是任意的，容易产生重复动作。

（6）顺序内聚：对于一个模块内部的各个组成部分，如果前一部分处理动作的输出是后一部分处理动作的输入，则称为顺序内聚。其块内联系程度较高，与其他模块的联系也较低。

（7）功能内聚：如果一个模块内部包括且仅包括为完成某一功能所必需的组成部分，则称为功能内聚。功能内聚方式有一个目的，有单一的功能，因而界面清楚，与其他模块的联系低，可读性、可修改性、可维护性、可测试性均很好，是最高级程序块内联系，在进行模块设计时，应尽可能追求功能内聚。

对模块内聚的比较分析如表 7-1 所示。

表 7-1　模块七种内聚方式的比较

模块内聚	联结形式	可修改性	可读性	通用性	联系程度
功能内聚	好	好	好	好	高
顺序内聚	好	好	好	中	
通信内聚	中	中	中	不好	
过程内聚	中	中	中	不好	
时间内聚	不好	不好	中	最差	
逻辑内聚	最差	最差	不好	最差	
偶然内聚	最差	最差	最差	最差	低

（四）系统的深度和广度

系统的深度表示系统结构中的控制层数，宽度则表示控制的总分布，即同一层次的模块总数的最大值。一般情况下，深度和宽度标志着一个系统的复杂程度，它们之间应有一定的比例关系，深度过大，可能说明系统分割得不细；宽度过大，则有可能带来系统管理上的困难。

系统的深度和宽度可以用模块的扇入和扇出来衡量。一般来说，一个较好的系统结构，高层扇出数较高，中间层扇出数较少，低层扇入数很高。

1. 模块的扇出

模块的扇出是指模块的直接下层模块的个数。模块的扇出数必须适当，扇出过大则意味着该模块的直接下属模块多，控制与协调较困难，也意味着模块的块内联系可能较低。这时一般需要增加中间层次的控制模块。扇出数小，说明上、下级模块或其本身可能过大，应考虑是否采用分解的方法，使结构变得合理。经验表明，一个设计较好的系统的平均扇出数通常是 3 或 4，一般不应超过 7，否则会引起出错概率的增大。

2. 模块的扇入

模块的扇入是指有多少个上级模块调用它。模块的扇入数通常说明系统的通用性情况，扇入数越大，表明共享该模块的上级模块数越多，因而通用性强，维护也较方便，但是片面追求高扇入数可能使得模块的独立性降低。

（五）模块的作用范围与控制范围

模块的作用范围是指受该模块内部的一个判定影响的所有模块的集合，只要某一模块中含有一些信赖于这个判定的操作，那么该模块就在这个判定的作用范围之中。

模块的控制范围包括该模块本身及所有的下属模块的集合。控制范围完全取决于系统的结构，它与模块本身的功能并无太大关系。

系统设计中，依据两条规则：① 所有受模块 M 的一个判定影响的模块应从属于模块 M，即对任何一个内部存在判定调用的逻辑模块，其作用范围应是其控制范围的子集；② 受模块 M 判定影响的模块，最好局限在模块 M 本身或其直属下级模块，即作出判定调用的模块与属于该判定作用范围的模块在系统的层次上不能相隔过远，否则会增大模块间联系。

系统的功能分解过程就是一个从抽象到具体、从复杂到简单的过程。所谓功能结构图就是按功能从属关系画成的图表，图中每一个框成为一个功能模块。

从管理职能的角度，管理信息系统可以看作是由不同职能的一系列子系统构成的，这些子系统可以再分解成更小的子系统和模块。整个企业管理信息系统是相应的子系统的有机结合，每个子系统都有为完成各种相关信息处理工作的专用或公用的计算机程序。在每个职能子系统内部都包含事务处理、作业控制、管理控制和战略计划的具体应用。

功能模块设计的流程是先完成处理流程图（分析过程），再生成功能模块结构图（设计过程），再根据功能模块结构图细化功能模块。

功能模块设计就是按照结构化系统分析与设计的基本思想，根据数据流程图和数据字典，借助一套标准的设计准则和图表，按照自顶向下原则把整个系统划分为若干个大小适当、功能明确、具有相对独立性并容易实现的子系统，从而把复杂系统的设计转变为多个简单模块的设计，然后再自下而上地逐步设计。组成系统的各模块间彼此独立、功能明确，系统应能够对大部分模块进行单独维护和修改。合理地进行系统划分、定义和数据协调是结构化设计的主要内容。

子系统划分的一般原则是：子系统要具有相对独立性，子系统的划分必须使得子系统内部功能、信息等方面的凝聚性好；要尽量使子系统之间的数据依赖性小；子系统的划分结果应使数据冗余较小；子系统的设置应考虑今后管理发展的需要；子系统的划分应便于系统分阶段实现；子系统的划分应考虑到各类资源的充分利用。

根据系统的划分原则，系统的划分方法主要有按业务处理功能划分、按业务先后顺序划分、按数据拟合程度划分、按业务处理过程划分、按业务处理时间划分、按实际环境和网络分布划分，常用的工具是 U/C 矩阵（详见系统规划相关章节）。

四、系统处理流程设计

系统流程图（system flow chart）是用来描述系统物理模型的一种传统工具。一个系统可以包含人员、硬件、软件等多个子系统。系统流程图的作用就是在抽象等级的黑盒级上描述系统内部的主要成分（如硬设备、程序、文字及各类人工过程等），表达信息在各个成分之间流动的情况。系统流程图可用于描述现行系统的工作流程、新系统的工作流程及处理功能的工作流程。

模块结构图主要从功能的角度描述系统的结构，但在实际工作中许多业务和功能都是通过数据存储文件联系起来的，而这个情况在模块结构图中未能反映出来，系统流程图可以反映各个处理功能与数据存储之间的关系。系统流程图以新系统的数据流图和模块结构图为基础，首先找出数据之间的关系，即由什么输入数据，产生什么中间输出数据（可建立一个临时中间文件），最后又得到什么输出信息。然后，把各个处理功能与数据关系结合起来，形成整个系统的信息系统流程图。

五、代码设计

代码是客观实体、属性和状态等的表示符号，代码的符号可以是数字、字母，或者是由数字和字母混合组成。在管理信息系统中，它是人与计算机的共同语言，负责人与计算机的沟通。采用代码，可以使数据表达标准化，简化程序设计，加快输入，减少出错，节省存储空间，提高处理速度。

代码设计属于系统详细设计的一项重要基础工作，是未来系统数据规范化管理的基础，使机器处理，如统计、查询，变得十分方便，也能把计算机很难处理的工作简单化。

代码设计的主要工作是完成对共享数据类中的关键字段的码结构设计并形成代码库。共享代码的设计质量直接影响到未来系统的效率。所谓共享数据类是指多个子系统都要用到的数据类，在设计时必须进行统筹规划、长远考虑，充分征求使用人员的意见。

（一）代码设计的原则

（1）系统性。

（2）唯一性。

（3）标准化。

（4）规范性。

（5）扩展性。

（6）有效性。

（7）可维护性。

（8）简明性。

（二）代码的类别

代码可从功能、符号等不同角度分类（图 7-3）。

1．数字码

数字码可分为顺序码和分组顺序码。顺序码是最简单的代码形式。

2．字符码

数字码虽然简单，但也存在不容易识别和记忆的缺点。

为了容易识别和记忆，可采用字符码。

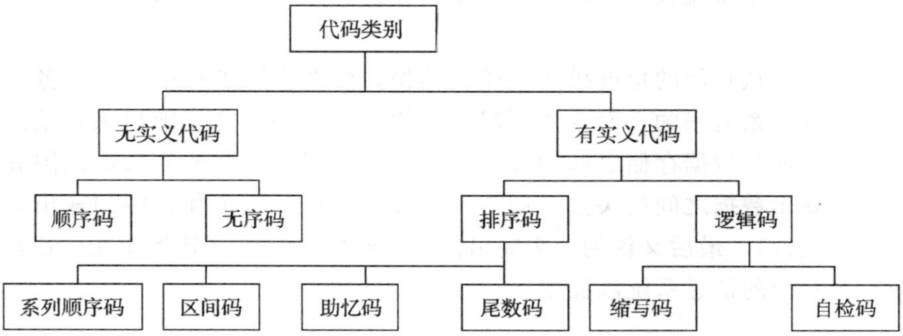

图 7-3　代码的类别

3. 混合码

当编码对象具有两层（或以上）的分类时，我们可采用数字和字符的混合代码方式，使代码对某层分类的记忆和识别更直观和容易。

（三）代码校验

校验位通过事先规定的数学方法计算出来，输出时，计算机用同样的方法按代码数字计算出校验位，与输入的校验位进行比较，以确保输入正确。

（1）校验位可以检测出的错误类型：①抄写错误；②易位错误；③双易位错误；④随机错误。

（2）校验码的设计。校验码的设计过程可以分为三个步骤。首先，对原代码的每一位乘以一个权数，然后求它们的乘积之和。其中：权数因子可以取自然数列 1，2，3，…，N；几何级数 2，4，8，…，2N；质数 3，5，7，…等其他数列。其次，对乘积之和取模：

$$R = S\text{mod}\ (M)$$

其中，R 为余数；S 为乘积之和；M 为模数，可选用 11 或 12 等数。再次，用模减去余数即得校验码：

$$C_{n+1} = M - R$$

其中，C_{n+1}为校验位，M 为模，R 为余数。最后，对输入的代码进行校验。

（四）代码设计的步骤

（1）确定代码对象。从整体出发，在充分调查分析的基础上，确定对象所属的子系统、需要编码的项目，确定编码的名称。

（2）寻找标准代码。如果已有国家标准代码、部门标准代码，就必须遵循标准；如果没有标准代码，也应该参照国际标准化组织、其他国家、其他部门或其他单位的编码标准，以便将来标准化的需要。

（3）确定代码使用范围和期限。代码的设计不应该局限于某一企业或某一部门，它应该具有广泛的适用性。不仅能在本单位使用，还能在外单位使用。无特殊情况，代码系统设计好之后应具备一定稳定性，最好可永久使用。

（4）确定编码方法。根据编码的对象、目的、使用范围、使用期限等特性，选定合适的代码种类和代码系统的内容。

（5）编写代码表。对代码作详细的说明并组织有关部门学习，以正确使用代码。

（6）设计代码使用管理制度，保证代码的正确使用。

六、数据库设计

数据库设计是指根据业务需求、信息需求和处理需求，确定信息系统中数据的整体组织形式、表或文件的形式，以及决定数据的结构、类别、载体、组织方式、保密等级等一系列的问题。数据库设计分为概念设计和模型设计。

数据库设计应在充分满足组织的各级管理要求的基础上使得后继系统开发工作方便、快捷，且系统开销小（包括空间、网络传输速度、磁盘或光盘读写次数等方面），易于管理和维护。

（一）文件设计

文件设计就是根据文件的使用要求、处理方式、存储量、数据的活动性及硬件设备的条件等，合理地确定文件类别，选择文件介质，决定文件的组织方式和存取方法。

1. 文件的分类

（1）主文件。主文件是长期保存的主要文件，用以存储重要的数据。在业务处理中，要经常对文件进行调用和更新。主文件可分为静态文件和动态文件两种。

（2）业务文件。业务文件是在业务处理过程中，临时存储数据用的文件。这种文件实时记载业务过程中数据发生的变化，是流水账形式的顺序文件。此种文件用于统一更新主文件或转换成其他文件，保存期较短。

（3）输入文件。输入文件将需要输入的大量数据建立数据文件，经校验后一次输入，进行处理，这种文件多用于批处理。

（4）输出文件。输出文件是在处理过程中输出的结果文件，它可以是打印文件或其他形式的文件。

（5）工作文件。工作文件是在处理过程中暂时使用的中间文件，处理结束后文件即可删除。

（6）转存文件。转存文件是用于存储在一定恢复点上的系统部分状态的拷贝文件。它可能是一个正在更新中的文件，一组正在处理的业务或一个运行错误的程序。转存文件主要是为了安全。

2. 文件设计的步骤

第一，了解已有的或可提供的计算机系统功能。

第二，确定文件设计的基本指标。

（1）与其他文件的接口。

（2）文件的数据量。

（3）文件的逻辑结构。

（4）文件的处理方式：批处理、实时处理或混合方式等。

（5）文件的使用率：估算文件记录的实际使用频率。

(6) 文件的存取时间：根据业务处理的需要，对文件存取时间提出不同要求。

(7) 文件的保密：用户对文件机密程度的要求。

第三，确定合适的文件组织方式、存取方式和介质。

文件的组织方式、存取方法和机制的确定，应该考虑文件用途和使用频率等情况。通过对以上各种因素的综合考虑和分析研究后，确定较为合适的文件组织及存取方式，且对介质的需要作初步计算。

第四，编写文件设计说明书。

(1) 文件的组织方式、存取方法和存储介质等的选择和确定根据。

(2) 文件用途、适用范围、处理方式、使用要求、存取时间和更新要求等。

(3) 文件数据量和存储介质需要量的初步估算。

(4) 文件保密要求及有关安全措施。

(5) 对文件数据的收集、整理和格式要求的说明。

(6) 对建立和更新文件所需要的程序进行说明及提出要求。

(7) 建立文件的注意事项及其他需要说明的内容。

(二) 数据库设计的步骤

规范的数据库设计分为六个阶段：需求分析、概念结构设计、逻辑结构设计、物理结构设计、数据库实施和数据库运行与维护。其中数据库实施在信息系统实施这个阶段进行，而数据库运行与维护在信息系统的运行与维护阶段进行。

1. 需求分析

需求分析指对收集的用户要求进行分析的过程。需求分析是数据库设计的重要步骤之一，它也是整个设计步骤的基础，其目的是根据用户要求决定管理信息系统的目标、范围及应用性质。

2. 概念结构设计

概念结构设计的主要工作是设计概念性数据模型。它与数据库的逻辑结构无关，与特定的数据库管理系统无关，仅仅用来明确表达用户的数据要求。

概念性数据模型是一个面向问题的模型，它与将来数据库如何实现无关，要使概念性模型既能反映用户的需求，又能作为设计数据库结构的基础模型。概念结构设计是数据库设计的关键。

概念模型设计一般采用实体-联系方法（E-R 方法），这是 P. P. Chen 在 1976 年提出的，E-R 方法使用 E-R 图描述现实世界。其中，实体（entity）是信息世界的主要对象，是人所关心的事物，它可以是人、物或概念性的东西，或者是事物与事物之间的联系；属性（attribute）是事物的某一方面的特性。因此，我们可以用若干属性值来表示一个实体。

通过 E-R 图可以把各部门对信息的要求全部汇总到组织模式中。

3. 逻辑结构设计

逻辑结构设计的任务是设计数据的结构，把概念结构转换成为选用的 DBMS 所支持的数据模型。

在系统设计过程中，经常是用户事先选定机器系统设备，设计人员没有选择的余地，同时各个系统提供的环境和工具又是不一样的，还可能有各种不同的限制，因此模型的转换过程只能分两步走。首先把概念模型向一般的数据模型转换，然后再向具体的系统给定的 DBMS 支持下的数据模型转换。

4. 物理结构设计

数据库的物理设计，首先对给定的逻辑数据模型选取一个适合于应用环境的物理结构，如存储结构和读取方法等。然后对物理结构进行评价，如果设计结果在时间和空间效率上满足设计要求则转向物理实施，否则重新设计或修改物理结构。如有必要则重新回到逻辑结构设计阶段，对数据模型进行修改。

物理设计的主要内容如下。

（1）存储结构的确定。根据处理的需要及系统提供的方法选择存储结构。确定时考虑的因素为存取时间、存储空间利用率和维护代价三个方面。

（2）确定数据存放位置。

（3）确定存取路径。

（4）确定存储分配。

以上几个方面的选择确定都需要从时间、空间的效率，用户的要求和维护代价诸方面权衡后决定。

5. 数据库实现

根据物理设计的结果产生一个具体的数据库和它的应用程序，并把原始数据装入数据库。实施阶段主要有三项工作。

（1）建立实际数据库结构。

（2）装入试验数据对应用程序进行调试。

（3）装入实据数据。

在数据库实施阶段，设计人员运用 DBMS 提供的数据语言及其宿主语言，根据逻辑设计和物理设计的结果建立数据库，编制与调试应用程序，组织数据入库，并进行试运行。

6. 数据库运行与维护

数据库系统的正式运行，标志着数据库设计与应用开发工作的结束和维护阶段的开始。运行和维护阶段的主要任务有四项。

（1）维护数据库的安全性与完整性。

（2）监测并改善数据库运行性能。

（3）根据用户要求对数据库现有功能进行扩充。

（4）及时改正运行中发现的系统错误。

管理信息系统的系统设计主要完成数据库设计的前四个步骤。

（三）数据存储结构规划

数据是企业最重要的资源之一，开发数据资源既是企业信息化的出发点，又是企业信息化的目标。企业管理信息系统建立的关键在于落实信息资源管理基础标准，科学规划与设计共享数据库，建立稳定的全域数据模型，重组原有的信息资源，改造杂乱无序的数据环境，用全域数据模型来控制与协调整个企业信息系统建设。

标准化、规范化地组织好数据信息，就是开发数据资源的基本工作。经过有效的分析设计，就可以得到相对稳定的数据结构，不论组织机构如何变动或信息系统环境如何变动，都可以做到基础层的数据结构稳定不变，这就是数据稳定性原理。按这种结构来建立新的全域数据视图，可以实现各种应用模块通过共享数据库交换数据，实现数据共享，提高了数据开发使用的效率。

在数据库管理系统中，采用数据模型来对现实世界进行抽象，反映数据本身及其数据之间的联系。数据模型按照计算机系统的观点来组织数据。为了将现实世界中的事物抽象为数据库管理系统支持的数据模型，通常需要一个不依赖于计算机系统的中间层次，即首先将现实世界中的事物及其联系抽象为概念模型，再由概念模型转化为数据模型，最常用的是关系数据模型。

关系模型的好坏对数据的存储、操作有很大影响。因此，一般基于规范化理论进行关系模型的设计。规范化理论是 E. F. Codd 在 1971 年提出的，旨在研究关系模型中各属性之间的关系，探讨关系模型应具备的性质和设计方法。

在数据的规范化表达中，一般将一组相互关联的数据称为一个关系，这种关系落实到具体数据库上就是基本表，在规范化理论中表是二维的，它具有以下性质：① 列是同质的，即每一列中的分量是同一类型的数据即属于同一个域；② 列的顺序无所谓，即列的次序可以任意交换；③ 任意两个元组不能完全相同，即行不能重复；④ 行的顺序无所谓，即行的次序可以任意交换。

例如，描述学校的数据库：学生的学号（Sno）、所在系（Sdept）、系主任姓名（Mname）、课程名（Cname）、成绩（Grade）。学校数据库的语义：① 一个系有若干学生，一个学生只属于一个系；② 一个系只有一名主任；③ 一个学生可以选修多门课程，每门课程有若干学生选修；④ 每个学生所学的每门课程都有一个成绩。这个关系模式存在以下问题。

（1）数据冗余度太大：浪费大量的存储空间，如每一个系主任的姓名重复出现。

（2）更新异常（update anomalies）：数据冗余，更新数据时，维护数据完整性代价大，如某系更换系主任后，系统必须修改与该系学生有关的每一个元组。

（3）插入异常（insertion anomalies）：该插的数据插不进去。例如，如果一个系刚成立，尚无学生，我们就无法把这个系及其系主任的信息存入数据库。

（4）删除异常（deletion anomalies）：不该删除的数据不得不删。例如，如果某个系的学生全部毕业了，我们在删除该系学生信息的同时，把这个系及其系主任的信息也丢掉了。

规范化理论正是用来改造关系模式的，通过分解关系模式来消除其中不合适的数据依赖，以解决插入异常、删除异常、更新异常和数据冗余问题。范式是经过规范的，符合某一种级别的关系模式的集合，规范化体系中通过多层范式（normal form）结构表示关系模型的规范化程度。在规范化体系中，如果满足最低要求，则称为第一范式，在第一范式的基础上进一步满足一定的条件则为第二范式，依次类推。

（1）第一范式。第一范式的关系应满足的基本条件是元组中每个分量都必须是不可分割的数据项。第一范式是对关系模式的最起码的要求。不满足第一范式的数据库模式不能称为关系数据库。但是满足第一范式的关系模式并不一定是一个好的关系模式。

（2）第二范式。在第一范式条件的基础上，进一步要求所有非主属性完全依赖于码。

采用投影分解法将一个第一范式的关系分解为多个第二范式的关系，可以在一定程度上减轻原第一范式关系中存在的插入异常、删除异常、数据冗余度大、修改复杂等问题。将一个第一范式关系分解为多个第二范式的关系，并不能完全消除关系模式中的各种异常情况和数据冗余。

(3) 第三范式。一个关系满足第三范式的条件是其在满足第二范式条件的基础上，进一步要求其任何一个非主属性都不传递依赖于任何主属性。

并不是范式级别越高越好，数据库是关系模式的集合，关系可以分为静态关系和动态关系。静态关系是指一旦数据已加载，用户只能在这个关系上进行查询操作，不再进行插入、删除、更新操作，静态关系一般规范到第一范式就可以满足需要。动态关系是指要对该关系中的数据经常进行更新、插入、删除操作，一般要规范到第三范式或修正的第三范式（boyce codd normal form，BCNF）。

七、用户界面设计

用户界面是用户与系统交互的接口，很容易被忽视，但涉及用户对系统的满意度，以及使用的方便、安全、可靠，所以是一个非常重要的环节。好的用户界面设计为用户和系统双方带来友好的工作环境，为管理者提供简捷、有效、实用的管理和控制信息。用户界面设计首先需要进行输出设计，然后再根据要求输出的数据进行输入设计。

（一）输出设计

输出设计是管理信息系统应用中的重要环节，是用户与系统的重要的、直接的接口，用户所需的各种信息、报表，都要由系统输出完成。输出设计的要求是：界面美观、功能齐备、数据准确、格式多样。输出设计工作主要包括确定输出的类型与内容，确定输出方式，进行屏幕格式和报表格式的设计等工作。在输出设计中，必须充分考虑和满足用户的需求，要以“用户第一”的态度完成输出设计工作。

1. 输出类型设计

输出有外部输出与内部输出之分。内部输出是指一个处理过程（或子系统）向另一个处理过程（或子系统）的输出。外部输出是指向计算机系统外的输出，如有关报表、报盘等。

2. 输出设备与介质的选择

输出的介质有打印纸、磁盘、磁带、光盘等。有关的设备有打印机、绘图仪、磁带机、磁盘机、光盘机等。需要根据需求、信息的用途和资源约束进行输出设备与介质的选择。

需要送给其他有关人员或需要长期存档的材料，必须使用打印机打印输出；若是需要作为以后处理用的数据，可以输出到磁带或磁盘上；如果只是需要临时查询的信息，则可以通过屏幕显示。输出设备主要是指打印机和显示器。表 7-2 为输出设备和介质一览表。

表 7-2 输出设备和介质一览表

输出设备	介质	特点及用途
行式打印机	打印纸	便于保存，费用低
卡片或纸带输出机	卡片或纸带	可代其他系统输入之用
磁带机	磁带	容量大，适于顺序存取
磁盘机	磁盘	容量大，存取更新方便
终端	屏幕	响应灵活的人机对话
绘图仪	图纸	精度高，功能全
缩微胶卷输出机	缩微胶卷	体积小，易保存

3. 输出内容的设计

输出内容的设计包括输出方式、输出内容的项目、数据结构、类型、长度、精度、取值范围、表格设计等。输出信息的格式是指报表、凭证、单据、公文等的格式。输出信息使用方面的内容包括使用者、使用目的、报表量、使用周期、有效期、保管方法、密级和复写份数等。

4. 输出格式的设计

从系统的角度来说输入和输出都是相对的，各级子系统的输出就是上级主系统输入。从这个意义上来说，前面所介绍的几种数据传输方式，如网络传递、软磁盘传递、电话线传递等，对于数据传出方来说也就是输出方式设计的内容。为了区别起见，将输出粗分为中间输出和最终输出两类。中间输出是指子系统对主系统或另一个子系统之间的数据传送，而最终输出则是指通过终端设备（如显示器屏幕、打印机等）向管理者输出的一类信息。

最终输出格式常用的有报表、图形、图标。究竟采用哪种输出形式为宜，应根据系统分析和管理业务的需要，以及使用者的习惯和要求而定。一般来说，对于基层或具体事物的管理者，应用报表方式给出详细的记录数据为宜，而对于高层领导或宏观、综合管理部门则应该使用图形方式给出比例或综合发展趋势的信息。

5. 输出设计的原则

（1）可读性。

（2）适应性。

（3）扩展性。

（4）兼容性。

（5）一致性。

（二）输入设计

输入设计是整个系统设计的关键环节之一，对系统的质量起着决定性的影响。输入数据的正确性直接决定处理结果的正确性，如果输入数据有误，即使计算和处理十分正确，也无法获得可靠的输出信息。输入设计要解决的问题是数据的收集和录入，在保证输入信息正确性的前提下，输入方法要简单、方便、迅速。

1. 输入方式设计

输入方式设计主要是根据总体设计和数据库设计的要求来确定数据输入的具体形式。常用的输入方式有键盘输入，模/数、数/模输入，网络数据传送，磁/光盘读入等几种形式。通常在设计新系统的输入方式时，应尽量利用已有的设备和资源，避免大批量的数据重复多次地通过键盘输入，这样不但工作量大、速度慢，而且出错率较高。

模数/数模转换方式（A/D，D/A）的输入是目前比较流行的基础数据输入方式。这是一种直接通过光电设备对实际数据进行采集并将其转换成数字信息的方法，是一种既省事又安全可靠的数据输入方式。最常见的方法如下：①条码（棒码）输入；② 用扫描仪输入；③传感器输入。在计算机系统中还有磁性字体阅读机、光学读字机、语音输入设备、光笔、图形数字化仪、黑白和彩色扫描仪等输入设备，根据系统的需要选择相应输入装置。

网络传送数据对于下级子系统是输出数据，对于上级主系统则是输出数据。使用网络传送数据既可安全、可靠、快捷地传输数据，又可避免下级忙于设计输出界面、上级忙于设计输入界面的盲目重复开发工作。

磁/光盘读入方式是指数据输出方和接收方按照事先约定好的待传送数据文件的标准格式，通过软盘/光盘传送数据文件。这种方式不需要增加任何设备和投入，常用于主系统与子系统之间的数据连接。目前正向朝大容量、小体积的方向发展，并且新的技术和材料也不断出现，如激光磁盘机也开始广泛投入使用。

2. 输入格式设计

在我们实际设计数据输入时（特别是大批量的数据统计报表输入时）常常遇到统计报表（或文件）结构与数据库文件结构不完全一致的情况。应尽量改变统计报表或数据库关系表二者之一的结构，并使其一致，以降低输入格式设计的难度。现在还可采用智能输入方式，由计算机自动将输入送至不同表格。

3. 输入设计项目

输入设计的目的是使输入的数据，经处理后能满足系统输出的需要。输入设计包含下面几个方面。

（1）输入信息源的设计。

（2）收集输入信息设计。

（3）输入媒介选择设计。

（4）输入信息内容设计。

4. 输入校验设计

对于输入数据的过程中可能出现的错误，要采取相应的检验措施，以保证输入数据的正确性。

（1）输入错误的种类。输入错误的种类主要有数据本身的错误、数据不足或多余、数据的延误。

（2）输入数据校验方法。数据校验方法有人工直接检查、计算机程序校验，以及人与计算机两者分别处理后再相互查对校验等多种方法。①重复输入检验。②人工检验。③控制总数检验。④记录数点计检验。⑤格式校验。⑥逻辑校验。⑦界限校验。⑧顺序校验。

⑨平衡校验。⑩对照校验。⑪程序校验。

（3）输入数据的改正。出错的改正方法应根据出错的类型和原因而异。发现原始数据有错时，应由产生错误的单位进行改正，不应由操作员想当然地予以修改。当由机器自动检错时，出错的恢复方法有三种。① 将错误改正后再进行处理。② 将错误数据剔出，只处理正确的数据。这种方法适用于作趋势调查分析的情况，这时不需要太精确的输出数据，如预测求百分比等；③ 只处理正确的数据，出错数据待修正后再进行处理。

输入设计一定要考虑适当的校验措施，以减少出错的可能性，但应指出的是绝对保证不出错的校验方式是没有的。

5. 输入设计的原则

输入设计包括数据规范和数据准备的过程，在输入设计中，提高速度和减少错误是两个最根本的原则。以下是指导输入设计的几个原则。

（1）设计好原始单据的格式。

（2）控制输入量。

（3）减少输入延迟。

（4）输入过程应尽量简化。

（5）减少输入错误。

八、人机界面设计

界面是人与机器之间传递和交换信息的媒介，包括硬件界面和软件界面。人机界面设计和开发已成为国际计算机界和设计界最为活跃的研究方向。

（一）人机界面类型

系统设计中常用的菜单设计方法主要有菜单、表格、问答及操作权限管理方式等。

1. 菜单式

菜单是信息系统功能选择操作的最常用方式。按目前软件所提出的菜单设计工具，菜单的形式可以是下拉式、弹出式、按钮选择方式的。菜单选择的方式也可以是移动光标、选择数字（或字母）、鼠标驱动或直接用手在屏幕上选择等多种方式（甚至还可以是声音系统加电话、键盘驱动的方式）。

菜单设计时一般应将操作安排在同一层菜单选择中，功能尽可能多，而进入最终操作层次尽可能少（最好是二级左右）。一般功能选择性操作最好让用户一次就进入系统，只有在少数重要执行性操作时，才设计让用户选择后再确定一次的形式。例如，选择执行删除操作，系统尚未执行完毕前执行退出操作等。

菜单设计时在两个邻近的功能（或子系统）选择之间，可以考虑交替使用深浅不同的对比色调，使它们之间的变化更加醒目。

2. 填表式

由于填表式人机界面设计的画面简单易读，并且不容易出错，所以它是通过屏幕进行输入输出的主要形式。

3. 问答式

问答式屏幕设计是指当系统运行到某阶段时，通过屏幕向用户提问，系统根据用户回答的结果决定下一步执行什么操作。这种方法通常用在提示操作人员确认输入数据的正确性，或者询问用户是否继续某项处理等方面。这类会话通常的处理方式是让系统开发人员根据实际系统操作过程将会话语句写在程序中。

4. 提示方式与权限管理

为了操作使用方便，在系统设计时，常常把操作提示和要点同时显示在屏幕的旁边，以使用户操作方便，这是当前比较流行的用户界面设计方式。另一种操作提示设计方式则是将整个系统操作说明书全送入系统文件之中，并设置系统运行状态指针。当系统运行操作时，指针随着系统运行状态来改变，当用户按“求助”键时，系统则立刻根据当前指针调出相应的操作说明。调出说明后还请求进一步详细说明的方式，可以通过标题（如本书的章节标志所示）来索引具体内容，也可以通过选择关键字方式（如 Windows 和 3W（world wide web）等的 help 方式）来索引具体的内容。

另外与操作方式有关的另一项内容就是对数据操作权限的管理。权限管理一般都是通过入网口令和建网时定义该节点级别相结合来实现的。对于单机系统的用户来说，只需简单规定系统的上机口令（password）即可。

（二）软件用户界面设计的原则

软件用户界面（software user interface）是指软件用于和用户交流的外观、部件和程序等。软件界面的设计，既要从外观上进行创意以达到吸引眼球的目的，还要结合图形和版面设计的相关原理，从而使软件设计变成了一门独特的艺术。通常来讲，企业软件用户界面的设计应遵循以下四个基本原则。

（1）用户导向（user oriented）原则。

（2）KISS（keep it simple and stupid）原则。简洁和易于操作是网页设计的最重要的原则。

（3）视觉平衡。

（4）和谐与一致性 。

九、模块功能与处理过程设计

（一）HIPO 图

HIPO 图一般由一张总的层次模块结构图和若干张具体模块内部展开的 IPO 图组成，前者描述了整个系统的设计结构及各类模块之间的关系，后者描述了某个特定模块内部的处理过程和输入/输出关系。

IPO 图主要是配合层次模块结构图详细说明每个模块内部功能的一种工具，IPO 图的设计必须包括输入（I）、处理（P）、输出（O），以及与之相应的数据库/文件、在总体结构中的位置等信息。IPO 图中的处理过程描述部分较为复杂，如果这个环节处理不好，将会给后继编程工作造成混乱。

目前用于描述模块内部处理过程的方法主要有如下几种：程序流程图（程序框图）、盒图（N-S 图）、问题分析图（problem analysis diagram，PAD）、结构化英语、决策树、决策表和算法描述语言方法。

（二）层次模块结构图

基本做法是将系统划分为若干子系统，子系统下再划分为若干的模块，大模块内再分小模块，而模块是指具备输入输出、逻辑功能、运行程序和内部数据四种属性的一组程序。

层次模块结构图主要关心的是模块的外部属性，即上下级模块、同级模块之间的数据传递和调用关系，而不关心模块的内部。也就是说只关心它是什么，它能够做什么的问题，而不关心它是如何去做的（这一部分内容由下面的 IPO 图解决）。

结构图给出了五个图例和四种基本关系来表达模块和模块之间的联系。

（三）模块结构图设计的步骤

系统模块结构图的设计，可以分两步进行。

（1）从新系统数据流程图出发导出初始结构图。

（2）对系统结构图进行改进。

（四）功能结构图设计的方法

根据新系统的数据流程图画出新系统的模块结构图，模块结构图设计的方法有三种。

1. 变换分析

变换分析是从变换型结构数据流程图中导出模块的结构图的一种方法，变换型结构的数据流程图是一种线状结构，变换分析过程可以分为三步。

（1）找出系统的逻辑输入、主加工和逻辑输出。一般来说，几股数据流的汇合处往往就是系统的主加工。如果，一时不能确定哪是主加工，可以用下面的方法先确定哪些数据流是逻辑输入，哪些数据流是逻辑输出。

从物理输入端开始，一步步向系统的中间移动，直至这样一个数据流，它已不能再被看作系统的输入，则它的前一个数据流就是系统的逻辑输入。同理，从物理输出端开始，逆数据流方向向中间移动，可以确定系统的逻辑输出。介于逻辑输入和逻辑输出之间的加工就是主加工。

当然，实际的数据流程图往往比这个例子复杂，输入、输出数据流都可能有多个。这时，需要对每个输入、输出数据流进行分析，确定相应的逻辑输入、逻辑输出。处于这些逻辑输入、逻辑输出之间的处理框就是主加工。主加工可能包括数据流程图中的多个处理框。

具体划分涉及对数据流的理解。理解不同，结果就有差异，但一般出入不会太大。

（2）设计顶层模块和第一层模块。找到主加工之后，遵照“自顶向下，逐步加细”的原则，设计各层的模块。每创建一个模块，必须确定该模块的外部特征：模块的功能、与其他模块的界面等（调用时传送的信息）。还需为每个模块起一个名字，这个名字应当恰如其分地反映出这个模块的功能。

系统的主加工就是系统的顶层模块，其功能就是整个系统的功能。

第一层模块按输入、变换、输出等分支来处理：为每一个逻辑输入设计一个输入模块，其功能是为顶层模块提供相应的数据；为每一个逻辑输出设计一个输出模块，它的功能即是输出顶层模块的输出信息；为主加工设计一个变换模块，它的功能就是将逻辑输入变换成逻辑输出。第一层模块与顶层模块之间传送的数据应该同数据流程图相对应。

（3）设计中、下层模块。将输入、变换、输出模块逐个分解，便可得到初始结构图。输入模块要为系统提供逻辑输入，一般要进行变换，先确定实现最后变换的变换模块。这个变换模块显然又需要某些输入，对每个这样的输入，对应一个新的输入模块。用类似方法依次分解下去，直到最终的物理输入为止。对输出模块的分解与上面的办法相似。对变换模块的分解，目前还没有与上面类似的方法。此时，需要研究数据流程图中相应加工的组成情况。应用模块耦合、内聚等概念，有助于更好地分解。由数据流程图出发，采用变换分析的办法比直观理解得到初始结构图要好得多。

2. 事务分析

事务分析是根据事务型结构的数据流程图导出结构图的一种方法。事务分析也是按“自顶向下，逐步细化”的原则进行。在事务型结构的数据流程中，通过某一个主处理将它的输入分隔成一串平行的数据流，然后选择地执行后面的某个处理。在应用事务分析方法设计结构图时，也是从上向下逐步细化的过程，即首先分析事务型结构的数据流程图，找出事务处理中心，并据此设计主模块和第一层模块。主模块的功能就是整个系统的功能。第一层模块一般包括输入检查和选择处理两部分，前者分析事务的类型，后者根据不同的类型调用相应的下层模块。然后为每一种类型的事务处理设计一个事务处理模块，再为每个事务处理模块设计下面的操作模块，再继续分解，直到每项事务处理都有一个具体的操作模块为止，这就形成了一个完整的系统功能结构图。

3. 混合结构分析

规模较大的数据处理系统，数据流程图常常是变换型和事务型的混合结构。在这种情况下，通常以变换分析为主、事务分析为辅进行设计，先找出系统的输入、主加工的输出，用变换分析法设计系统模块结构图的上层，然后，根据数据流程图各部分的特点，适当进行变换分析或事务分析，就可以导出初始模块结构图。

因为数据流程图并没有完全反映出用户的要求（如查询要求、控制要求），所以按数据流程图导出的结构图还要参照小说明、查询分析等文档进行调整；所以这里得出的为初始结构图。另外，数据流程图是分层次的，当我们对某一层数据流程图进行变换分析或事务分析得出相应的模块结构图之后，还必须转换它下一层的数据流程图。

十、系统设计说明书

系统设计报告（又称系统物理设计说明书）是系统设计阶段的主要成果，是新系统的物理模型，也是系统实施的重要依据。

系统设计报告主要包括以下内容。

（1）系统概述。

（2）总体结构方案（包括总体结构图、子系统结构图、计算机流程图等）。

（3）计算机系统配置方案。

(4) 代码设计方案。

(5) 文件、数据库设计方案。

(6) 输入输出设计方案。

(7) 系统详细设计方案。

(8) 接口及通信环境设计。

(9) 安全、保密设计，数据准备。

(10) 系统测试计划。

(11) 培训计划。

系统设计报告要经领导批准，并得到用户的认可。一旦系统设计报告得到批准，则成为系统实施阶段的工作依据。

重点和难点

本章全面阐述了管理信息系统的设计理论、方法和其包含的各方面内容，重点介绍管理信息系统的设计方法。重点内容如下：(1) 掌握和理解系统设计的概念、目的（任务）、原则、主要内容；(2) 掌握和理解结构化系统设计的概念、思想、步骤、内容、工具；(3) 掌握和理解模块和模块化的概念、模块分解设计的基本原则；(4) 掌握和理解总体设计的内容，以及详细设计的内容和方法；(5) 掌握和理解详细设计各部分的主要内容和方法；(6) 掌握和理解系统设计说明书的主要内容。

同步综合练习题

一、单项选择题

1. 身份证号码属于(　　)。

A. 区间码　　B. 混合码

C. 分组顺序码　　D. 排序码

2. 下面不属于系统设计阶段内容的工作是(　　)。

A. 程序设计　　B. 文件设计

C. 处理过程设计　　D. 编写程序设计说明书

3. 下列图表工具中，属于系统设计阶段使用的工具是(　　)。

A. 组织结构图　　B. 数据流程图

C. 程序流程图　　D. 管理业务流程图

4. 设计代码校验位时，若原代码为 1 2 3 4，权因子为 16，8，4，2，以 11 为模，计算得出的校验位为(　　)。

A. 5　　B. 6　　C. 7　　D. 8

5. 下面哪项工作属于系统设计阶段内容(　　)。

A. 程序设计　　B. 程序调试

C. 新系统逻辑功能设计　　D. 编写程序设计说明书

6. 采用子程序调用，调用模块将需要处理的数据传递给被调模块，这是(　　)。

A. 数据耦合　　B. 内容耦合

C. 控制耦合　　D. 标记耦合

7. 校验输入月份最大不能超过 12 是属于(　　)。

A. 人工校验　　B. 数据类型校验

C. 逻辑校验　　D. 界限校验

8. 结构化系统设计（SD）方法绘制新系统模块结构的基础是(　　)。

A. 数据流程图　　B. 业务流程图

C. E-R 图　　D. 组织结构图

9. 绘制数据流程图时，右边的符号表示(　　)。

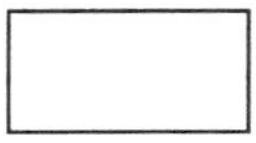

A. 数据存储　　B. 数据处理

C. 外部实体　　D. 数据流向

10. 用 TV-C-25 代表 25 英寸彩色电视机，这个代码属于(　　)。

A. 顺序码　　B. 混合码　　C. 字符码　　D. 尾数码

11. 在系统设计中使用 U/C 矩阵方法的主要目的是(　　)。

A. 确定系统边界　　B. 确定系统内部关系

C. 确定系统与外部的联系　　D. 确定系统子系统的划分

12. 规范化理论的提出人是(　　)。

A. P. G. W. Keen　　B. E. F. Codd

C. S. S. Mittra　　D. R. H. Sprague

13. 为了检查会计工作中借方会计科目合计与贷方会计科目合计是否一致，通常在程序设计中应进行(　　)。
A. 界限校验　　B. 重复输入校验
C. 平衡校验　　D. 逻辑校验
14. 描述功能模块处理逻辑的工具不包括(　　)。
A. 决策树　　B. 决策表　　C. 结构化语言　　D. 系统流程图
15. 程序设计说明书属于(　　)。
A. 由程序员编写的文档　　B. 由系统设计员编写的文档
C. 文件设计方案　　D. 系统总体设计方案
16. 将同一数据先后输入两次，然后由计算机程序予以比较的校验称为(　　)。
A. 人工校验　　B. 格式校验
C. 重复输入校验　　D. 逻辑校验
17. 从用户角度看到的数据库设计称为(　　)。
A. 概念结构设计　　B. 逻辑结构设计
C. 物理结构设计　　D. 数据结构设计
18. 下列软件中属于数据库管理系统的是(　　)。
A. Power Point　　B. Oracle
C. Photoshop　　D. Outlook
19. 邮政编码属于(　　)。
A. 分组顺序码　B. 区间码　　C. 缩写码　　D. 多面码
20. 已知原代码为 1 2 3 4，各位的权分别为 5，4，3，2，模为 11，则用算术级数求得的具有校验位的代码为(　　)。
A. 1 2 3 4 5　　B. 1 2 3 4 6　　C. 1 2 3 4 7　　D. 1 2 3 4 8
21. 规模较大的数据处理系统，其数据流程图往往是变换型和事务型的混合结构，此时，通常主要进行的是(　　)。
A. 事务分析　　B. 变换分析　　C. 同时进行　　D. 逐步求精
22. 描述系统结构和模块内部处理功能的工具（技术）是(　　)。
A. 决策树　　B. 系统流程图
C. HIPO 图　　D. IPO 图
23. 常用来采集和输入生产过程数据的输入方式是(　　)。
A. 传感器输入　　B. 网络传送
C. 扫描仪输入　　D. 条码输入

二、多项选择题

1. 管理信息系统设计阶段的工作分为(　　)。
A. 总体设计　　B. 代码设计
C. 程序设计　　D. 功能设计
E. 详细设计

2. 不好的关系模式存在以下问题(　　)。
   A. 数据冗余　　B. 更新异常
   C. 查询异常　　D. 插入异常
   E. 删除异常
3. 利用代码校验位可检测出以下错误(　　)。
   A. 抄写错误　　B. 仿真错误　　C. 易位错误
   D. 开发错误　　E. 双易位错误
4. 系统设计中常用的菜单设计方式主要有(　　)。
   A. 菜单式　　B. 填表式
   C. 问答式　　D. 权限管理
   E. 提示方式
5. 属于模块结构图设计方法的是(　　)。
   A. 概念结构分析　B. 需求分析　　C. 数据分析
   D. 事务分析　　E. 变换分析
6. 关系二维表具有以下性质(　　)。
   A. 列是同质的　　B. 列的顺序无所谓
   C. 行的顺序无所谓　　D. 任意两个列不能完全相同
   E. 任意两个元组不能完全相同
7. 常见的耦合类型有(　　)。
   A. 标记耦合　　B. 概念耦合
   C. 控制耦合　　D. 公共环境耦合
   E. 内容耦合
8. 下列属于操作系统的是(　　)。
   A. UNIX　　B. Netware
   C. Windows 2007　　D. Windows NT
   E. Oracle

三、名词解释

1. 系统的工作效率
2. 系统的工作质量
3. 系统的灵活性
4. 系统的可靠性
5. 系统的通用性
6. 自顶向下、逐步求精
7. 单入口单出口
8. 模块
9. 模块化
10. 代码

四、简答题

1. 简述系统设计的目标。
2. 简述系统设计的步骤与任务。
3. 简述代码设计的步骤。
4. 简述数据库设计的步骤
5. 简述规范化理论。
6. 简述企业软件用户界面的设计应遵循的基本原则。

参考答案

一、单项选择题

1. C	2. A	3. C	4. D	5. D
6. A	7. D	8. A	9. B	10. B
11. D	12. B	13. C	14. D	15. B
16. C	17. A	18. B	19. A	20. D
21. B	22. C	23. A		

二、多项选择题

1. AE	2. ABDE	3. ACE	4. ABCDE	5. DE
6. ABCE	7. ACDE	8. ABCD		

三、名词解释

1. 系统的工作效率主要反映在系统对请求的处理能力和处理速度响应时间等方面。

2. 系统的工作质量是指系统处理数据的正确性、友好的人机界面，即操作的方便性与输出信息的易读、易懂性。

3. 系统的灵活性是指系统的可维护性或可修改性。

4. 系统的可靠性是指系统在正常运行时对外界各种干扰的抵抗能力。

5. 系统的通用性是指同一软件系统在不同使用单位的可应用程度。

6. “自顶向下、逐步求精”的程序设计方法从问题本身开始，经过逐步细化，将解决问题的步骤分解为由基本程序结构模块组成的结构化程序框图。

7. “单入口单出口”的思想认为如果一个复杂的程序仅由顺序、选择和循环三种基本程序结构通过组合、嵌套构成，那么这个新构造的程序一定是一个“单入口单出口”的程序。

8. 在软件系统设计中，模块是指这样的一组程序语句（子程序或函数），它包括输入与输出、逻辑处理功能、内部信息及其运行环境。

9. 模块化就是将系统划分为若干个模块，每个模块完成一个特定的功能，然后将这些模块汇集起来组成一个整体（即系统），用以完成指定功能的一种方法。

10. 代码是客观实体、属性和状态等的表示符号，代码的符号可以是数字、字母，或者是由数字和字母混合组成。

四、简答题

1. 系统设计的基本目标就是使所设计的系统满足系统逻辑模型的各项功能要求，同时尽可能地提高系统的性能。评价与衡量系统设计目标的指标主要有以下几个。

(1) 系统的工作效率。系统的效率主要反映在系统对请求的处理能力和处理速度响应时间等方面。影响系统效率的因素很多，主要有硬件平台的选择、系统软件的性能、系统的工作方式（系统结构）等。

(2) 系统的工作质量。系统的工作质量是指系统处理数据的正确性、友好的人机界面，即操作的方便性与输出信息的易读易懂性。主要与系统的硬件设备和软件设计的质量有关。

(3) 系统的灵活性。系统的灵活性是指系统的可维护性或可修改性。

(4) 系统的可靠性。系统的可靠性是指系统在正常运行时对外界各种干扰的抵抗能力。这是对系统的基本要求。

(5) 系统的通用性。系统的通用性是指同一软件系统在不同使用单位的可应用程度。这一指标对商品化软件尤为重要。

(6) 系统的经济性。在满足系统需求的前提下，尽可能地减少系统的开销。

这几个指标既相互联系又互相制约，设计时需要根据实际需要和可能性，优先保证最重要的指标。

2. 系统设计阶段的任务是在现行系统分析的基础上进行的，根据新系统的逻辑模型建立新系统的物理模型，解决“怎么做”的问题。其主要任务就是在各种技术和实施方法中权衡利弊，合理地使用各种资源，最终确定新系统具体的实施方案。

(1) 总体设计阶段。总体设计阶段也称概要设计阶段，根据系统分析的成果进行系统总体结构设计，主要完成下面五项工作。①系统平台设计，根据要求和资源条件，为新系统选择适当的计算机系统（包括应用软件），包括设备配置、硬件结构设计、软件结构设计、网络结构设计及数据库管理系统的选择等。②划分子系统。③功能结构图设计。④处理流程图设计。⑤数据文件结构和数据库设计。

(2) 详细设计阶段。详细设计阶段又称为物理模型设计阶段，真正回答新系统如何做的问题，具体考虑每一模块内部采用什么算法，其主要工作如下。①代码设计。②数据库设计。③用户界面设计。④编写程序模块设计说明书。

(3) 编写系统说明书。

3. 代码对象主要是数据字典中的数据项，所以，严格说来，代码设计从编制数据字典开始，代码设计可按照以下步骤进行。

(1) 确定代码对象。从整体出发，在充分调查分析的基础上，确定对象所属的子系统，需要编码的项目，确定编码的名称。

(2) 寻找标准代码。如果已有国家标准、部门标准代码，就必须遵循标准；如果没有标准代码，也应该参照国际标准化组织、其他国家、其他部门或其他单位的编码标准，以便将来标准化的需要。

(3) 确定代码使用范围和期限。代码的设计不应该局限于某一企业或某一部门，它应该具有广泛的适用性。不仅能在本单位使用，还能在外单位使用。无特殊情况，代码系统设计好之后应具备一定稳定性，最好可永久使用。

(4) 确定编码方法。根据编码的对象、目的、使用范围、使用期限等特性，选定合适的代码种类和代码系统的内容。

(5) 编写代码表。对代码作详细的说明并组织有关部门学习，以正确使用代码。

(6) 设计代码使用管理制度，保证代码的正确使用。

4. 数据库设计主要分为六个阶段：需求分析、概念结构设计、逻辑结构设计、物理结构设计、系统实施和运行与维护。这六大步骤与信息系统开发的各阶段相互对应，并且融为一体。

(1) 需求分析。需求分析指对收集的用户要求进行分析的过程。需求分析是数据库设计的重要步骤之一，它也是整个设计步骤的基础，其目的是根据用户要求决定管理信息系统的目标、范围及应用性质。

(2) 概念结构设计。概念结构设计的主要工作是设计概念性数据模型。它与数据库的逻辑结构无关，与特定的数据库管理系统无关，仅仅用来明确表达用户的数据要求。概念模型设计一般采用绘制 E-R 图的方法来完成。

(3) 逻辑结构设计。逻辑结构设计的任务是设计数据的结构，把概念结构转换成为选用的 DBMS 所支持的数据模型。

(4) 物理结构设计。数据库的物理设计，首先为给定的逻辑数据模型选取一个适合于应用环境的物理结构，如存储结构和读取方法等。然后对物理结构进行评价，如果设计结果在时间和空间效率上满足设计要求则转向物理实施，否则重新设计或修改物理结构。如有必要则重新回到逻辑结构设计阶段，对数据模型进行修改。

以上几个方面的选择确定都需要从时间、空间的效率，用户的要求和维护代价诸方面权衡后决定。可能会产生多种方案，可以进行综合评价后择优实施。

(5) 系统实施。根据物理设计的结果产生一个具体的数据库及其应用程序，并把原始数据装入数据库。实施阶段主要有三项工作。①建立实际数据库结构；②装入实验数据对应用程序进行调试；③装入实据数据。在数据库实施阶段，设计人员运用 DBMS 提供的数据语言及其宿主语言，根据逻辑设计和物理设计的结果建立数据库，编制与调试应用程序，组织数据入库，并进行试运行。

(6) 运行维护。数据库系统的正式运行，标志着数据库设计与应用开发工作的结束和维护阶段的开始。运行和维护阶段的主要任务有四项。①维护数据库的安全性与完整性；②监测并改善数据库运行性能；③根据用户要求对数据库现有功能进行扩充；④及时改正运行中发现的系统错误。

管理信息系统的系统设计主要完成数据库设计的前四个步骤。

5. 用来改造关系模式，通过分解关系模式来消除其中不合适的数据依赖，以解决插入异常、删除异常、更新异常和数据冗余问题。范式是经过规范的，符合某一种级别的关系模式的集合，规范化体系中通过多层范式（normal form）结构表示关系模型的规范化程度。在规范化体系中，如果满足最低要求，则称为第一范式，在第一范式的基础上进一步满足一定的条件则为第二范式，依次类推。

（1）第一范式。第一范式的关系应满足的基本条件是元组中每个分量都必须是不可分割的数据项。第一范式是对关系模式的最起码的要求。不满足第一范式的数据库模式不能称为关系数据库。但是满足第一范式的关系模式并不一定是一个好的关系模式。

（2）第二范式。在第一范式条件的基础上，进一步要求所有非主属性完全依赖于码。

（3）第三范式。一个关系满足第三范式的条件是其在满足第二范式条件的基础上，进一步要求其任何一个非主属性都不传递依赖于任何主属性。

6. 企业软件用户界面的设计应遵循如下原则。

（1）用户导向原则。信息系统首先要明确到底谁是使用者，要站在用户的观点和立场上来考虑设计软件。要做到这一点，必须要和用户沟通，了解他们的需求、目标、期望和偏好等。

（2）KISS 原则。简洁和易于操作是网页设计的最重要的原则。

（3）视觉平衡。设计时，各种元素（如图形、文字、空白）都会有视觉作用。根据视觉原理，图形与一块文字相比较，图形的视觉作用要大一些。另外，中国人的阅读习惯是从左到右，从上到下，因此视觉平衡也要遵循这个这个道理。

（4）和谐与一致性。通过对软件的各种元素（颜色、字体、图形、空白等）使用一定的规格，设计良好的页面看起来应该是和谐的。或者说，软件的众多单独页面应该看起来像一个整体。

第8章 管理信息系统的系统实施

考核内容

1．掌握和理解系统实施的概念、主要内容、实现步骤和应注意的问题；

2．掌握和理解如何建立计算机硬件环境和系统软件环境，如何编写和调试计算机程序；

3．掌握和理解如何组织系统测试的方法和步骤，如何对各类人员培训；

4．掌握和理解系统转换的概念、内容和方法，以及最终把系统交付使用。

系统实施是指将系统设计阶段的结果在计算机上实现，将原来纸面上的、类似于设计图式的新系统方案转换成可执行的实际软件系统。系统实施阶段的主要任务是：① 按总体设计方案购置和安装物理系统；② 建立数据库系统；③ 程序设计；④ 系统测试；⑤ 整理基础数据；⑥ 人员培训；⑦ 系统切换。

一、按总体设计方案购置和安装物理系统

（一）计算机系统的安装与调试

按照系统物理配置方案的要求，选择购置该系统所必需的硬件设备（计算机系统）和软件系统。硬件设备包括主机、外围设备、稳压电源、空调装置、机房的配套设施及通信设备等，软件系统包括操作系统、数据库管理系统、各种应用软件和工具软件等。

1. 计算机品牌选择

值得注意的是，选择计算机系统时要充分进行市场调查，了解设备运行情况及厂商所能提供的服务等。

2. 计算机购置的基本原则

依据物理配置方案，在功能、容量和性能等方面满足所开发管理信息系统的设计要求。

3. 计算机购置应考虑的问题

（1）计算机系统是否具有合理的性能价格比。

（2）系统是否具有良好的可扩充性。

（3）能否得到来自供货商的售后服务和技术支持等。

4. 计算机的环境要求

（1）机房最好安装双层玻璃门窗，并且要求无尘。

（2）硬件通过电缆连接至电源，电缆走线要安放在防止静电感应的耐压的活动地板下面。

（3）为了防止由突然停电造成的事故，应安装备用电源设备，如功率足够的不间断电源。

（4）配备必要的防雷设施。

（二）通信网络环境

计算机网络，是指将地理位置不同的具有独立功能的多台计算机及其外部设备，通过通信线路连接起来，在网络操作系统、网络管理软件及网络通信协议的管理和协调下，实现资源共享和信息传递的计算机系统。计算机网络是现代管理信息系统建设的基础，是创建和测试数据库、编写和测试程序的平台。如果新开发的信息系统要求创建新网络或修改旧网络，就必须建立和测试新网络。

管理信息系统常见的网络类型可以按照覆盖范围分为局域网（LAN）和广域网（WAN）。管理信息系统常用的通信链路有双绞线、同轴电缆、光纤、微波及卫星通信。网络环境的建立应根据所开发系统对计算机网络环境的要求，选择合适的网络操作系统产品，并按照目标系统确定将采用的系统体系结构是客户机/服务器模式还是浏览器/服务器工作

模式，进行有关的网络通信设备与通信线路的架构与连接、网络操作系统软件的安装和调试、整个网络系统的运行性能与安全性测试及网络用户权限管理体系的实施等。

（三）软件环境

软件环境包括购置系统软件和应用软件包。系统软件包括操作系统、数据库管理系统、程序设计语言处理系统等。在企业管理系统中，有些模块可能有商品化软件可供选择，也可以提前购置，其他则需自行编写。计算机硬件和软件环境的配置，应当与计算机技术发展的趋势相一致。

二、建立数据库系统

按照数据库设计的要求，一般1～2位数据库管理员一天即可建立起一个大型数据库结构，不包括输入数据。

三、程序设计

程序设计是系统实施的主要内容，其任务是为新系统编写程序，就是以用户需求为出发点，以系统分析与系统设计阶段的文档为依据，选择适当的程序设计语言及软件开发环境和工具，编制程序和调试程序，实现系统详细设计中的内容并使运行结果符合设计要求。

（一）程序设计的基本要求

（1）可靠性。
（2）可读性。
（3）效率。
（4）可维护性。
（5）可重用性。
（6）实用性。

（二）软件工具的选择

选择程序设计语言应该从以下几个方面考虑。
（1）语言的结构化机制与数据管理能力。
（2）语言的人机交互能力。
（3）丰富的软件支持工具。
（4）开发人员的以往经验与熟练程度。
（5）软件可移植性要求。
（6）系统用户的要求。

一般来说，需要选择的软件工具主要有编程语言工具、数据库系统工具、程序生成工具、专用系统生成工具、客户/服务器型工具及面向对象编程工具等。

（三）程序设计风格

为了提高程序的可读性，在程序设计风格方面应注意以下几点。

（1）适当的程序注释。注释一般分为两类：序言性注释和描述性注释。书写注释时应注意如下三点。①注释应和程序一致，修改程序时应同时修改注释，否则会起反作用，使人更难明白。②注释应提供一些程序本身难以表达的信息。③为了方便用户今后维护，注释应尽量多用汉字。

（2）有规律的程序书写格式：缩排法。

（3）恰当选择变量名。

（4）程序设计的基本要求。逻辑清晰、易读懂、易维护的源程序是评价程序设计质量的重要标准。程序设计必须符合程序设计最基本的要求，即程序的正确性、可读性和结构化。

（四）程序设计基本方法

程序设计是依据系统设计中对各个功能模块的功能描述，包括输入输出的格式、数据文件或数据库的格式及模块的处理功能等，由程序设计人员运用相应的程序设计语言编制程序实现各项功能的活动。目前程序设计方法主要有结构化程序设计、面向对象程序设计、可视化程序设计。

1. 结构化程序设计

结构化程序设计（structured programming）是进行以模块功能和处理过程设计为主的详细设计的基本原则。其概念最早由 E. W. Dijikstra 在 1965 年提出，是软件发展的一个重要的里程碑。它的主要观点是采用自顶向下、逐步求精的程序设计方法；使用三种基本控制结构构造程序，任何程序都可由顺序、选择、重复三种基本控制结构构造。结构化编程方法按照 HIPO 图的要求，用结构化程序设计的方法来分解内容和设计程序。用结构化程序设计开发的程序具有易于阅读和理解、易于验证其正确性、便于维护等优点。这种程序设计方法是当今程序设计的主流方法。

但是，对于一个分析和设计都非常规范，并且功能单一又规模较小的模块来说，再强调这种方法就意义不大了。但若遇到某些开发过程不规范、模块划分不细，或者是因特殊业务处理需要模块程序量较大时，结构化程序设计方法仍是一种非常有效的方法。

结构化的程序设计方法主要强调以下几点。

（1）自顶向下、逐步求精的模块化分解原则。

（2）采用三种基本的控制结构：顺序结构、选择结构、循环结构。

（3）各部分程序的联系尽量使用调用子程序方式。

（4）限制使用无条件转移语句“GOTO”。

2. 面向对象程序设计

面向对象程序设计（object oriented programming，OOP）是一种计算机编程架构。面向对象程序设计的一条基本原则是计算机程序是由单个能够起到子程序作用的单元或对象组合而成的。面向对象程序设计实现了软件工程的三个主要目标：重用性、灵活性和扩展性。为了实现整体运算，每个对象都能够接收信息、处理数据和向其他对象发送信息。

面向对象程序设计中的概念主要包括对象、类、数据抽象、继承、动态绑定、数据封装、多态性、消息传递、方法。通过这些概念，面向对象的思想得到了具体的体现。

面向对象程序设计的这些特点使进行面向对象程序设计与进行面向过程的程序设计有很大的不同，体现在以下几个方面：① 设计程序不采用顺序性的结构，而是采用对象本身的属性与方法来解决问题；② 在解决问题的过程中，可以直接在对象中设计事件处理程序（接受事件消息），而不用调用子过程严格地按顺序执行，很方便地让用户实现自由无顺序的操作；③ 数据与程序不是分离的，数据是特定对象的数据，也只有对象的函数或过程才能对数据进行处理，一个对象中的函数或过程共享对象的数据，解决了因调用子过程出现大量数据传递的情况（如函数返回值和较多参数）；④ 不用设计公用程序模块，因特定方法下的公用模块很难再扩展为更复杂的处理方式，只需设计类就可以实现重用，而且类库中提供大量基类，掌握它们后可以加快开发过程，开发小组还可以按自已设想的基类放入类库共享。

面向对象程序设计语言非常适合于 Windows 环境下的程序开发，可以充分利用 Windows 的各种资源构造应用程序，这也就需要程序员比较熟悉 Windows。

根据对面向对象的主要概念支持程度的不同，通常所说的面向对象语言可以分成两类：基于对象的语言、面向对象的语言。基于对象的语言仅支持类和对象，而面向对象的语言支持的概念包括类与对象、继承、多态性。基于对象的语言主要有 Ada、Alphard、CLU、Euclid、Modula。面向对象的语言中一部分是新发明的语言，如 Smalltalk、Java，这些语言本身往往吸取了其他语言的精华，而又尽量剔除它们的不足，因此面向对象的特征特别明显；另外一些则是对现有的语言进行改造，增加面向对象的特征演化而来的，包括 Object Pascal、Objective-C、C＃、C＋＋，由 Ada 发展而来的 Ada 95 等，这些语言保留着对原有语言的兼容，并不是纯粹的面向对象语言，但在程序设计语言中占有十分重要的地位。

3. 可视化程序设计

可视化编程技术的主要思想是用图形工具和可重用部件来交互地编制程序。它把现有的或新建的模块代码封装于标准接口封包中，作为可视化编程编辑工具中的一个对象，用图符来表示和控制。可视化编程技术中的封包可能由某种语言的一个语句、功能模块或数据程序组成，由此获得的是高度的平台独立性和可移植性。在可视化编程环境中，用户还可以自己构造可视控制部件，或者引用其他环境构造的符合封包接口规范的可视控制部件，增加了编程的效率和灵活性。

可视化编程一般基于事件驱动的原理。用户界面中包含各种类型的可视控制部件，如按钮、列表框和滚动条等，每个可视控制部件对应多个事件和事件驱动程序。发生于可视控制部件上的事件触发对应的事件驱动程序，完成各种操作。编程人员只要通过这一系列的交互设计就能很快地完成一个应用项目的编程工作。在可视化编程工具的帮助下，利用鼠标或选单建立、复制、缩放、移动或清除各种已提供的控件，然后使用该可视化编程工具提供的语言编写每个控件对应的事件程序，最后用解释方式运行、测试程序。

一般可视化编程工具还有应用专家或应用向导模块，按照步骤对使用者进行交互式指导，让用户依据自己的应用，利用向导生成应用程序的框架代码，用户再在适当的地方添加或修改以适应自己的需求。

面向对象编程技术和可视化编程开发环境的结合，改变了应用软件只有经过专门技术训练的专业编程人员才能开发的状况。它使软件开发变得容易，从而扩大了软件开发队伍。由于大量软件模块的重用和可视控件的引入，技术人员在掌握这些技术之后，就能有效地提高应用软件的开发效率，缩短开发周期，降低开发成本，并且使软件界面风格统一，有很好的易用性。

在编写程序时宜选择自顶向下方法。先编写影响全局的顶层模块，后编写底层模块，即采用自顶向下的方法编程。另外应记住虽然实现编程的方式有多种，但在编程和实现中应尽量借用已有的程序和各种开发工具，尽快地实现系统，而不要在具体的编程和调试工作中花费过多的精力和时间。因为编程只是为了实现开发者在分析和设计阶段的方案，而不是系统开发的目的。

四、系统测试

（一）系统测试概述

1. 系统测试的意义

在管理信息系统的开发过程中，面对着错综复杂的各种问题，人的主观认识不可能完全符合客观现实，在管理信息系统开发周期的各个阶段都不可避免地会出现差错。开发人员应力求在每个阶段结束之前进行认真、严格的技术审查，尽可能早地发现并纠正错误，否则等到系统投入运行后再回头来改正错误将在人力、物力上造成很大的浪费，有时甚至导致整个系统的瘫痪。然而，经验表明，单凭审查并不能发现全部差错，加之在程序设计阶段也不可避免还会产生新的错误，所以，对系统进行测试是不可缺少的，测试是保证系统质量的关键步骤。

2. 测试的目的

测试的目的在于发现其中的错误并及时纠正，所以在测试时应想方设法使程序的各个部分都投入运行，力图找出所有错误。错误多少与程序质量有关。即使这样，测试通过也不能证明系统绝对无误，只不过说明各模块、各子系统的功能和运行情况正常，相互之间连接无误。系统交付用户使用以后，在系统的维护阶段仍有可能发现少量错误并进行纠正，这也是正常的。

3. 测试的原则

测试需要设计测试用例（test case）。所谓测试用例是为某个特殊目标而编制的一组测试输入、执行条件及预期结果，以便测试某个程序路径或核实是否满足某个特定需求。

（1）测试用例应该由“输入数据”和“预期的输出结果”组成。这就是说，在执行程序之前应该对期望的输出有很明确的描述，测试后可将程序的输出同它仔细对照检查。若不事先确定预期的输出，这可能把似乎是正确而实际是错误的结果当成是正确结果。

（2）不仅要选用合理的输入数据进行测试，还应选用不合理的甚至错误的输入数据。许多人往往只注意前者而忽略了后一种情况，为了提高程序的可靠性，应认真组织一些异常数据进行测试，并仔细观察和分析系统的反应。

（3）除了检查程序是否做了它应该做的工作，还应检查程序是否做了它不该做的事情。例如，除了检查工资管理程序是否为每个职工正确地产生了一份工资单以外，还应检查它是否还产生了多余的工资单。

(4) 应该长期保留所有的测试用例，直至该系统被废弃不用。

在管理信息系统的测试中，设计测试用例是很费时的，如果将用过的例子丢弃了，以后一旦需要再测试有关的部分时（如技术鉴定系统维护等场合）就需要再花很多人工。通常，人们往往懒得再次认真地设计测试用例，因而下次测试时很少有初次那样全面。如果将所有测试用例作为系统的一部分保存下来，就可以避免这种情况的发生。

(二) 系统测试实施过程

根据管理信息系统的开发周期，系统测试可分为五部分。① 单元测试：以模块为单位，测试每个模块的正确性。② 集成测试：组装经过测试的模块，测试模块之间的接口是否正确。③ 确认测试：测试整个软件系统是否满足用户功能、性能和限制条件的要求。④ 系统测试：针对整个产品系统进行的测试，目的是验证系统是否满足了需求规格的定义，找出与需求规格不相符合或与之矛盾的地方。⑤ 安装测试：在用户环境进行测试，确认是否达到验收标准。下面分别介绍其主要内容。

1. 单元测试

单元测试的主要内容如下：①模块接口测试，对被测的模块，信息能否正确无误地流进流出；②数据结构测试，在模块工作过程中，其内部的数据能否保持完整性，包括内部数据的内容、形式及相互关系是否正确；③边界条件测试，为限制数据加工而设置的边界处模块是否能正确工作；④覆盖条件测试，模块的运行能否满足特定的逻辑覆盖；⑤出错处理测试，模块工作中发生了错误，其中的出错处理措施是否有效。

2. 集成测试

集成测试的主要内容如下：①各模块是否无错误地连接；②能否保证数据有效传输，以及数据的完整性和一致性；③人机界面及各种通信接口能否满足设计要求；④能否与硬件系统的所有设备正确的连接。

3. 确认测试

确认测试的主要内容包括：功能方面应测试系统输入、处理、输出是否满足要求；性能方面应测试系统的数据精确度、时间特性（如响应时间、更新处理时间、数据转换及传输时间、运行时间等）、实用性（在操作方式、运行环境及其他软件的接口发生变化时，应具备的适应能力）是否满足设计要求；其他限制条件的测试，如可使用性、安全保密性、可维护性、可移植性、故障处理能力等。

4. 系统测试

系统测试一般通过以下几种测试来完成：恢复测试、安全测试、强度测试、性能测试。

系统测试需要把经过测试的模块放在一起形成系统来测试，主要是测试各模块之间的协调和通信，即重点测试系统内各模块的接口。例如，数据穿过接口时可能丢失；一个模块对另一个模块可能存在因疏忽而造成的不利影响；把若干子功能结合起来可能不产生预期的主功能等。

将若干个模块连接成一个可运行的系统，通常有两种方法：一种方法是先分别测试每个模块，再把所有模块按设计要求连成一起进行测试，这种方法称为“非渐增式”测试；另一种方法是把下一个要测试的模块同已经测试好的那些模块结合起来进行测试，测试完成后再把下一个应该测试的模块结合进来测试，这种方式称为“渐增式”测试，这种方式实际上同时完成了模块测试和系统测试。

对于渐增式来说，又可分为由顶向下、由底向上等多种测试方式。

两种测试方法的比较：①非渐增式需要更多的人工（如准备较多的控制模块和桩模块），而渐增式则可利用已经测试过的模块（如采用由底向上时可不需桩模块）。②渐增式可以较早地发现模块界面之间的错误，非渐增式则要到最后将所有模块相连时才能发现这类错误。③渐增式有利于排错。④渐增式比较彻底。⑤渐增式需要较多的机器时间。⑥使用非渐增式可以并行（同时）测试所有模块，能充分利用人力，这对开发系统是很有意义的。

综上所述，可以认为渐增式测试方法较非渐增式优越，尤其对管理信息系统软件来说由底向上的渐增式方法是一种较为适合的测试方法。在测试一个实际系统时，并没有必要机械地照搬上述某一些方法。

5. 安装测试

安装测试的主要内容包括：①文档资料的审查验收；②余量要求，必须实际考察计算机存储空间，输入、输出通道和批处理时间的使用情况，要保证它们都至少有20%的余量；③功能测试；④性能测试；⑤强化测试，开发单位必须设计强化测试用例，其中包括典型运行环境、所有运行方式及在系统运行期间可能发生的其他情况；⑥性能降级执行方式测试。

（三）系统测试方法

至今，我们无法证明一个大型系统的正确性，只能说明在特定条件下没有发现错误，系统测试工作分模块测试（单调）、子系统测试（分调）和系统测试（联调）。而模块测试是对单个模块进行的测试，是系统测试的基础，可分为人工测试和机器测试两类。

1. 人工测试

人工测试的目的在于检查程序的静态结构，找出编译过程不能发现的程序算法错误。其主要的任务就是进行程序代码复审，一般采用三种具体形式：个人复查、小组复查（走查）和会审。

2. 机器测试

机器测试就是直接在计算机上运行所要测试的程序模块，从实际运行的结果发现并纠正错误。机器测试包括三步，即设计测试用例、执行被测程序和分析执行结果并发现错误。设计测试用例是有效地完成测试工作的关键，按照在设计测试用例时是否涉及程序的内部结构，可以分为白盒测试和黑盒测试。

(1) 黑盒测试：测试者把被测程序看成一个黑盒，完全不用关心程序的内部结构，即不管程序内部的结构是如何设计和编制的，仅根据IPO图的要求，以程序的外部功能为根据，在程序的输入和输出特性上，测试程序模块是否满足设计的功能。由于黑盒测试着重于检查程序的功能，所以也称为功能测试。

（2）白盒测试：也称结构测试，即将软件看作透明的白盒，从程序的逻辑结构入手，按照一定的原则来设计测试用例，设定测试数据，对软件的逻辑过程进行测试，检查是否符合设计要求。

（四）测试用例设计

1. 测试用例设计概述

（1）设计测试用例的基本目标。设计测试用例是测试阶段的关键技术问题。所谓测试用例就是以发现程序错误为目的而精心设计的一组测试数据，包括预定要测试的功能、应该输入的测试数据和预期的结果。可以写成：

测试用例＝｛输入数据＋期望结果｝

设计测试用例最困难的是设计测试的输入数据。不同的测试数据发现程序错误的能力差别很大，为了提高测试效果，降低测试成本，应该选用高效的测试数据。因为不可能进行穷尽的测试，选用少量最有效的测试数据，做到尽可能完备的测试就很重要了。因此，设计测试用例的基本目标就是确定一组最可能发现多个错误或多类错误的测试数据。

（2）设计测试数据的技术。已经研究出许多设计测试数据的技术，这些技术各有优缺点，没有哪一种是最好的，更没有一种可以代替其余所有技术；同一种技术在不同应用场合效果可能相差很大，因此，通常需要联合使用多种测试数据。

设计测试数据技术主要有适用于黑盒测试的等价划分、边界值分析及错误推测法等，适用于白盒测试的逻辑覆盖法等。

通常设计测试数据的做法是：用黑盒法设计基本的测试用例，再用白盒法补充一些方案。

2. 黑盒测试用例设计技术

（1）等价划分。

等价划分是黑盒测试的一种技术。前面讲过，穷尽的黑盒测试需要使用所有有效的和无效的输入数据来测试程序，通常这是不现实的。因此，只能选取少量有代表性的输入数据，以期用较小的代价暴露出较多的程序错误。

这种方法是把被测试的程序的所有可能的输入数据（有效的和无效的）划分成若干个等价类，把无限的随机测试变成有针对性的等价类测试。按这种方法可以合理地作出下列假定：每类中的一个典型值在测试中的作用与这一类中所有其他值的作用相同。因此，可以从每个等价类中只取一组数据作为测试数据。这样可选取少量有代表性的测试数据，来代替大量类似的测试，从而大大减少总的测试次数。

（2）边界值分析。

经验表明，处理边界情况时程序最容易发生错误。例如，许多程序错误出现在下标、常量、数据结构和循环等的边界附近。因此，设计程序运行在边界情况的测试方案，暴露出错误的可能性更大一些。

使用边界值分析方法设计测试用例首先应该确定边界情况，这需要经验和创造性，通常输入等价类和输出等价类的边界，就是应该着重测试的。选取的测试数据应该刚好等于、小于和大于边界值。也就是说，按照边界值分析法，应该选取刚好等于、稍小于和稍大于等价类边界值的数据作为测试数据，而不是选取每个等价类内的典型值作为测试数据。

通常设计测试用例时总是联合使用等价划分和边界值分析两种技术。例如，商店规定折扣从交易额 10 000 元开始有。如果用一个程序来计算税款，则“交易额≥10 000”就是一个判定条件，满足条件的人有折扣。在选择测试用例时，可以用 3000、11 000 两个测试数据分别代表有折扣和无折扣两个等价类，还可以将 10 000 这个边界值作为测试数据。

(3) 错误推测。

使用边界值分析法和等价划分技术，可以帮助开发人员设计具有代表性的、容易暴露程序错误的测试用例。但是，不同类型、不同特点的程序通常又有一些特殊的容易出错的情况。有时分别使用每组测试数据时程序都能正常工作，这些输入数据的组合却可能检测出程序的错误。一般来说，即使是一个比较小的程序，可能的输入组合数也往往十分巨大，因此必须依靠测试人员的经验和直觉，从各种可能的测试用例中选出一些最可能引起程序出错的方案。对于程序中可能存在哪类错误的推测，是挑选测试用例的一个重要因素。

错误推测法在很大程度上靠直觉和经验进行。它的基本想法是列举出程序中可能有的错误和容易发生错误的特殊情况，并且根据它们选择测试用例。对于程序中容易出错的情况也有一些经验总结出来，如输入数据为零或输出数据为零往往容易发生错误。应该仔细分析程序规格说明书，注意找出其中遗漏或省略的部分，以便设计相应的测试用例，检测程序员对这些部分的处理是否正确。此外，经验说明，在一段程序中已经发现的错误数目往往和尚未发现的错误数目成正比。因此，在进一步测试时要着重测试那些已发现较多错误的程序段。

(4) 输入组合。

等价划分法和边界值分析法都只孤立地考虑各个输入数据的测试功效，而没有考虑多个输入数据的组合效应，可能会遗漏了输入数据易于出错的组合情况。选择输入组合的一个有效途径是利用判别表和判定树，列出输入数据各种组合与程序应作的动作（及相应的输出结果）之间的对应关系，然后为判定表的每一列至少设计一个测试用例。

选择输入组合的另一个有效途径是把计算机测试和人工检查代码结合起来。例如，通过代码检查程序中两个模块使用并修改的某些共享变量，如果一个模块对这些变量的修改不正确，则会引起模块出错，因此这是程序发生错误的一个可能的原因。应该设计测试用例，在程序的一次运行中同时检测这两个模块，特别要着重检测一个模块修改了共享变量后另一个模块能否像预期的那样正常使用这些变量。反之，如果两个模块相互独立，则没有必要测试它们的输入组合情况。通过代码检查也能发现模块相互依赖的关系，在这种情况下，不仅必须测试这个转换函数，还应该测试调用它的算术函数在转换函数接受无效输入时的响应情况。

3. 白箱测试用例设计技术

逻辑覆盖是对一系列测试过程的总称，这组测试过程逐渐进行越来越完整的通路测试。从覆盖源程序的语句的详尽程度分析，大致有以下一些不同的覆盖标准。

(1) 语句覆盖。选择足够多的测试数据，使被测试程序中的每个语句至少执行一次。

(2) 判定覆盖。不仅每个语句必须至少执行一次，而且每个判定的可能的结果都应该至少执行一次。

（3）条件覆盖。不仅每个语句至少执行一次，而且判定表达式中的每个条件都取到各种可能的结果。

（4）判定/条件覆盖。选取足够多的测试数据，使得判定表达式中的每个条件都取到各种可能的值，而且每个判定表达式也都取到各种可能的结果。有时判定/条件覆盖也并不比条件覆盖更强。

（5）条件组合覆盖。条件组合覆盖是更强的逻辑覆盖标准，它要求选取足够多的测试数据，使得每个判定表达式中条件的各种可能组合都至少出现一次。

4. 测试用例设计的原则

因此，对软件系统进行实际测试时，应该联合使用各种设计测试用例的方法，形成一种综合方案。通常的做法是，用黑盒法设计基本的测试用例，再用白盒法补充一些必要的测试用例。具体地说，可以使用下述原则结合各种设计方法。

（1）在任何情况下都应该使用边界值分析方法。经验表明，用这种设计方法设计出的测试用例暴露程序错误的能力最强。注意，应该既包括输入数据的边界情况又包括输出数据的边界情况。

（2）必要时用等价类划分法补充测试用例。

（3）必要时再用错误推测法补充测试用例。

（4）对照程序逻辑，检查已经设计出的测试用例。可以根据对程序可靠性的要求采用不同的逻辑覆盖标准，如果现有测试用例的逻辑覆盖程度没有达到要求的覆盖标准，则应再补充一些测试用例。

软件测试是一件十分艰巨繁重的工作，即使使用上述原则设计测试用例，仍然不能保证测试将发现一切程序错误；这些原则是在测试成本和测试效果之间的一个合理的折中。

五、整理基础数据

企业中有许多固定信息和历史信息，如产品结构、各种台账、统计信息等。在手工信息系统中，它们是保存在纸介质上的。实现计算机信息系统以后，要把它们转存到计算机存储器中。

这些存储实体的代码、存储信息的数据模型及所用数据库管理系统，在系统分析和设计阶段均已确定。实施阶段，应该按数据模型在计算机内建立数据库结构，整理固定信息和历史信息，以备新系统运行时使用。由于手工系统中经常有些数据残缺不全，有些不够准确，故在存入新系统时，需要花大力量进行补充、整理和校验，还应力求完整、准确，努力避免无用数据的出现。

六、人员培训

需要进行培训的人员包括系统主管人员、数据控制人员、数据录入人员、硬件及软件系统维护人员、管理决策人员、档案管理员等。用户培训工作的好坏是关系到系统是否成功的因素之一。

（一）操作人员的培训

操作人员培训是与编程和调试工作同时进行的，这样做基于如下几个方面的原因。① 编程开始后，系统分析人员有时间开展用户培训（假定系统分析人员与程序员的职责是有严格区分的情况下）。② 编程完毕后，系统即将要投入试运行和实际运行，如再不培训系统操作和运行管理人员，就要影响整个实施计划的执行。③ 用户受训后能够更有效地参与系统的测试。④ 通过培训，系统分析人员能对用户需求有更清楚的了解。

（二）人员培训的主要内容

人员培训主要包括下列内容。

（1）系统整体结构和系统概貌。

（2）系统分析设计思想和每一步的考虑。

（3）计算机系统的操作与使用。

（4）系统所用主要软件工具（编程语言、工具、软件名、数据库等）的使用。

（5）汉字输入方式的培训。

（6）系统输入方式和操作方式的培训。

（7）可能出现的故障及故障的排除。

（8）文档资料的分类及检索方式。

（9）数据收集、统计渠道、统计口径等。

（10）运行操作注意事项。

根据工作岗位的不同选择不同的内容进行培训，既可以节省宝贵的时间，也便于系统的安全与管理。

（三）人员培训的方式

人员培训的方式主要有讲课、进行新系统工作方式模拟、利用软件包培训、在使用中进行具体指导等。

七、系统切换

系统切换指由原来的系统运行模式过渡到新开发的管理信息系统的过程，是新老系统之间的转换，包括原来全部用人工处理的系统转换到新的以计算机为基础的信息系统，也包括从旧的信息系统向新的信息系统的切换过程。系统切换工作主要包括以下四部分内容：① 基础数据的准备，完成必要的旧系统文件到新系统文件的转换；② 人员、设备、组织机构的改造和调整；③ 将系统有关资料转交用户，移交系统的控制权；④ 协助用户实际使用新系统。

（一）数据准备

数据准备是最基础的工作，是从原系统中整理出新系统运行所必需的基础数据和资料，即把原系统中的数据加工处理为符合新系统所要求的格式，具体工作包括历史数据的整理、数据资料的格式化、分类和编码、个别数据及项目的调整等。

（二）系统文档准备

系统调试完应有详细的说明文档供人阅读。该文档应使用通用的语言说明系统各部分如何工作、维护和修改。系统说明文件大致可分为以下三类。

（1）系统一般性说明文件。

（2）系统开发报告。

（3）系统说明书。

（4）操作说明。

（三）系统切换方式

信息系统转换的常见方式有三种：直接切换、平行切换、分段转换。

1. 直接切换

直接切换就是在原有系统停止运行的某一时刻，新系统立即投入运行，用新系统直接替换老系统，中间没有过渡阶段。用这种方式时，人力和费用最省，但风险性大。使用于新系统不太复杂或原有系统完全不能使用的场合，但新系统在切换之前必须经过详细调试并经严格测试。在实际应用时，须采取相应措施，以便新系统一旦失灵，老系统尚能顶替工作。

2. 平行切换

平行切换就是新系统和原系统平行工作一段时间，经过这段时间的试运行后，再用新系统正式替换原有系统。在平行工作期间，手工处理和计算机处理系统并存，一旦新系统有问题就可以暂时停止而不会影响原有系统的正常工作。

平行切换通常可分两步走。首先以原有系统的作业为正式作业，新系统的处理结果作为胶合用，直至最后原有系统退出运行。根据系统的复杂程度和规模大小不同，平行运行的时间一般可为2～12个月。

采用平行切换的风险较小，在切换期间还可同时比较新旧两个系统的性能，并让系统操作员和其他有关人员得到全面培训。因此，对于一些较大的管理信息系统，平行切换是一种最常用的切换方式。

由于在平行运行期间，要两套班子或两种处理方式同时并存，所以人力和费用消耗较大，这就要求事先做好周密计划并加强管理。

3. 分段切换

分段切换方式是上述两种方式的结合，分期分批逐步切换。此方式能防止直接转换产生的危险性，也能减少平行运行方式的费用。但在混合运行过程中，必须事先考虑好它们之间的接口。一般比较大的系统采用这种方式较为适宜，它能保证平稳运行，费用也不太大。当新、老系统差别太大时，不宜采用此种方式。

采用分段切换时，各自系统的切换次序及切换的具体步骤，均应根据具体情况灵活考虑。通常可采用如下策略。

（1）按功能分阶段逐步切换。首先确定该系统中的一个主要的业务功能，如财务管理率先投入使用，在该功能运行正常后再逐步增加其他功能。

（2）按部门分阶段逐步切换。先选择系统中的一个合适的部门，在该部门设置终端，获得成功后再逐步扩大到其他部门。这个首先设置终端的部门可以是业务量较少的，这样比较安全可靠；也可以是业务最繁忙的，这样见效大，但风险也大。

（3）按机器设备分阶段逐步切换。先从简单的设备开始切换，再推广到整个系统。例如，对于联机系统，可先用单机进行批处理，然后用终端实现联机系统。对于分布式系统，可以先用两台微机联网，以后再逐步扩大范围，最终实现分布式系统。

总之，系统切换的工作量较大，情况十分复杂。据国外统计资料表明，软件系统的故障大部分发生在系统切换阶段。这就要求开发人员切实做好准备工作，拟订周密的计划，使系统切换不至于影响正常的工作。

4. 系统切换需要注意的问题

此外，在拟订系统切换计划时及系统切换过程中，应特别注意以下问题。

（1）系统说明文件必须完整。

（2）要防止系统切换时数据的丢失。

（3）要充分估计输入初始数据所需的时间，对于管理信息系统而言，新系统的投运需要大量的基础数据，这些数据的整理和录入工作量特别大，对于一个规模较大的系统，输入初始数据所需时间更是非常长的。对此应有充分准备，尽快完成，以免措手不及。

（4）系统切换不仅是机器的转换、程序的转换，更难的是人工的转换，应提前做好人员培训工作。

（5）系统运行时会出现一些局部性的问题，这是正常现象。

重点和难点

本章全面阐述管理信息系统系统实施的概念、主要内容、实现步骤和应注意的问题，也就是如何将系统设计的结果付诸实践，建立计算机硬件环境和系统软件环境，编写和调试计算机程序，组织系统测试和各类人员的培训，完成系统切换并最终交付使用。重点阐述了程序设计与系统测试的内容与方法。重点内容如下：（1）掌握和理解系统实施的概念、主要内容、实现步骤和应注意的问题；（2）掌握和理解如何建立计算机硬件环境和系统软件环境，如何编写和调试计算机程序；（3）掌握和理解如何组织系统测试的方法、步骤和各类人员的培训；（4）掌握和理解系统转换的概念、内容和方法，以及如何最终把系统交付使用。

同步综合练习题

一、单项选择题

1. 系统对提高企业科学管理水平，增强企业竞争力及提高管理人员素质等带来的收益属于(　　)。
   A. 直接经济效益　　B. 间接经济效益
   C. 系统收益　　D. 投资回收效益
2. 系统切换不包括以下哪项(　　)。
   A. 直接切换　　B. 间接切换
   C. 平行切换　　D. 分阶段切换
3. 以下哪项不是结构化程序设计的基本结构(　　)。
   A. 顺序结构　　B. 判断结构
   C. 循环结构　　D. 总体结构
4. 一般来说，管理信息系统整个生命周期中历时最久的活动是(　　)。
   A. 系统规划　　B. 系统分析
   C. 系统设计　　D. 系统维护
5. 下列工作哪些全部属于系统实施阶段的内容(　　)。
   A. 模块划分、程序设计、人员培训
   B. 选择计算机设备、输出设计、程序调试
   C. 可行性分析、系统评价、系统转换
   D. 程序设计、设备购买、数据准备与录入
6. 一个程序能够在意外情况下也便于处理，这是程序的(　　)。
   A. 可维护性　　B. 可靠性　　C. 可理解性　　D. 效率
7. 关于系统切换，正确的叙述是(　　)。
   A. 直接切换风险小　　B. 平行切换费用低
   C. 平行切换工作量小　　D. 分段转换存在接口问题
8. 新系统投入运行后，原系统仍有一段时间与它同时运行，称为(　　)。
   A. 跟踪检验　　B. 测试
   C. 校验　　D. 平行切换

二、多项选择题

1. 结构化程序设计方法的特点是对任何程序都设计成几种基本逻辑结构，包括(　　)。
   A. 顺序结构　　B. 选择结构　　C. 循环结构
   D. 直接结构　　E. 切换结构
2. 系统切换的常见方式主要有(　　)。
   A. 直接切换　　B. 平行切换　　C. 分段转换
   D. 数据切换　　E. 程序切换

3. 下面属于系统实施阶段主要任务的是(　　)。
   A. 购置和安装物理系统　　B. 设计数据库关系模式
   C. 程序设计　　D. 系统测试
   E. 整理基础数据
4. 现在认为高质量的程序，必须符合以下要求(　　)。
   A. 可靠性　　B. 效率　　C. 可重用性
   D. 简洁性　　E. 实用性
5. 程序设计最基本的要求是(　　)。
   A. 正确性　　B. 效率　　C. 可读性
   D. 可重用性　　E. 结构化
6. 单元测试的主要内容包括(　　)。
   A. 模块接口　　B. 数据结构　　C. 边界条件
   D. 覆盖条件　　E. 出错处理
7. 系统测试一般通过以下几种测试来完成(　　)。
   A. 恢复测试　　B. 安全测试　　C. 强度测试
   D. 渐增测试　　E. 性能测试
8. 人工测试一般采用的具体形式如下(　　)。
   A. 个人复查　　B. 走查　　C. 黑盒测试
   D. 白盒测试　　E. 会审
9. 适用于黑盒测试技术的有(　　)。
   A. 等价划分　　B. 语句覆盖　　C. 错误推测
   D. 边界值分析　　E. 输入组合

三、名词解释

1. 计算机网络
2. 对象
3. 类
4. 封装
5. 测试用例
6. 黑盒测试
7. 白盒测试
8. 系统切换
9. 系统维护

四、简答题

1. 请简述系统实施阶段的主要任务。
2. 请简述选择适合于管理信息系统的程序设计语言应该考虑的问题。
3. 请简述程序设计风格方面注意事项。
4. 请简述结构化的程序设计方法强调要点。

5. 简述系统测试的实施过程。

五、案例分析题

Oxford Health Plans 公司位于康涅格州的 Norwalk，是一家市值 30 亿美元的公司，管理细致。1996 年，CareData 在纽约对 3000 名保健消费者进行了调查，在所有消费者满意程度方面 Oxford 排在第一位。但在 Oxford 的纽约病人中，对公司系统的处理能力持高度满意态度的仅占 34%。34%数字似乎较低，但仍比 26%的满意率要好，这是相同市场的消费者给予其他处理者的评定等级。继那次调查之后，Oxford 将它所需要的处理系统升级了。不幸的是，系统切换项目主管采用了直接方式，新系统的切换方式没有做好，所以在满意程度方面并没有得到改善。由于系统切换问题，Oxford 现在还欠纽约医生和医院几百万美元。

一些技术问题被积压下来。公司只切换了 150 万美元部分的 80%，供应商的账已经结清，而文件中的 20%较复杂，比系统设计人员预料的更具挑战性。Oxford 运行新系统模拟 3000 个并发用户同时访问系统的多个应用时，失败了。系统丧失了 60%～70%的处理能力。结果，从客户服务响应到处理所需的平均时间从 4 分钟增至 8 分钟。Oxford 的系统切换宣告失败。

请结合案例就以下几个问题提出你的观点。

（1）系统切换方式有哪几种？请简述其特点和优缺点。

（2）在本案例中，如果你是系统切换项目的主管，你将建议 Oxford 采用哪种切换方式，为什么？

（3）结合案例说明系统切换阶段需要注意的问题。

参考答案

一、单项选择题

1. B　　2. B　　3. D　　4. D　　5. D
6. B　　7. D　　8. D

二、多项选择题

1. ABC　　2. ABC　　3. ACDE　　4. ABCE　　5. ACE
6. ABCDE　　7. ABCE　　8. ABCDE　　9. ACDE

三、名词解释

1. 计算机网络，是指将地理位置不同的具有独立功能的多台计算机及其外部设备，通过通信线路连接起来，在网络操作系统、网络管理软件及网络通信协议的管理和协调下，实现资源共享和信息传递的计算机系统。

2. 对象是运行期的基本实体，它是一个封装了数据和操作这些数据的代码的逻辑实体。

3. 类是具有相同类型的对象的抽象。一个对象所包含的所有数据和代码可以通过类来构造。

4. 封装是将数据和代码捆绑到一起，避免了外界的干扰和不确定性。

5. 所谓测试用例是为某个特殊目标而编制的一组测试输入、执行条件及预期结果，以便测试某个程序路径或核实是否满足某个特定需求。

6. 黑盒测试：测试者把被测程序看成一个黑盒，完全用不着关心程序的内部结构，即不管程序内部的结构是如何设计和编制的，仅从外部根据 IPO 图的要求，以程序的外部功能为根据，在程序的输入和输出特性上，测试程序模块是否满足设计的功能。由于黑盒测试着重于检查程序的功能，所以也称为功能测试。

7. 白盒测试：也称结构测试，即将软件看作透明的白盒，从程序的逻辑结构入手，按照一定的原则来设计测试用例，设定测试数据，对软件的逻辑过程进行测试，检查是否符合设计要求。

8. 系统切换指由原来的系统运行模式过渡到新开发的管理信息系统的过程，是新老系统之间的转换，包括原来全部用人工处理的系统转换到新的以计算机为基础的信息系统，也包括从旧的信息系统向新的信息系统的切换过程。

9. 系统维护：为了清除系统运行中发生的故障和错误，软、硬件维护人员要对系统进行必要的修改与完善；为了使系统适应用户环境的变化，满足新提出的需要，也要对原系统作些局部的更新，这些工作称为系统维护。

四、简答题

1. 系统实施阶段的主要任务有七项。① 按总体设计方案购置和安装物理系统；② 建立数据库系统；③ 程序设计；④ 系统测试；⑤ 整理基础数据；⑥ 人员培训；⑦ 系统切换。

2. 选择适合于管理信息系统的程序设计语言应该考虑的问题主要有六个。

(1) 语言的结构化机制与数据管理能力。选用高级语言应该有理想的模块化机制、可读性好的控制结构和数据结构，同时具备较强的数据管理能力，如数据库语言。

(2) 语言的人机交互能力。选用的语言必须能够提供可开发界面美观的人机交互程序的功能，如色彩、音响、窗口等。这对于用户来说是非常重要的。

(3) 丰富的软件支持工具。如果支持某种语言程序开发的软件工具可以利用，则使系统的实现和调试都变得比较容易。

(4) 开发人员的以往经验与熟练程度。虽然对于有经验的程序员来说，学习一种新语言并不困难，但如果可能的话，应该尽量选择一种已经为程序员所熟悉的语言。

(5) 软件可移植性要求。开发出来的系统应能在不同计算机上运行，以便于推广使用。

(6) 系统用户的要求。如果所开发的系统由用户负责维护，用户通常要求用他们熟悉的语言书写程序。

3. 程序设计风格方面应注意的事项如下。

(1) 适当的程序注释。

(2) 有规律的程序书写格式。

(3) 恰当选择变量名。

(4) 程序设计的基本要求，即程序的正确性、可读性和结构化。

4. 结构化的程序设计方法要点如下。

(1) 自顶向下、逐步求精的模块化分解原则。

(2) 程序设计中尽量只采用顺序结构、选择结构、循环结构三种基本控制结构。

(3) 各程序部分的联系尽量使用调子程序（CALL-RETURN）方式。

(4) 限制使用无条件转移语句“GOTO”。

5. 根据管理信息系统的开发周期，系统测试可分为五个方面。

(1) 单元测试：以模块为单位，测试每个模块的正确性。

(2) 集成测试：组装经过测试的模块，测试模块之间的接口是否正确。

(3) 确认测试：测试整个软件系统是否满足用户功能、性能和限制条件的要求。

(4) 系统测试：针对整个产品系统进行的测试，目的是验证系统是否满足了需求规格的定义，找出与需求规格不相符合或与之矛盾的地方。

(5) 安装测试：对用户环境进行测试，确认是否达到验收标准。

五、案例分析题

（本题不一定需要回答所有知识点，关键看理论与实践的结合程度和深度）

(1) 系统转换的常见方式有三种：直接切换、平行切换、分段转换。

第一，直接切换。直接切换就是在原有系统停止运行的某一时刻，新系统立即投入运行，用新系统直接替换老系统，中间没有过渡阶段。采用这种方式，人力和费用最省，但风险性大。使用于新系统不太复杂或原有系统完全不能使用的场合，但新系统在切换之前必须经过详细调试并经严格测试。在实际应用时，须采取相应措施，以便新系统一旦失灵，老系统尚能顶替工作。

第二，平行切换。平行切换就是新系统和原系统平行工作一段时间，经过这段时间的试运行后，再用新系统正式替换下原有系统。在平行工作期间，手工处理和计算机处理系统并存，一旦新系统有问题就可以暂时停止而不会影响原有系统的正常工作。平行切换通常可分两步走。首先以原有系统的作业为正式作业，新系统的处理结果作为胶合用，直至原有系统退出运行。根据系统的复杂程度和规模大小不同，平行运行的时间一般可在 2～12 个月。采用平行切换的风险较小，在切换期间还可同时比较新旧两个系统的性能，并让系统操作员和其他有关人员得到全面培训。因此，对于一些较大的管理信息系统，平行切换是一种最常用的切换方式。由于在平行运行期间，要两套班子或两种处理方式同时并存，所以人力和费用消耗较大，这就要事先作好周密计划并加强管理。

第三，分段切换。分段切换方式是上述两种方式的结合，分期分批逐步切换。此方式能防止直接转换产生的危险性，也能减少平行运行方式的费用。但在混合运行过程中，必须事先考虑好它们之间的接口。一般比较大的系统采用这种方式较为适宜，它能保证平稳运行，费用也不太大。当新、老系统差别太大时，不宜采用此种方式。

（2）采用平行切换，因为平行切换的风险最小。

（3）系统切换的工作量较大，情况十分复杂。据国外统计资料表明，软件系统的故障大部分发生在系统切换阶段，这就要求开发人员切实做好准备工作，拟订周密的计划，使系统切换不至于影响正常的工作。此外，在拟订系统切换计划时及系统切换过程中，应特别注意以下问题。①系统说明文件必须完整。②要防止系统切换时数据的丢失。③要充分估计输入初始数据所需的时间，对于管理信息系统而言，新系统的投运需要大量的基础数据，这些数据的整理和录入工作量特别大，对于一个规模较大的系统，输入初始数据所需时间更是非常长的，对此应有充分准备，尽快完成，以免措手不及。④系统切换不仅是机器的转换、程序的转换，更难的是人工的转换；应提前做好人员培训工作。⑤系统运行时会出现一些局部性的问题，这是正常现象。

第9章 管理信息系统的运行、维护与管理

考核内容

1．掌握运行管理的目标、人员组织、运行管理的内容；
2．掌握系统维护含义、维护类型、维护步骤；
3．掌握系统评价的含义、评价的内容。

一、系统运行管理

（一）信息系统运行管理的目标

信息系统运行管理的目标就是对信息系统的运行进行实时控制，记录其运行状态，进行必要的修改与扩充，以便使信息系统真正符合管理决策的需要，为管理决策者服务。

（二）信息系统运行的组织

就信息系统在企业中的地位而言，有以下几种组织形式。

1. 为企业某业务部门所有

信息管理部门为企业的某个业务单位所有，这种运行组织方式使得信息不能成为全企业的资源，易造成信息孤岛，信息共享能力差，不能支持企业管理决策服务。

2. 与企业其他部门平行

信息管理部门作为一个独立的部门，与其他业务部门是平行关系。该运行组织方式可使信息资源为全企业所共享，但信息处理支持决策的能力较弱。需加强信息部门与其他部门的合作，才能有效发挥信息系统的效能。

3. 作为企业参谋中心

这种组织方式有利于信息共享和决策支持，但容易造成脱离群众、服务不好的现象。现在的发展趋势是集散系统，既有全公司信息中心，又在使用计算机较多的部门配置微机。它实际上是前两种方式的结合，但一定要加强信息资源管理，否则容易造成分散化。

（三）人员管理

1. 人员管理是信息系统运行成败的关键

管理信息系统的运行管理最终体现为对人的管理，所以人在管理信息系统运行中起着根本作用。运行管理中需要各种各样的人员搭配，各人员需要通力合作才能保障信息系统的正常高效运行。在信息系统运行过程中可将人员分为不同组别，各组各司其职，这些人员主要有系统主管人员、硬件管理人员、网络管理人员、数据管理人员、软件工程人员等。

2. 人员管理的内容

人员管理的内容包括限定职责范围、检查与评价和各类人员培训这三方面内容。①限定职责范围就是要明确地规定各类人员职责任务及职权范围，尽可能确切地规定各类人员在各项业务活动中应负的责任、应做的事情、办事的方式、工作的次序，将各类人员的责权利结合，为各类人员的行动提供指导。②对各类人员的工作要进行定期检查与评价，从而促进各类人员发现工作的错误，并积极改正错误。③通过对各类人员开展培训，使他们的工作能力不断提高，工作质量不断改善，从而提高整个系统的效率。

（四）信息系统运行管理的内容

企业信息系统的运行管理是系统研制工作的继续，是系统能否实现预期目标的根本，运行管理主要内容有数据管理、系统安全管理、系统运行情况管理与意识管理等。

1. 数据管理

数据管理一般包括数据的收集与完成例行信息处理及服务工作。数据的收集是整个信息系统的基础工作，包括数据采集、数据校验及数据录入等。常见的例行信息处理及服务工作包括例行的数据更新、统计分析、报表生成、数据的复制及保存、与外界的定期数据交流、设备的日常修理与维护等。此项工作也是日常运行管理工作的主要内容。

2. 系统安全管理

安全是每个信息系统都必须考虑的问题，是日常工作的重要部分之一。安全管理是为了防止系统外部对系统资源不合法的使用和访问，保证系统的硬件、软件和数据不因偶然或人为的因素而遭受破坏、泄露、修改或复制，维护正当的信息活动，保证信息系统安全运行所采取的手段。信息系统的安全性体现在保密性、可控制性、可审查性、抗攻击性四个方面。

3. 运行情况管理

信息系统运行情况管理包括对运行过程中的运行情况记录和运行情况检查与评价两方面内容。在信息系统的运行过程中，需要收集和记录的资料包括以下五个方面。

（1）工作数量信息。

（2）工作效率。

（3）信息服务质量。

（4）维护修改情况。

（5）故障情况。

各相关人员定期对系统的运行状况进行检查和评价，为系统的改进和扩展提供依据。系统的评价主要从以下三个方面进行。

（1）系统是否实现预定的目标，目标是否需要修改。

（2）系统的适应性、安全性评价。

（3）系统的经济效益评价。

4. 意识管理

企业决策者、主要管理人员的重视、支持是企业信息系统建设运行成功的关键条件。国内外大量的实践证明，信息系统使用失败的主要原因往往是企业的决策者重视不够，主要管理人员没有积极参与信息系统的运行管理，而是站在旁观者甚至是反对者的立场上。企业信息系统的运行往往涉及企业内部机构的调整、管理程序的变更等许多敏感性的问题，新系统投入运行不可避免地会导致一些机构和人员的地位、作用及工作内容、工作方式的变化，从而引起一些相关人员的抵制和不合作。因此要对相关人员进行意识管理。

二、系统维护

为了清除系统运行中发生的故障和错误，软件、硬件维护人员要对系统进行必要的修改与完善；为了使系统适应用户环境的变化，满足新提出的需要，也要对原系统作些局部的更新，这些工作称为系统维护。

（一）系统维护原因

一般而言，只要信息系统在运行，维护工作就一直存在，信息系统就是在不断的维护中得以生存的。具体说来，系统需要维护主要有以下几个原因。

（1）系统的环境变化，如市场的变化、政策法规的变化等引起企业管理方式的变化及系统中硬件或系统软件的更新，要使系统适应新的环境和条件就要对系统进行适应性维护。

（2）系统自身的隐藏错误。在测试阶段未发现的漏洞，在运行阶段出现，需要对此类错误进行修正性维护。

（3）系统的功能增加需求。用户对系统提出了更高的应用要求，系统需增加新功能、改善原有的功能，由此应对系统进行改善性维护。

（二）系统可维护性

软件系统的可维护性是软件维护难易程度评价的标准，是软件产品的一个重要质量特性，目前衡量系统可维护性的指标主要有可理解性、可修改性、可测试性、软件文档、可移植性、效率和可使用性。

（三）系统维护考虑的因素

通常，在进行某项维护修改工作之前，需要考虑下列三方面的因素。

1. 维护背景

维护背景方面主要考虑因素如下：①系统的当前情况；②维护对象；③维护工作的复杂性与规模。

2. 维护工作的影响

对维护工作影响需要考虑的主要因素如下：①对新系统目标的影响；②对当前工作进度的影响；③对本系统其他部分的影响；④对其他系统的影响。

3. 资源要求

资源要求方面考虑因素如下：①对维护提出的时间要求；②维护所需费用（并与不进行维护所造成的损失相比确定是否合算）；③维护所需工作人员。

（四）系统维护内容

按照维护对象的不同，可将系统维护的内容分为程序维护、数据维护、代码维护、硬件设备维护和机构人员的变动五类。

（五）系统维护类型

这里阐述的维护类型主要指软件维护类型。根据软件维护的性质可将维护细分为支援性维护、预防性维护、改正性维护、适应性维护、完善性维护等。

1. 支援性维护

用户在开始使用系统的时候，或者在遇到紧急的情况的时候都迫切希望得到技术支持与服务。对此，维护人员应该以多种技术服务的形式，积极、快速、准确、高质量地为用户正常使用系统和管理系统提供技术支持。一般来讲，支援性维护可通过提供最新用户文档或联机用户文档，进行适当用户培训或设立专门维护人员等方式来减少此类维护活动。

2. 预防性维护

相关部门需要定期对系统和新设备进行巡检，提出有关系统调整、优化、故障预防等建议，及时发现潜在的问题，提高系统的运行效率。

3. 改正性维护

改正性维护是指为了识别和纠正软件错误、改正软件性能上的缺陷、排除实施中的错误，进行的诊断和改正错误的过程。由于软件测试不可能暴露出一个大型软件系统所有潜藏的错误，这些隐藏的错误将在某些特定的使用环境下暴露出来，所以当用户在使用系统发现存在漏洞时，维护人员先确定错误原因，确定纠错方案，并对需求、设计、代码、测试案例、文档等进行必要变更。

4. 适应性维护

随着计算机的飞速发展，外部环境（新的软、硬件配置）或数据环境（数据库、数据格式、数据输入/输出方式、数据存储介质）可能发生变化。当用户希望软件适应这种变化时，就有必要对系统进行调整，使之适应应用对象的变化，满足用户的需求。

5. 完善性维护

在软件的使用过程中，用户往往会对软件提出新的功能与性能要求。为了满足用户的这些合理性要求，维护部门根据实际的需要修改部分源代码或进行升级、二次开发软件，以扩充软件功能、增强软件性能、改进加工效率、提高软件的可维护性。

系统运行的不同阶段，需要的维护类型也不同。一般来说，在整个维护工作中，前期（系统使用的一到两年之内）主要以“支援性维护”、“预防性维护”、“改正性维护”等为主，其他维护服务则占很小的比重；系统进入了正常使用期之后，前几项维护工作将逐渐减少，取而代之的是“适应性维护”、“完善性维护”等。就整个系统的使用寿命来看，“适应性维护”、“完善性维护”所占比重在60%以上。

（六）系统维护的步骤、组织与管理

在许多情况下，维护比开发更困难，需要更多的创造性工作。首先维护人员必须用较多的时间理解别人编写的程序和文档，且对系统的修改不能影响该程序的正确性和完整性。其次，整个维护的工作又必须在所规定的很短时间内完成。

系统维护过程主要包括维护申请、维护理解、维护计划确立、影响范围确定、修改程序、调试程序、修改文档、复审、交付使用。

1. 维护申请与理解

软件维护人员应该给用户提供空白的维护申请表，这个表格由要求维护活动的用户填写。用户应该用标准化的格式提出所有软件维护申请。维护申请表是用户提出的外部文档，它是计划维护活动的基础。软件组织内部应相应地作出一个软件修改报告。

2. 报请管理部门审批

维护申请表报给相关管理部门审核批准后，正式启动系统维护流程。

3. 维护计划确立

根据用户维护申请及组织内部软件修改报告确立维护计划。维护计划包括系统维护的内容和任务、软硬件环境要求、维护费用预算、系统维护人员的安排、系统维护的进度安排等。同时需要确定维护所涉及的范围，如果修改部分的变动影响到其他模块，则要考虑对其他模块的维护工作安排。

4. 修改程序

软件系统的修改方法同新软件的开发方法是相似的。在维护工作实施时，一定要做好准备工作，不能影响系统的正常使用。实施阶段必须严格按照开发阶段的程序编写规范进行软件设计与程序修改。

5. 测试与复审

维护是对于整个系统而言的，实施维护后，还要对程序和系统的有关部分重新进行测试，若测试发现重大问题，则要重复上述维护步骤，甚至重新制订维护计划直到测试通过审核。

6. 整理维护文档

在实施系统维护工作时对系统中存在的问题、系统维护修改的内容、修改后系统的测试、修改后系统的切换及使用情况等均需要有完整、系统的记录。

7. 交付使用

为了有效地进行维护工作，首先必须建立一个维护组织，由这个维护组织确定维护报告、进行维护工作的评价，而且必须为每个维护要求规定一个标准化的事件序列。维护组织可由软件开发单位根据本身规模的大小，指定一名高级管理人员担任，或者由高级管理人员和专业人员组成维护领导小组。管理的内容，应包括对申请的审查与批准、维护活动的计划与安排、人力资源的分配、批准并向用户提供维护的结果（如软件的新版本），以及对维护工作进行评价与分析等。其责任是负责管理本单位开发的软件维护工作。只有有效的组织与管理，维护工作才能有条不紊地进行，才能保障信息系统正确运作。

在软件生命周期的维护阶段，保存好完整的维护记录十分必要。利用维护记录文档，可以估计维护技术的有效性，方便确定产品的质量和维护的费用。维护申请表是一个外部产生的文件，它是计划维护活动的基础。维护组织内部根据维护申请报告问题描述，应该制定出一个软件维修报告。由于每次维护都完整保存了维护记录，它是维护活动评价的基础数据，利用它可以对维护工作进行定量评价。根据对维护工作定量度量的结果，可以作出关于开发技术、语言选择、维护工作规划、资源分配及其他许多方面的决定，而且可以利用这样的数据去分析和评价维护任务。

三、系统评价

系统评价工作通常由开发人员和用户共同进行。对于一个管理信息系统来说，大致可以从系统建设、系统性能、系统效益等方面对系统进行评价。

1. 系统建设

信息系统建设的评价是对信息系统开发、运行、维护和管理所作的评价。

2. 系统性能

对信息系统性能的评价可从完整性、可维护性、可靠性、适应性、方便灵活性、安全性、响应时间、系统吞吐量、设备利用率等方面进行，其中响应时间是指从用户提交到系统开始显示回答信息的时间；系统吞吐量是指单位时间内完成的工作量。

3. 系统效益

系统效益可分为经济效益与社会效益两个方面。经济效益又可分为直接经济效益与间接经济效益。直接经济效益可以从一次性投资、运行费用、年生产费用节约额等方面进行核算。间接经济效益可以从企业管理人员劳动条件的改善、管理效率和管理水平的提高、资金流通加快等方面进行分析。

重点和难点

本章全面阐述管理信息系统的运行、维护与评价管理的各方面内容。重点介绍了信息系统运行管理的内容、系统维护的原因、系统的可维护性、系统维护类型和系统评价内容等知识要点。此外，还需理解人员管理是管理信息系统运行成败的关键、信息系统运行管理的目标和目的等内容。

同步综合练习题

一、单项选择题

1. 管理信息系统运行成败的关键是(　　)。
   A. 系统管理　　B. 人员管理
   C. 客户管理　　D. 服务管理
2. 以下关于管理信息系统运行维护，说法正确的是(　　)。
   A. 在管理信息系统中，运行维护阶段的工作量占全部工作量的比重没有开发阶段的工作量所占比重大
   B. 在管理信息系统中，运行维护阶段的工作效率没有开发阶段的工作效率高
   C. 管理信息系统的运行维护管理不需要大量资金投入
   D. 管理信息系统的运行维护不会为企业创造价值
3. 维护人员理解、改正、改动和改进软件的程度称为系统的（　　）。
   A. 可理解性　　B. 可测试性
   C. 可维护性　　D. 可使用性
4. 程序对于用户来说使用方便、实用和易于使用的程度，称为信息系统的（　　）。
   A. 可修改性　　B. 可测试性
   C. 可移植性　　D. 可使用性
5. 维护人员分析软件的结构、接口、功能、界面和内部过程的难易程度，称为信息系统的（　　）。
   A. 可理解性　　B. 可测试性
   C. 可修改性　　D. 可使用性
6. 以下关于系统维护组织的说法，正确的是（　　）。
   A. 企业必须建立正式的维护组织
   B. 维护组织应在维护活动开始之前就明确维护责任
   C. 具体的维护工作必须由原开发小组承担
   D. 维护组织的维护活动无须专门记录下来
7. 以下关于系统评价的说法，正确的是（　　）。
   A. 对新开发的系统无须进行评价
   B. 新系统一开始运行，即可进行系统评价
   C. 系统评价工作仅由用户完成
   D. 评价系统效益时不仅要考虑经济效益，还要考虑社会效益
8. 用户在使用管理信息系统时，遇到紧急情况希望得到技术支持与服务，此时要进行的系统维护为（　　）。
   A. 支援性维护　　B. 预防性维护
   C. 适应性维护　　D. 完善性维护
9. 当信息系统的数据采集方式发生变化时，会要求增加相应的接口模块，这种系统维

护属于（　　）。

A. 支援性维护　　B. 预防性维护

C. 适应性维护　　D. 完善性维护

10. 当用户对信息系统提出新的功能与性能要求，维护人员根据用户需要对系统进行升级、二次开发，这种系统维护属于（　　）。

A. 支援性维护　　B. 预防性维护

C. 适应性维护　　D. 完善性维护

11. 在系统进入正常使用期之后，常见的维护工作有适应性维护和（　　）。

A. 支援性维护　　B. 预防性维护

C. 改正性维护　　D. 完善性维护

二、多项选择题

1. 下列属于数据收集的数据管理工作有（　　）。

A. 数据采集　　B. 数据校验　　C. 数据录入

D. 数据统计　　E. 数据复制

2. 信息系统的安全性主要体现在以下哪几个方面（　　）。

A. 完整性　　B. 保密性　　C. 可控制性

D. 可审查性　　E. 抗攻击性

3. 在信息系统的运行过程中，需要收集和累积的资料包括（　　）。

A. 工作数量信息　　B. 工作效率信息

C. 故障情况　　D. 维护修改情况

E. 信息服务质量资料

4. 以下属于衡量信息系统可维护性指标的是（　　）。

A. 可保密性　　B. 可理解性　　C. 可修改性

D. 可测试性　　E. 可存储性

5. 一般来说，在整个系统维护工作中，在系统使用的一到两年内，主要发生的维护是（　　）。

A. 支援性维护　　B. 预防性维护

C. 改正性维护　　D. 适应性维护

E. 完善性维护

6. 以下属于系统间接经济效益的是（　　）。

A. 系统运行费用的节约

B. 企业年生产费用的节约

C. 资金流转速度的加快

D. 企业管理水平的提高

E. 企业管理效率的提高

7. 管理信息系统需要维护的原因有（　　）。

A. 系统的环境变化

B. 企业追求最新潮的系统

C. 系统自身的隐藏错误
D. 系统的功能增加需求
E. 企业管理的需要

8. 进行管理信息系统维护，需要考虑的因素有（ ）。
A. 系统环境的变化
B. 维护的背景
C. 维护工作的影响
D. 系统功能的增加
E. 资源要求

9. 以下属于管理信息系统维护的内容的是（ ）。
A. 程序维护 B. 数据维护 C. 代码维护
D. 硬件设备维护 E. 机构和人员的变动

10. 从信息系统在企业中的地位看，有以下（ ）信息系统管理部门的组织形式。
A. 为企业某业务部门所有
B. 与企业其他部门平行
C. 作为企业参谋中心
D. 外包给第三方运营
E. 由企业高层直接领导

三、名词解释

1. 改正性维护
2. 完善性维护
3. 系统维护
4. 系统吞吐量

四、简答题

1. 从信息系统在企业中的地位看，有哪几种组织形式？
2. 简述信息系统运行管理的内容。
3. 为什么管理信息系统投入正常运行之后，需要持续的维护呢？
4. 简述信息系统维护的类型。
5. 简述信息系统评价的内容。

五、案例分析题

近期，某跨国公司召开 ERP 项目誓师大会，由 30 名高层业务经理和 50 名 IT 专家组成 ERP 系统实施运行小组，目标是将公司新购买的 ERP 系统应用于公司的各个分支机构。该 ERP 系统将公司的物料、资金、人力、生产、信息等资源集成起来，提供了一套对公司各个分支机构都适用的通用工作程序，所有部门的功能——制造、采购、会计、销售等，都必须抛弃过去的旧方式，接受新的思维。

但该系统在公司内部的推行并不顺利。因该 ERP 系统是直接从软件开发商那里购买来的现成软件，未结合公司实际需求进行二次开发，在实际的使用中出现了很多软件功能与需求不符的问题。在召开项目誓师大会时，公司领导提出在半年内完成整个系统的切换运行，虽然事先制定了详尽的进度表，但由于一些需求调研和代码修改的问题，在匆忙完成既定任务的同时，又出现了大量的新问题，最大的问题是：反叛心理在不同阶层中开始滋生。员工的抵制情绪源于项目启动时犯下的一个重要错误：主要利益相关者小组中没有来自那些受到新系统和业务流程直接影响的团体的代表。所以，结果就如同公司的 CIO 杰丽・杜恩所描述的那样，“我们总是令销售部和其他部门的领导大吃一惊，因为我们带给他们的东西与他们并没有实质性的利害关系”。杜恩称之为她犯下的近乎致命的错误。另外，由于各分支结构之间缺乏协调，而在系统运行时又没有明确规定各类人员的职责任务及权职范围，所以在系统运行时，经常出现人员和部门之间相互推诿责任的事件。此外，由于 ERP 系统能够自动完成过去由人工操作或决策的一些工作，部分岗位的办公人员和工人感到非常恐慌，害怕自己会因为该系统而失去工作，ERP 系统的运行大大影响了这部分人员的情绪和工作效率。

半年后，ERP 系统的运行陷入混乱，员工不知道如何使用新系统，甚至连新的工作流程都不明白，没有人组织对员工们的相关培训，很多员工也不想学习业务运作的新方式，公司士气低落，部门主管和他们手下人一样迷茫。抱怨增多的时候，ERP 系统实施出现停滞甚至撤退。项目实施运行了一年后，正式搁浅。

问题：

（1）请分析该 ERP 项目搁浅的原因。

（2）结合案例谈谈企业在管理信息系统运行和维护阶段，应从哪些方面进行人员管理？

参考答案

一、单项选择题

1. A　2. B　3. C　4. D　5. A　6. B
7. D　8. A　9. C　10. D　11. D

二、多项选择题

1. ABC　2. BCDE　3. ABCDE　4. BDE　5. ABC
6. CDE　7. ACD　8. BCE　9. ABCDE　10. ABC

三、名词解释

1. 改正性维护是指为了识别和纠正软件错误、改正软件性能上的缺陷、排除实施中的错误而进行的诊断和改正错误的过程。

2. 在软件的使用过程中，维护部门根据用户对软件提出的新的功能与性能要求修改部分源代码或进行升级、二次开发，以扩充软件功能、增强软件性能、提高加工效率、提高软件的可维护性的维护即为完善性维护。

3. 为了清除系统运行中发生的故障和错误，软件、硬件维护人员要对系统进行必要的修改与完善；为了使系统适应用户环境的变化，满足新提出的需要，也要对原系统作些局部的更新，这些工作称为系统维护。

4. 系统吞吐量指系统单位时间内完成的工作量。

四、简答题

1. 就信息系统在企业中的地位而言，信息系统有以下几种组织形式。

(1) 为企业某业务部门所有。信息管理部门为企业的某个业务单位所有，这种运行组织方式使得信息不能成为全企业的资源，易造成信息孤岛，信息共享能力差，不能为企业管理决策提供支持服务。

(2) 与企业其他部门平行。信息管理部门作为一个独立的部门，与其他业务部门是平行关系。该运行组织方式使信息资源为全企业所共享，但信息处理支持决策的能力较弱。需加强信息部门与其他部门的合作，才能有效发挥信息系统的效能。

(3) 作为企业参谋中心。这种运行组织方式是前两种方式的结合，有利于信息共享和支持决策，但容易造成脱离群众、服务不好的现象。现在的发展趋势是集散系统，既有全公司信息中心，又在使用计算机较多的部门配置微机。

2. 信息系统运行管理的主要内容包括数据管理、系统安全管理、系统运行情况管理与意识管理。

(1) 数据管理。数据管理一般包括数据的收集与完成例行信息处理及服务工作。数据的收集是整个信息系统的基础工作，包括数据采集、数据校验及数据录入等。常见的例行信息处理及服务工作包括例行的数据更新、统计分析、报表生成、数据的复制及保存、与外界的定期数据交流、设备的日常修理与维护等。此项工作也是日常运行管理工作的主要内容。

(2) 系统的安全管理。安全是每个信息系统都必须考虑的问题，是日常工作的重要部分之一。安全管理是为了防止系统外部对系统资源不合法的使用和访问，保证系统的硬件、软件和数据不因偶然或人为的因素而遭受破坏、泄露、修改或复制，维护正当的信息活动，保证信息系统安全运行所采取的手段。

(3) 运行情况管理。信息系统运行情况管理包括对运行过程中的运行情况记录和运行情况检查与评价两方面内容。

(4) 意识管理。企业信息系统的运行往往涉及企业内部机构的调整、管理程序的变更等许多敏感性的问题，新系统投入运行不可避免地会导致一些机构和人员的地位、作用及工作内容、工作方式的变化，从而引起一些相关人员的抵制和不合作。因此要对相关人员进行意识管理。

3. 一般而言，只要信息系统在运行，维护工作就一直存在，信息系统就是在不断的维护中得以生存的。具体来说，系统需要维护主要有以下几个原因。

（1）系统的环境变化。例如，市场的变化、政策法规的变化等引起企业管理方式的变化，以及系统中硬件或系统软件的更新，要使系统适应新的环境和条件就要对系统作适应性维护。

（2）系统自身的隐藏错误。在测试阶段未发现的漏洞，在运行阶段出现，需要对此类错误进行修正性维护。

（3）系统的功能增加需求。用户对系统提出了更高的应用要求，系统需增加新功能、改善原有的功能，由此应对系统进行改善性维护。

4. 这里阐述的维护类型主要指软件维护类型。根据软件维护的性质可将维护细分为支援性维护、预防性维护、改正性维护、适应性维护、完善性维护等。

（1）支援性维护。用户在开始使用系统的时候，或者在遇到紧急的情况的时候都迫切希望得到技术支持与服务。对此，维护人员应该以多种技术服务的形式，积极、快速、准确、高质量地为用户正常使用系统和管理系统提供技术支持。

（2）预防性维护。相关部门需要定期对系统和新设备进行巡检，提出有关系统调整、优化、故障预防等建议，及时发现潜在的问题，提高系统的运行效率。

（3）改正性维护。改正性维护是指为了识别和纠正软件错误、改正软件性能上的缺陷、排除实施中的错误，进行的诊断和改正错误的过程。

（4）适应性维护。随着计算机的飞速发展，外部环境（新的软、硬件配置）或数据环境（数据库、数据格式、数据输入/输出方式、数据存储介质）可能发生变化。用户希望软件适应这种变化，就有必要对系统进行调整，使之适应应用对象的变化，满足用户的需求。

（5）完善性维护。在软件的使用过程中，用户往往会对软件提出新的功能与性能要求。为了满足用户的这些合理性要求，维护部门根据实际的需要修改部分源代码或进行升级、二次开发，以扩充软件功能、增强软件性能、提高加工效率、提高软件的可维护性。

5. 开发人员和用户可以从系统建设、系统性能、系统效益等方面对信息系统进行评价。

（1）系统建设。信息系统建设的评价是对信息系统开发、运行、维护和管理所作的评价。

（2）系统性能。对信息系统性能的评价可从完整性、可维护性、可靠性、适应性、方便灵活性、安全性、响应时间、系统吞吐量、设备利用率等方面进行。

（3）系统效益。系统效益可分为经济效益与社会效益两个方面。经济效益又可分为直接经济效益与间接经济效益。直接经济效益可以从一次性投资、运行费用、年生产费用节约额、机时成本等方面进行核算。间接经济效益可以从企业管理人员劳动条件的改善、管理效率和管理水平的提高、资金流通加快等方面进行分析。

五、案例分析题

（1）该 ERP 项目搁浅的原因如下。①项目需求调研没作好。应先进行需求调研，根据需求开发或购买软件。在需求调研阶段，没有倾听那些受到新系统和业务流程直接影响的团体的代表的意见和建议。②没有作好人员管理。人员管理是信息系统运行成败的关键。管理信息系统的运行管理最终体现在对人的管理上，所以人在管理信息系统运行中起着根本作用。这些人员主要有系统主管人员、硬件管理人员、网络管理人员、数据管理人员、软件工程人员等。该公司没有建立好有效的人员管理机制，管理混乱，沟通不畅。

（2）企业在管理信息系统运行和维护阶段，应从以下方面进行人员管理。①限定职责范围。限定职责范围就是要明确地规定各类人员的职责任务及职权范围，尽可能确切地规定各类人员在各项业务活动中应负的责任、应做的事情、办事的方式、工作的次序，将各类人员的责权利结合，为各类人员的行动提供指导。避免出现人员或部门之间相互推诿的事件。②检查及评价各类人员的工作。对各类人员的工作要进行定期检查与评价，从而促进各类人员发现工作的错误，并积极改正错误。③展开人员培训。通过对各类人员开展培训，使员工认识到使用新系统的必要性和收益，使他们的工作能力不断提高，工作质量不断改善，从而提高整个系统的效率。通过培训，消除员工的恐慌心理、反叛心理。

第10章 管理信息系统的应用与发展

考核内容

1．掌握办公自动化系统的概念、发展阶段、功能与发展方向；

2．掌握企业资源计划系统的概念、发展阶段与主要功能模块；

3．掌握决策支持系统的概念、几类典型的决策支持系统、数据仓库概念、联机分析技术、数据挖掘等；

4．掌握电子商务概念、特点，电子商务系统基本框架，电子商务主要商务模式；

5．掌握电子政务概念、主要模式与系统结构；

6．了解管理信息系统的具体应用，掌握信息系统未来发展趋势。

一、办公自动化系统

（一）办公自动化的概念

办公自动化（office automation，OA）是一门综合技术，它是将办公业务活动物化于人之外的各种设备，并由设备与各种办公人员构成服务于某种目标的人机信息系统。

（二）办公自动化发展阶段

计算机技术、通信技术、网络技术及管理要求的发展催生了办公自动化的快速发展与更新换代，办公自动化发展大体分为三个阶段，每个阶段具有不同的特点，具体见表10-1。

表10-1 各阶段办公自动化系统的特点与不足

阶段	特点	不足
第一阶段	基于传统的关系型数据库，以结构化数据为主要处理和存储对象，面向办公室管理层和事务处理人员的管理信息系统	（1）PC的负担过重，价格偏高； （2）通用性差、可再用性低，无通信和协同工作的能力，不能建立统一的集成办公平台； （3）系统自适应能力差； （4）信息管理只限于单位内部
第二阶段	承担了信息通道的责任，建立和完善各个职能部门之间的沟通和信息共享机制，建立协同工作的环境，为办公提供了自动化工具： （1）以网络为中心，以非结构化数据的信息流（或工作流）为主要存储和处理对象； （2）有利于在行业内部建立通信基础平台，不仅提高了办公的效率，减少了扯皮和内耗，还增强了系统的安全性	缺少对知识的管理，与知识经济的发展不相适应
第三阶段	以知识管理与决策支持为核心，建立在行业Intranet平台之上，帮助企业实现动态的内容显示和知识的实际管理： （1）把知识管理融入业务流程重组； （2）建立学习型机制，所谓学习型机制是指通过不断的学习来提高全员素质； （3）改造企业文化，知识管理的成功首先取决于鼓励信息共享的企业文化； （4）建立决策分析模型，在信息管理级办公自动化系统的基础上，构造或选用决策分析模型并作出决策	存在于底层行业信息支撑环境中的信息资源是繁杂而海量的，需要在数据挖掘与模式提取的工具支持下，发掘其中有价值的模式与知识，使信息的价值得以充分的实现。

从计算机应用到现在，可以说各个单位基本上完成了第一阶段办公自动化建设，但从第一阶段向第二工作阶段过渡，是个复杂的系统工程，它需要有专门的机构承担起此系统工程的策划、组织和实施工作，在建设过程中坚持统一领导、统一规划、统一标准、同步

实施、重在实用的原则，并注意抓好办公自动化建设中的几个要点。①阶段性，即要有阶段性的目标、阶段性的内容、阶段性的成果。不同阶段的内容可以根据长远的计划，在各个不同的阶段里分别实现。②时效性，即必须按期完成阶段性目标。

（三）办公自动化功能

办公自动化的功能主要有提供电子邮件功能、建立科学严密的考核体系、处理复合文档型的数据、支持工作流的应用、支持协同工作和移动办公、具有完整的安全性控制功能、集成其他业务应用系统和 Internet。其中，办公自动化的安全性控制功能一般包括防止非法用户侵入、权限控制、存储和传输加密及电子签名。

（四）办公自动化的发展方向

当前的办公自动化系统集计算机化、通信化、自动控制化、智能化于一体，形成一个强大的、高效的信息网络，成为信息社会的中枢。信息经过处理后，服务于整个办公领域，极大提高了办公效率。

1. 协同化

所谓协同，不仅仅是办公自动化系统内部的协同，还应该是办公自动化系统与其他业务系统间的协同、无缝对接。

2. 智能化

未来办公自动化系统在充分的智能支持下，也更会体现人性化，实现真正的人本管理。

3. 知识化

办公自动化系统可使员工在合适的场景下、合适的时间里获取合适的知识，借助该平台积聚组织的最佳实践并传递到整个组织。

4. 平台化

ASP（application service provider，应用服务提供商）可通过互联网向企业用户提供信息化应用租用服务。自身规模小、资金不足的中小企业只需付出少量的软件租赁费用，就可轻松实现办公自动化。

5. 无线化

利用新技术，支持移动协同应用的办公自动化系统正在成为市场的新亮点。

6. 多媒体化

办公自动化系统不仅要处理文本、数据，还要处理音频、视频、图像、图形等多媒体信息，提高办公自动化的应用水平与价值。

二、企业资源计划系统

（一）企业资源计划的概念

企业资源计划（enterprise resource planning，ERP）系统是指建立在信息技术基础上，以系统化的管理思想，为企业决策层及员工提供决策运行手段的管理平台。企业资源计划系统集信息技术与先进的管理思想于一身，成为现代企业的运行模式，反映时代对企业合理调配资源、最大化地创造社会财富的要求，成为企业在信息时代生存发展的基石。对于ERP可以从管理思想、软件产品、管理系统三个层次理解。

1. 管理思想角度定义

美国著名的计算机技术咨询和评估集团 Garter Group 提出了一整套企业管理系统体系标准，其实质是在制造资源计划 II 基础上进一步发展而成的面向供应链的管理思想。

2. 软件产品角度定义

ERP 系统是综合应用了 C/S 体系、关系数据库结构、面向对象技术、图形用户界面、第四代语言、网络通信等信息产业成果，以 ERP 管理思想为灵魂的软件产品。

3. 管理系统角度定义

ERP 系统是整合了企业管理理念、业务流程、基础数据、人力物力、计算机硬件和软件的企业资源管理系统。

（二）企业资源计划发展阶段

计算机技术特别是数据库技术的发展为企业建立管理信息系统，甚至对改变管理思想起着不可估量的作用，管理思想的发展与信息技术的发展是互成因果的环路。而实践证明，信息技术已在企业的管理层面扮演越来越重要的角色。一般地，可将 ERP 发展分为如下阶段。

1. 管理信息系统阶段

企业的信息管理系统主要是记录大量原始数据，支持查询、汇总等方面的工作。

2. 制造资源计划阶段

企业的信息管理系统对产品构成进行管理，借助计算机的运算能力及系统对客户订单、在库物料、产品构成的管理能力，依据客户订单、按照产品结构清单展开并计算物料需求计划。实现减少库存、优化库存的管理目标。

3. 制造资源计划 II 阶段

制造资源计划 II 阶段在制造资源计划管理系统的基础上，增加了对企业生产中心、加工工时、生产能力等方面的管理，以实现计算机进行生产排程的功能，同时也将财务的功能囊括进来，在企业中形成以计算机为核心的闭环管理系统，这种管理系统已能动态监察到产、供、销的全部生产过程。

4. 企业资源计划阶段

进入企业资源计划阶段后，以计算机为核心的企业级的管理系统更为成熟，系统增加了财务预测、生产能力、调整资源调度等方面的功能。配合企业实现 JIT（just in time）全面管理、质量管理和生产资源调度管理及辅助决策的功能，成为企业进行生产管理及决策的平台工具。

5. 电子商务时代的企业资源计划

Internet 技术的成熟为企业信息管理系统增加了与客户或供应商实现信息共享和直接的

数据交换的能力，从而强化了企业间的联系，形成共同发展的生存链，体现企业为达到生存竞争的供应链管理。企业资源计划系统相应实现了这方面的功能，使决策者及业务部门实现跨企业的联合作战。

可见，企业资源计划的应用能有效地促进现有企业管理的现代化、科学化，适应竞争日益激烈的市场要求，企业以企业资源计划系统作为管理支撑平台已经成为信息时代企业应用的一种趋势。

（三）企业资源计划系统功能模块

ERP 系统是将企业所有资源整合并进行集成管理，是将企业的三大流（物流、资金流、信息流）进行全面一体化管理的管理信息系统。它不仅可用于生产企业管理，而且可以应用于许多其他类型的企业，如一些非生产企业、公益事业的企业。

在企业中，一般的管理主要包括三方面的内容：生产控制（计划、制造）、物流管理（分销、采购、库存管理）和财务管理（会计核算、财务管理）。三大系统互相融合，共同为企业的管理与决策服务，各企业也可以根据自己实际情况，有选择地部署自己的 ERP 模块，即各功能模块不是必需的，而是根据需要定制的。各模块及其更主要功能如图 10-1 所示。

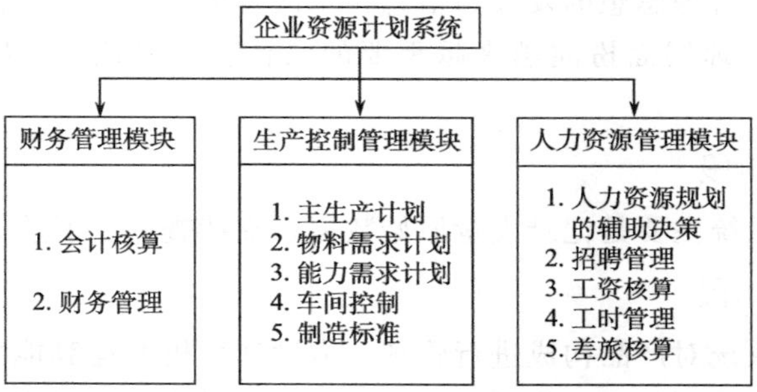

图 10-1　ERP 系统的功能模块

1. 财务管理模块

作为 ERP 系统中的一部分，ERP 中的财务模块与一般的财务软件不同，它和系统的其他模块有相应的接口，能够相互集成，比如，它可将由生产活动、采购活动输入的信息自动计入财务模块生成总账、会计报表，取消了输入凭证烦琐的过程，几乎完全替代以往传统的手工操作。一般的 ERP 软件的财务部分分为会计核算与财务管理两大块。

（1）会计核算。会计核算主要是记录、核算、反映和分析资金在企业经济活动中的变动过程及其结果，它由总账、应收账、应付账、现金、固定资产、多币制等部分构成。

（2）财务管理。财务管理的功能主要是对会计核算产生的数据再加以分析，从而进行相应的预测、管理和控制活动。它侧重于财务计划、控制、分析和预测。

2. 生产控制管理模块

生产控制管理模块是 ERP 系统的核心，它将企业的整个生产过程有机地结合在一起，实现各个原本分散的生产流程的自动连接，从而有效地降低库存，提高效率，并且避免出现生产脱节、耽误交货时间的现象。生产控制管理是一个以计划为导向的先进的生产、管理方法。

（1）主生产计划。主生产计划是企业在一段时期内生产活动的总体安排，是一个稳定的计划，是对生产计划、实际订单和历史销售进行分析预测产生的。

（2）物料需求计划。它是在主生产计划决定生产多少最终产品后，再根据物料清单，把整个企业要生产的产品的数量转变为所需生产的零部件的数量，并对照现有的库存量，得到还需加工多少、采购即多少的最终数量，这才是整个部门真正依照的计划。

（3）能力需求计划。它是在得出初步的物料需求计划之后，将所有工作中心的总工作负荷与工作中心的能力平衡后产生的详细工作计划，是用以确定生成的物料需求计划是否是企业生产能力上可行的需求计划。能力需求计划是一种短期的、当前实际应用的计划。

（4）车间控制。这是随时间变化的动态作业计划，它将作业具体分配到各个车间，再进行作业排序、作业管理、作业监控。

（5）制造标准。在编制计划中需要许多生产基本信息，这些基本信息就是制造标准，包括零件、产品结构、工序和工作中心，都用唯一的代码在计算机中识别。

3. 人力资源管理模块

人力资源管理作为一个独立的模块，被加入 ERP 系统中来，与 ERP 系统中的财务、生产系统组成了一个高效的、具有高度集成性的企业资源系统。它与传统方式下的人事管理有着根本的不同。

（1）人力资源规划的辅助决策。对企业人员、组织结构编制多种方案，进行模拟比较和运行分析，并辅之以图形的直观评估，辅助管理者作出最终决策。

（2）招聘管理。招聘系统一般从以下几个方面为企业提供支持：进行招聘过程的管理，优化招聘过程，减少业务工作量；对招聘的成本进行科学管理，从而降低招聘成本；为选择聘用人员的岗位提供辅助信息，并有效地帮助企业进行人才资源的挖掘。

（3）工资核算。系统能够根据公司跨地区、跨部门、跨工种的不同薪资结构及处理流程制定与之相适应的薪资核算方法。与时间管理直接集成，具有回算功能。

（4）工时管理。系统能够根据本国或当地的日历，安排企业的运作时间及劳动力的作息时间表，可将与员工薪资、奖金有关的时间数据导入薪资系统和成本核算中；支持远端考勤。

（5）差旅核算。系统能够自动控制从差旅申请，差旅批准到差旅报销的整个流程，并且通过集成环境将核算数据导进财务成本核算模块中去。

三、决策支持系统

（一）决策支持系统概念

决策支持系统（decision support system，DSS）是辅助决策者通过数据、模型和知识，以人机交互方式进行半结构化或非结构化决策的计算机应用系统。它是管理信息系统向更高一级发展而产生的先进管理信息系统。它为决策者提供分析问题、建立模型、模拟决策过程和方案的环境，调用各种信息资源和分析工具，帮助决策者提高决策水平和质量。该概念是 20 世纪 70 年代提出的，并且在 80 年代获得发展。

一般认为，DSS 应具有以下几点特征。

(1) DSS 是一种 CSS (computer support system)，即以计算机为基础和工具，具有辅助决策功能。

(2) DSS 是对非结构化或半结构化的决策问题提供辅助决策或支持。

(3) 决策科学的有关理论和方法是 DSS 的核心，如数学分析、经验方法、综合方法、系统工程方法等。

(二) 决策支持系统的发展过程

决策支持系统的发展过程如表 10-2 所示。

表 10-2　决策支持系统的发展进程

时间	发展进展
20 世纪 70 年代	提出决策支持系统的概念
1980 年	提出决策支持系统三部件结构
20 世纪 80 年代末 90 年代初	DSS 与专家系统 (expert system，ES) 相结合，形成智能决策支持系统 (intelligent decision support system，IDSS)
20 世纪 90 年代中期	出现了数据仓库 (data warehouse，DW)、联机分析处理 (on-line analysis processing，OLAP) 和数据挖掘 (data mining，DM) 新技术，DW＋OLAP＋DM 逐渐形成新决策支持系统的概念
20 世纪 90 年代末至今	将传统决策支持系统和新决策支持系统结合起来的决策支持系统是更高级形式的决策支持系统，称为综合决策支持系统 (synthetic decision support system，SDSS)，网络环境下的综合决策支持系统将建立在网格计算的基础上，充分利用网格上的共享决策资源，达到随需应变的决策支持

(三) 决策支持系统体系结构

决策支持系统主要由数据部件、模型部件和对话部件组成。具体表现为以下四个系统。

(1) 数据管理子系统。

(2) 模型管理子系统。

(3) 知识管理子系统。

(4) 对话子系统。

(四) 决策支持系统主要技术

决策支持系统采用的关键技术有数据仓库、联机分析处理、数据挖掘、人工智能与专家系统等，下面主要阐述数据仓库、联机分析处理、数据挖掘。

1. 数据仓库

数据仓库是一个用以更好地支持企业或组织的决策分析处理的、面向主题的、集成的、不可更新的、随时间不断变化的数据集合。该定义全面地刻画了数据仓库的四个基本特征。

(1) 数据仓库是面向主题的。数据仓库中的数据是面向主题进行组织的，主题是一个抽象的概念，是在较高层次上将企业信息系统中的数据综合、归类并进行分析利用的抽象。在逻辑意义上，它是对应企业中某一宏观分析领域所涉及的分析对象。面向主题的数据组织方式，就是在较高层次上对分析对象的数据的一个完整、一致的描述，能完整、统一地刻画各个分析对象所涉及的企业的各项数据，以及数据之间的联系。

(2) 数据仓库的数据是集成的。数据仓库的数据是从原有的分散的数据库数据中抽取来的。数据进入数据仓库之前，必然要经过统一、综合与整理，为达到此目的需要统一源数据中所有矛盾之处，如字段的同名异义、异名同义、单位不统一、字长不一致等。

(3) 数据仓库的数据是不可更新的。数据仓库的数据主要供企业决策分析之用，所涉及的数据操作主要是数据查询，一般情况下并不进行修改操作。数据仓库的数据反映的是一段相当长的时间内的历史数据内容，是不同时点的数据库快照的集合，以及基于这些快照进行统计、综合和重组的导出数据，而不是联机处理的数据。

(4) 数据仓库的数据是随时间不断变化的。数据仓库的数据是随时间的变化不断变化的。主要表现在三方面：①不断追加联机事物处理中新生成的数据；②不断删去旧的数据内容；③对大量综合数据定期进行重新综合。

2. 联机分析处理

联机分析处理概念最早是由关系数据库之父爱德华·库德于1993年提出的。是一种用于组织大型商务数据库和支持商务智能的技术。

联机分析处理的基本多维分析操作有钻取、切片（slice）和切块（dice），以及旋转（pivot）、drill across、drill through等。钻取是改变维的层次，变换分析的粒度。它包括向上钻取（roll up）和向下钻取（drill down）。roll up是在某一维上将低层次的细节数据概括到高层次的汇总数据，或者减少维数；而drill down则相反，它从汇总数据深入到细节数据进行观察或增加新维。切片和切块是在一部分维上选定值后，关心度量数据在剩余维上的分布。如果剩余的维只有两个，则是切片；如果有三个，则是切块。旋转是变换维的方向，即在表格中重新安排维的放置（如行列互换）。

3. 数据挖掘

数据挖掘，是指从大量的数据中提取出可信、新颖、有效并能被人们理解的、潜在的模式、规律或趋势的高级处理过程，在理论研究领域也被称为数据库中的知识发现。数据挖掘所涉及的学科领域很多，但在商业应用中最主要的分析方法（发现任务）有以下四种。

(1) 关联分析。关联分析利用关联规则进行数据挖掘。关联分析的目的是分析决定哪些事情将一起发生。例如，它能发现数据库中形如“90%的顾客在一次购买活动中购买商品A的同时购买商品B”之类的知识。

(2) 序列模式分析。序列模式分析和关联分析相似，其目的也是挖掘数据之间的联系，但序列模式分析的侧重点在于分析数据间的前后序列关系。它能发现数据库中形如“在某一段时间内，顾客购买商品A，接着购买商品B，而后购买商品C，即序列A→B→C出现的频度较高”之类的知识。

(3) 分类分析。分类分析就是通过分析示例数据库中的数据，为每个类别作出准确的描述或建立分析模型或挖掘出分类规则，然后用这个分类规则对其他数据库中的记录进行分类。

(4) 聚类分析。与分类分析不同，聚类分析输入的是一组未分类记录，并且这些记录应分成几类事先也不知道。聚类分析就是通过分析数据库中的记录数据，根据一定的分类规则，合理地划分记录集合，确定每个记录所在类别。

(五) 几种典型的决策支持系统

(1) 群体决策支持系统。群体决策支持系统是相对于个人决策而言的，由若干决策者针对大型问题或复杂问题，在共同环境和一定目标下发挥相互联系或相互制约作用，寻找各方满意结果。群体决策支持系统是面向群体活动的，能为群体活动提供沟通支持、模型支持及机器诱导的沟通模式三个级别的决策支持。

(2) 智能决策支持系统。智能决策支持系统将人工智能、专家系统技术与决策支持系统充分结合，使决策支持系统能够更充分地应用人类的知识，如关于决策问题的描述性知识、决策过程中的过程性知识、求解问题的推理性知识、通过逻辑推理来帮助解决复杂的决策问题的辅助决策系统。

(3) 决策支持系统。决策支持系统（intelligent、interactive and integrated DSS，3IDSS）即智能型、交互式、集成化决策支持系统，是面向决策者、决策过程的综合性决策支持系统。这种系统的特色之一是各种思想、各类问题、各种方法、工具的集成化。而更为重要的是怎样按照解决问题的思路，将有关环节有机地组织起来，实现决策支持过程的集成化。决策支持系统的核心内容是人机交互系统。

四、电子商务系统

(一) 电子商务概念

电子商务（electronic-commerce，EC）从总体上来看，是指对整个商业活动实现电子化。从狭义上讲电子商务是指在互联网、企业内部网和增值网（value added network，VAN）上以电子交易方式进行交易活动和相关服务活动，是传统商业活动各环节的电子化、网络化。从广义上讲是指应用计算机与网络技术与现代信息化通信技术，按照一定标准，利用电子化工具来实现包括电子交易在内的商业交换和行政作业的商贸活动的全过程。

(二) 电子商务的特点

电子商务具有以下五个特点。

(1) 时空无限性。

(2) 交易虚拟化。

(3) 交易智能化。

(4) 服务个性化。

(5) 集成性。

(三) 电子商务交易模式

电子商务可以从不同角度进行类别划分，一般主流的划分方式是按照商务活动中主体不同分成企业与消费者之间的电子商务（business to customer，B2C）、企业与企业之间的电子商务（business to business，B2B）、消费者与消费者之间的电子商务（customer to customer，C2C）等模式。B2C 模式的代表网站有携程网、天猫商城、1 号店、凡客诚品等，国外的代表网站有亚马逊、沃尔玛网上商城、百思买等。B2B 模式的代表网站有阿里巴巴、环球资源网、Soldouteasy、Babymeeting 等。C2C 模式的代表网站有淘宝网、拍拍网、eBay 等。

（四）电子商务发展

电子商务发展，可大致分为电子数据交换、基于 Internet 的电子商务、E 概念电子商务三个阶段。

1. 电子数据交换

电子数据交换（electronic data interchange，EDI）是将商业数据、信息或业务文件，按一个公认的标准从一台计算机传输到另一台计算机上去的电子传输方法。

2. 基于 Internet 的电子商务

20 世纪 90 年代初期，计算机网络技术得到突破性发展，基于 Internet 的电子商务技术也应运而生。Internet 电子商务是以 Internet 网络为基础，以交易双方为主体，以银行支付和结算为手段，以客户数据库为依托的全新商业模式。

3. E 概念电子商务

E 概念电子商务是最完整的电子商务，它并不只是局限于解决商务数据的传递问题，而是用于商务活动全过程，包括广告浏览、市场调查、网上谈判、网上订货、电子支付、货物配送、售后服务等阶段的全程电子商务业务。E 概念电子商务实际上是电子信息技术与商务应用的完美结合，是电子商务与产业发展的深度融合，是一种新的经济势态，是贸易方式的一场革命。

（五）电子商务系统基础平台

电子商务基础平台为企业的电子商务应用提供了运行环境和管理工具，以及内部使用的连接。它是保证电子商务系统具有高扩展性、集中控制、高可靠性的基础。电子商务基础平台的目标是提高系统整体性能，是面向系统效率的。一般来说，电子商务基础平台主要包括以下七部分。

（1）负荷均衡。负荷均衡是指如何使电子商务系统服务器的处理能力和承受压力能力的保持均衡。负荷均衡还可以对服务器集群结构中的各个服务器性能进行动态调整和负荷分配。它使电子商务系统中硬件性能得到有效的均衡，避免特定的设备或系统软件因压力过大而出现崩溃和拒绝服务的现象。这样在一定程度上能够提高系统的可靠性。

（2）连接/传输管理。此部分的主要作用是满足系统可扩充性的需要，用以实现电子商务系统和其他系统之间的互联及应用之间的互操作。

（3）事务管理。事务管理的作用包括两方面：一是保证分布式环境下事务的完整性、一致性和原子性；二是缩短系统的响应时间，提高交易过程的实时性。

（4）网站管理。网站是电子商务系统的客户服务接口，用于表达系统商务逻辑的处理结果。网站管理的基本作用是为站点维护、管理和性能分析提供技术支持手段，它主要实现系统状态的监控、系统性能调整、用户访问授权、客户访问历史记录等功能。

（5）数据管理。该部分为电子商务应用相关数据的存储、加工、备份和表达提供支持，同时为应用程序提供应用开发接口。

（6）安全管理。为电子商务系统提供安全可靠的运行环境，防止或减少系统被攻击的可能性，提高系统抗拒非法入侵或攻击的能力，保障联机交易过程的安全。安全管理主要包括系统硬件管理、系统软件管理、网络管理、交易过程管理等。

（7）电子支付管理。电子支付是指从事电子商务交易的当事人，包括消费者、厂商和金融机构，通过信息网络，使用安全的信息传输手段，采用数字化方式进行的货币支付或资金流转。电子支付具有三个典型特征：技术先进性、快捷易用性、普适性。

五、电子政务

（一）电子政务概念

一般地，我们可以这样理解电子政务：电子政务是指政府机构在其管理和服务职能中运用现代信息技术，实现政府组织结构和工作流程的重组优化，超越时空和部门分隔的制约，建成一个精简、高效、廉洁、公平的政府运作模式。

（二）电子政务类型

根据信息和服务的传递可将电子政务分为四类：政府部门之间的电子政务（government to government，G2G）、政府部门与企业之间的电子政务（government to business，G2B）、政府部门与公众之间的电子政务（government to citizen，G2C）、政府与雇员之间的电子政务（government to employee，G2E）。

重点和难点

本章介绍了五种主要的管理信息系统：办公自动化系统（OA）、企业资源计划系统（ERP）、决策支持系统（DSS）、电子商务、电子政务，目的是使读者了解当前管理信息系统在各领域的具体应用，加深对管理信息系统基本原理的深入理解。要求重点掌握如下内容：（1）办公自动化系统的概念、发展阶段、功能；（2）ERP系统的概念、发展阶段与主要功能模块；（3）决策支持系统的概念、主要技术（如数据仓库、联机分析处理、数据挖掘）；（4）电子商务概念、特点、交易模式；（5）电子政务的概念和类型。

同步综合练习题

一、单项选择题

1. 以下不属于办公自动化安全性控制功能的是(　　)。

A. 协同工作　　B. 权限控制
C. 数据加密　　D. 电子签名

2. 在企业中，一般的管理主要包括三方面的内容：生产控制、(　　) 和财务管理。

A. 运营管理　　B. 物流管理
C. 制造管理　　D. 库存管理

3. 一般的企业资源计划系统软件的财务部分分为（　　）与财务管理两大块。

A. 现金管理　　B. 固定资产核算
C. 会计核算　　D. 财务预测

4. 企业资源计划中的生产控制管理是一个以（　　）为导向的先进的生产、管理方法。

A. 信息　　B. 资金
C. 计划　　D. 预测

5. 决策支持系统的概念是 20 世纪（　　）提出的。

A. 60 年代　　B. 70 年代
C. 80 年代　　D. 90 年代

6. 在进行数据挖掘时，采用（　　）的分析方法可发现形如“60%的顾客在一次购买活动中购买苹果的同时还会购买削皮器”的知识。

A. 聚类分析　　B. 分类分析
C. 序列模式分析　　D. 关联分析

7. 在进行数据挖掘时，得出诸如“在某一段时间内，顾客购买商品 A，接着购买商品 B，即序列 A→B 出现的频度较高”之类的知识，这种分析方法称为（　　）。

A. 聚类分析　　B. 分类分析
C. 序列模式分析　　D. 关联分析

8. 下列网站中，属于 B2C 型电子商务企业的是（　　）。

A. 亚马逊　　B. 拍拍网
C. 淘宝网　　D. 阿里巴巴

9. 下列网站中，属于 C2C 型电子商务企业的是（　　）。

A. 当当网　　B. 亚马逊
C. 淘宝网　　D. 阿里巴巴

10. 政府部门与雇员之间的电子政务的缩写是（　　）。

A. G2G　　B. G2B
C. G2C　　D. G2E

11. 以下关于数据仓库的说法，正确的是(　　)。

A. 数据仓库中存储的是联机事务处理产生的数据
B. 数据仓库中的数据可直接从原有的数据库系统直接得到

C. 数据仓库的数据供企业决策分析使用

D. 数据仓库中的数据是永远不变的

12. 改变数据维的层次，变换分析的粒度的多维分析操作是（　　）。

A. 钻取　　B. 切片

C. 切块　　D. 旋转

二、多项选择题

1. 办公自动化发展的第一阶段存在着(　　)不足。

A. 个人计算机的负担过重

B. 未能实现办公信息载体从原始纸质介质向电子介质的飞跃

C. 缺乏公共的通信平台，通用性差，可再用性低

D. 系统自适应能力差

E. 仅限于管理单位内部信息

2. 下列描述，符合办公自动化第二阶段特点的是（　　）。

A. 将知识管理融入业务流程重组

B. 以网络为中心

C. 以非结构化数据的信息流（或工作流）为主要存储和处理对象

D. 建立学习型机制

E. 建立决策分析模型

3. 办公自动化第三阶段的特点有（　　）。

A. 将知识管理融入业务流程重组

B. 以网络为中心

C. 改造企业文化

D. 建立学习型机制

E. 建立决策分析模型

4. 我们可从以下（　　）这三个层次去理解企业资源计划的概念。

A. 管理思想　　B. 管理系统　　C. 网络平台

D. 软件产品　　E. 硬件产品

5. 以下属于 ERP 中生产控制管理模块功能的有（　　）。

A. 主生产计划　　B. 物料需求计划

C. 车间控制　　D. 能力需求计划

E. 制造标准

6. 以下关于决策支持系统 DSS，说法正确的是（　　）：

A. DSS 是一种企业业务处理系统

B. DSS 是为非结构化或半结构化的决策问题提供辅助决策或支持的系统

C. 决策科学的有关理论和方法是 DSS 的核心，如数学分析、经验方法、综合方法、系统工程方法等

D. 对于决策支持而言，网络环境可有可无

E. DSS 是一种计算机支持系统，即是以计算机为基础和工具的系统

7. 决策支持系统具体表现为以下哪几个系统(　　)。

A. 分析管理子系统　　B. 数据管理子系统

C. 对话子系统　　D. 模型管理子系统

E. 知识管理子系统

8. 联机分析处理的基本分析操作有（　　）。

A. 向上钻取　　B. 向下钻取　　C. 切片

D. 切块　　E. 旋转

9. 纵观电子商务发展，可将其大致分为（　　）这三个发展阶段。

A. 办公自动化阶段

B. 电子数据交换阶段

C. 基于决策支持的电子商务

D. 基于 Internet 的电子商务

E. E 概念电子商务

10. 办公自动化的发展方向是（　　）。

A. 协同化　　B. 智能化　　C. 知识化

D. 平台化　　E. 多媒体化

11. 数据仓库中的数据是随时间变化而不断变化的，主要表现为（　　）。

A. 不断追加联机事务处理中新生成的数据

B. 不断删去旧的数据内容

C. 对大量综合数据定期进行新的综合

D. 直接修改数据仓库中的已有数据

E. 对格式不一致的数据进行格式统一

三、名词解释

1. 办公自动化
2. 企业资源计划系统
3. 决策支持系统
4. 电子商务
5. 数据挖掘
6. 电子政务

四、简答题

1. 企业资源计划有哪几个发展阶段?
2. 简单阐述决策支持系统采用的几种主要技术。
3. 什么是数据仓库，它有何基本特征?
4. 相对于传统商务活动，电子商务有何特点?
5. 简单阐述电子政务的主要内容。

参考答案

一、单项选择题

1. A　2. B　3. C　4. C　5. B　6. D
7. C　8. A　9. C　10. D　11. C　12. A

二、多项选择题

1. ACDE　2. BC　3. ACDE　4. ABD　5. ABCDE
6. BCE　7. BCDE　8. ABCDE　9. BDE　10. ABCDE
11. ABC

三、名词解释

1. 办公自动化是一门综合技术，它是将办公业务活动物化于人之外的各种设备，并由设备与各种办公人员构成服务于某种目标的人机信息系统。

2. 企业资源计划系统是指建立在信息技术基础上，以系统化的管理思想，为企业决策层及员工提供决策运行手段的管理平台。

3. 决策支持系统是辅助决策者通过数据、模型和知识，以人机交互方式进行半结构化或非结构化决策的计算机应用系统。

4. 从广义上来看，电子商务是指对整个商业活动实现电子化。从狭义上讲 EC 是指在互联网、企业内部网和增值网上以电子交易方式进行交易活动和相关服务活动，是传统商业活动的电子化、网络化。

5. 数据挖掘就是数据的深加工过程，是指从大量的数据中提取出隐含的、先前未知的、对决策有潜在价值的知识和规则，并能够根据已有的信息对未发生行为作出结果预测，为企业经营决策、市场策划提供依据。

6. 一般地，我们可以这样理解电子政务：电子政务是指政府机构在其管理和服务职能中运用现代信息技术，实现政府组织结构和工作流程的重组优化，超越时空和部门分隔的制约，建成一个精简、高效、廉洁、公平的政府运作模式。

四、简答题

1. 一般地，可将 ERP 发展分为如下阶段。

(1) 管理信息系统系统阶段。企业的信息管理系统主要是记录大量原始数据，支持查询、汇总等方面的工作。

(2) 制造资源计划阶段。企业的信息管理系统对产品构成进行管理，借助计算机的运算能力及系统对客户订单，在库物料、产品构成的管理能力，依据客户订单、按照产品结构清单展开并计算物料需求计划。实现减少库存、优化库存的管理目标。

（3）制造资源计划Ⅱ阶段。制造资源计划Ⅱ阶段在制造资源计划管理系统的基础上，系统增加了对企业生产中心、加工工时、生产能力等方面的管理，以实现计算机进行生产排程的功能，同时也将财务的功能囊括进来，在企业中形成以计算机为核心的闭环管理系统，这种管理系统已能动态监察到产、供、销的全部生产过程。

（4）企业资源计划阶段。进入企业资源计划阶段后，以计算机为核心的企业级的管理系统更为成熟，系统增加了财务预测、生产能力、调整资源调度等方面的功能。配合企业实现JIT全面管理、质量管理、生产资源调度管理及辅助决策的功能，成为企业进行生产管理及决策的平台工具。

（5）电子商务时代的企业资源计划。Internet技术的成熟为企业信息管理系统增加了与客户或供应商实现信息共享和直接的数据交换的能力，从而强化了企业间的联系，形成共同发展的生存链，体现企业为达到生存竞争的供应链管理。企业资源计划系统相应实现这方面的功能，使决策者及业务部门实现跨企业的联合作战。

2. 决策支持系统采用的主要技术有数据仓库技术、联机分析技术、数据挖掘技术等。

（1）数据仓库是一个用以更好地支持企业或组织的决策分析处理的、面向主题的、集成的、不可更新的、随时间不断变化的数据集合。

（2）联机分析处理将数据分为一个或多个多维数据集，每个多维数据集都由多维数据集管理员组织和设计以适应用户检索和分析数据的方式，从而更易于创建和使用所需的数据透视表和数据透视图。

（3）数据挖掘，是指从大量的数据中提取出可信、新颖、有效并能被人们理解的、潜在的模式、规律或趋势的高级处理过程，在理论研究领域也被称为数据库中的知识发现。常见的数据挖掘方法有关联分析、序列模式分析、分类分析与聚类分析等。

3. 数据仓库是一个用以更好地支持企业或组织的决策分析处理的、面向主题的、集成的、不可更新的、随时间不断变化的数据集合。该定义全面地刻画了数据仓库的四个基本特征。

（1）数据仓库是面向主题的。与传统数据库面向应用进行数据组织的特点相对应，数据仓库中的数据是面向主题进行组织的。主题是一个抽象的概念，是在较高层次上将企业信息系统中的数据综合、归类并进行分析利用的抽象。在逻辑意义上，它是对应企业中某一宏观分析领域所涉及的分析对象。面向主题的数据组织方式，就是在较高层次上对分析对象的数据的一个完整、一致的描述，能完整、统一地刻画各个分析对象所涉及的企业的各项数据，以及数据之间的联系。

（2）数据仓库的数据是集成的。数据仓库的数据是从原有的分散的数据库数据中抽取来的。数据进入数据仓库之前，必然要经过统一、综合与整理，为达到此目的需要统一源数据中所有矛盾之处，如字段的同名异义、异名同义、单位不统一、字长不一致等。

（3）数据仓库的数据是不可更新的。数据仓库的数据主要供企业决策分析之用，所涉及的数据操作主要是数据查询，一般情况下并不进行修改操作。数据仓库的数据反映的是一段相当长的时间内历史数据的内容，是不同时点的数据库快照的集合，以及基于这些快照进行统计、综合和重组的导出数据，而不是联机处理的数据。

（4）数据仓库的数据是随时间不断变化的。数据仓库的数据是随时间的变化不断变化的。主要表现在三方面：①不断追加联机事务处理中新生成的数据；②不断删去旧的数据内容；③对大量综合数据定期进行重新综合。

4. 相对于传统商务活动，电子商务具有以下五个特点。

（1）时空无限性。

（2）交易虚拟化。

（3）交易智能化。

（4）服务个性化。

（5）集成性。

5. 电子政务的主要内容可概括为三个方面。

（1）政府部门内部利用先进的网络信息技术实现办公自动化、管理信息化、决策科学化。

（2）政府部门与社会各界利用网络信息平台充分进行信息共享与服务、加强群众监督、提高办事效率及促进政务公开等。

（3）以政府的信息化加强政府部门的协作，并推动和加速整个国家和社会的信息化发展。

全真模拟演练（一）

（考试时间 150 分钟）

总分		题号	一	二	三	四	五	六
核分人		得分	20	20	15	20	10	15
复查人		得分						

一、单项选择题（本大题共 20 小题，每小题 1 分，共 20 分。在每小题列出的四个备选项中只有一个是符合题目要求的，请将其代码填写在题后的括号内。错选、多选或未选均无分。）

1. 以下哪项（　　）不是描述处理逻辑的工具。

A. 结构英语描述　　B. 数据字典

C. 判断树　　D. 决策表

2. 以下哪项（　　）不是决策活动所要经历的阶段。

A. 调整　　B. 选择

C. 情报　　D. 设计

3. 系统设计工作的重点在于（　　）。

A. 了解当前系统的状况　　B. 了解系统的要求

C. 对数据收集与调研　　D. 以上都不是

4. 下列系统切换方法中，最可靠的是（　　）。

A. 直接切换　　B. 并行切换

C. 分段切换　　D. 试点切换

5. U/C 矩阵的正确性检验没有包含的一种是（　　）。

A. 完备性检验　　B. 准确性检验

C. 一致性检验　　D. 无冗余性检验

6. 绘制系统流程图的基础是（　　）。

A. 数据关系图　　B. 数据流程图

C. 数据结构图　　D. 功能结构图

7. 系统分析报告的主要作用是（　　）。

A. 系统规划的依据　　B. 系统实施的依据

C. 系统设计的依据　　D. 系统评价的依据

8. 下面哪句话最准确地概括了结构化方法的核心思想(　　)。

A. 由分解到抽象　　B. 自顶向下，由细到粗，逐步抽象

C. 自下而上，由抽象到具体　　D. 自顶向下，由粗到细，逐步求精

9. 比较常见的电子商务模式 B2C（或称 B to C）是指(　　)。

A. 消费者之间的直接电子商务　　B. 企业与直接个人消费者间的电子商务

C. 企业与企业之间的电子商务　　D. 以上都不对

10. 在管理信息系统中，MRP 的中文含义是（　　）。

A. 物料需求计划　　B. 企业系统规划

C. 管理运行规划　　D. 企业资源规划

11. 数据库的数据都存放在一台计算机中，并由它统一管理和运行的数据库系统称为(　　)。

A. 分布式系统　　B. 单用户系统

C. 集中式系统　　D. 共享式系统

12. 业务信息主要提供给企业的（　　）人员使用。

A. 高级管理　　B. 中级管理

C. 基层管理　　D. 其他

13. 在一个关系 R 中，所有的非关键字字段之间，不存在传递依赖关系，那么我们称它是（　　）。

A. 第一范式　　B. 第二范式

C. 第三范式　　D. 以上都不是

14. 系统调试时，当程序全部调试完成后，首先应做的事是（　　）。

A. 系统试运行　　B. 系统正式运行

C. 编写程序文档资料　　D. 系统交付使用

15. 计算机辅助软件工程（CASE）的技术目标，是实现（　　）基于计算机的自动化。

A. 系统分析　　B. 系统设计

C. 系统开发各阶段　　D. 程序编制

16. 每个模块有自身的任务，只有接受到(　　)的调用命令时才能执行。

A. 下级模块　　B. 上级模块

C. 同级模块　　D. 数据模块

17. 在计算机系统中，(　　）都应该有代码。

A. 每个人　　B. 每件事、物

C. 每个部门　　D. 每个实体

18. 在一般信息系统运行中，绝大部分信息错误是产生于（　　）。

A. 程序错误　　B. 输出错误

C. 操作错误　　D. 原始数据的采集和输入错误

19. 对决策支持系统的正确描述之一是（　　）。

A. 能代替人进行决策的一类信息系统

B. 主要支持半结构化和非结构化的决策问题

C. 系统内有数据库和模型库，且采用数据驱动

D. 只能支持高层领导决策

20. 对于大型程序设计来说，首先应强调的是（　　）。

A. 运行效率　　B. 可维护性

C. 开发成本　　D. 使用方便

二、多项选择题（本大题共 10 小题，每小题 2 分，共 20 分。在每小题列出的五个备选项中至少有两个是符合题目要求的，请将其代码填写在题后的括号内。错选、多选或未选均无分。）

21. 系统规划的特点有（　　）。

A. 全局性　　B. 高层次

C. 有效性　　D. 指导性

E. 系统性

22. （　　）是新系统的逻辑方案的主要内容。

A. 新系统的业务流程　　B. 新系统的数据流程

C. 新系统的逻辑结构　　D. 新系统的数据资源分布

E. 新系统中的管理模型

23. （　　）是系统的特征。

A. 灵活性　　B. 整体性　　C. 相关性

D. 环境适应性　　E. 目的性

24. 信息的基本特性包括（　　）。

A. 非零和性（共享性）　　B. 时效性

C. 等级性　　D. 变换性（可处理性）

E. 可压缩性与可扩充性

25. 常用文件组织方式中顺序方式的特点是（　　）。

A. 对文件大小没有限制　　B. 随机查找速度最快

C. 顺序查找速度最快　　D. 适用于活动率高的场合

E. 对软件的要求高

26. 用结构化程序设计的方法设计程序时，程序由（　　）基本逻辑结构组成。

A. 顺序结构　　B. 随机结构

C. 循环结构　　D. 选择结构

E. 切换结构

27. 如果企业采用全面购置商品软件的方式来开发自己的管理信息系统，则下面（　　）工作需要企业自己完成。

A. 提出需求　　B. 确定模块

C. 调查分析　　D. 管模式调整

E. 基本数据录入

28. 数据通常按（　　）几个层次进行组织。

A. 数据项　　B. 文件

C. 记录　　D. 数据库
E. 文档

29. 可行性分析的内容包括（　　）。
A. 业务上的可行性　　B. 管理上的可行性
C. 决策上的可行性　　D. 经济上的可行性
E. 技术上的可行性

30. 计算机的网络的功能有（　　）。
A. 分布处理　　B. 数据通信
C. 资源共享　　D. 负荷均衡
E. 快速传输

三、名词解释（本大题共 5 小题，每小题 3 分，共 15 分）

31. 数据仓库
32. 系统开发生命周期
33. 战略决策
34. 原型法
35. 组织

四、简答题（本大题共 4 小题，每小题 5 分，共 20 分）

36. 简述系统实施阶段的主要工作内容。
37. 决策问题有哪些类型？
38. 简述信息系统对企业内部结构的影响。
39. 简述评价信息系统的主要依据。

五、应用题（本题 10 分）

40. 用图书、作者两个实体及其属性和联系构建 E-R 图，并转化为关系数据模型。

六、案例分析题（本题 15 分）

如果你的主营业务也同联邦快递公司一样是包裹运送，那么你的顾客是哪些人呢？实际上有两类顾客——委托你运送包裹和你向其交付包裹的人。那么，公司怎样才能建立起这两类顾客之间的密切联系并在企业与顾客之间建立起强有力的联盟呢？联邦快递公司通过深思熟虑后得出的最终答案就是，使自己成为一个增值网（VAN）提供者，并充当这两类顾客的中间商角色。

联邦快递公司提供的 VAN 服务被称为商务链（Business Link ）。下面我们将介绍它是如何运作的。

联邦快递公司向供货企业提供在因特网上为其产品建立目录的软件，供货企业将自己的产品信息和价格等输入电脑中。然后，联邦快递把这些目录放在因特网上。联邦快递公司还为客户利用信用卡进行交易提供安全保证。

顾客则通过网络浏览器查看这些目录并订货。一旦顾客的订单发出，联邦快递就把订单传到该货品供应商那里。当然，还包括联邦快递运送货物的跟踪号。随后，联邦快递公司从该供货公司的仓库中提取出货物并将其投递到顾客手中。

该处理过程的所有参与者都明显地获得了效益。供货企业的效益是，通过这些过程它们能够提供全天候24小时的订货服务，并且它们能够与大企业之间保持密切的联系。更为重要的是，他们可以利用因特网的强大功能。而顾客方获得的好处是，他们可以在任何需要的时候订货，而且还能通过联邦快递的跟踪号随时了解货物的运送情况。联邦快速公司获得成功是因为他们与顾客之间建立了一种密切的联系，同时通过运输货物的过程获取了利润。

现在的网络技术（包括因特网）为竞争提供了无限的机遇。对联邦快递公司来说，他们新的商务连接系统能将全球的顾客连接起来（网络覆盖范围），使交易过程变得更加协调（网络的可达范围），并能够提供及时的响应功能（网络的响应）。谁会想到，一个像联邦快递这样的包裹投递公司会成为一个VAN的提供者呢？这也正是联邦快递公司目前能够借助网络获得竞争优势的原因吧！

问题：请结合本案例分析管理信息系统如何实现组织的竞争战略？

全真模拟演练（一）参考答案及解析

一、单项选择题（本大题共20小题，每小题1分，共20分）

1. B	2. A	3. D	4. B	5. B
6. B	7. C	8. D	9. B	10. A
11. C	12. C	13. C	14. A	15. C
16. B	17. D	18. D	19. B	20. B

二、多项选择题（本大题共10小题，每小题2分，共20分）

21. ABDE	22. ABCDE	23. BCDE	24. ABCDE	25. ACD
26. ACD	27. ADE	28. ABCD	29. BDE	30. ABCD

三、名词解释（本大题共5小题，每小题3分，共15分）

31. 数据仓库是一个用以更好地支持企业或组织的决策分析处理的、面向主题的、集成的、不可更新的、随时间不断变化的数据集合。

32. 系统开发生命周期是指一个过程，是系统分析员、软件工程师、程序员及用户建立计算机信息系统的一个过程，是管理和控制信息系统的一种必要措施，也是一种将系统工程学用于规划、执行和控制信息系统开发项目的组织和管理方法。

33. 战略决策是指纵观企业全局和外部环境，为企业制定的能够适应时刻变化着的外部环境的一种决策，具有全局性、长期性与战略性的特点。

34. 原型法是系统分析设计人员与用户紧密合作，在短时间内定义用户的基本需求，开发出一个功能不十分完善、实验性的系统基本框架（称为系统原型），先运行这个原型，再不断评价和改进这个原型，直至系统完善和满意为止。

35. 组织是一个稳定的、正式的社会结构，它从周围环境接受资源并且对资源进行加工从而产生出来。组织又可以被认为是权利、特权、义务和责任的集合。

四、简答题（本大题共4小题，每小题5分，共20分）

36. 系统实施阶段的主要内容有五项。

（1）购置和安装计算机网络系统。

（2）建立数据库系统。

（3）程序设计与调试。

（4）整理基础数据，培训操作人员。

（5）投入切换和试运行。

37. 决策问题主要有三类。

（1）结构化决策。结构化决策问题相对比较简单、直接，其决策过程和决策方法有固定的规律可以遵循。

（2）非结构化决策。非结构化决策问题是指那些决策过程复杂，其决策过程和决策方法没有固定的规律可以遵循，决策者的主观行为对各阶段的决策效果有相当影响。

（3）半结构化决策。半结构化决策问题介于上述两者之间。

38. 信息资源观念与信息系统地位的确立，使企业组织结构向菱形结构发展；信息与决策支持功能的开发与利用，使企业组织结构朝扁平化方向发展；基于信息网络的信息交流与共享，提高了企业组织结构的灵活性与有效性；信息系统对企业变革的使能器作用，增加了企业过程重组及组织结构优化的成功率。

39. 根据信息系统的规划目标、系统需求报告、系统设计报告中提出的各项要求、目标和指标建立系统评价指标体系，以此评价系统。

五、应用题（本题 10 分）

40. E-R 图如下：

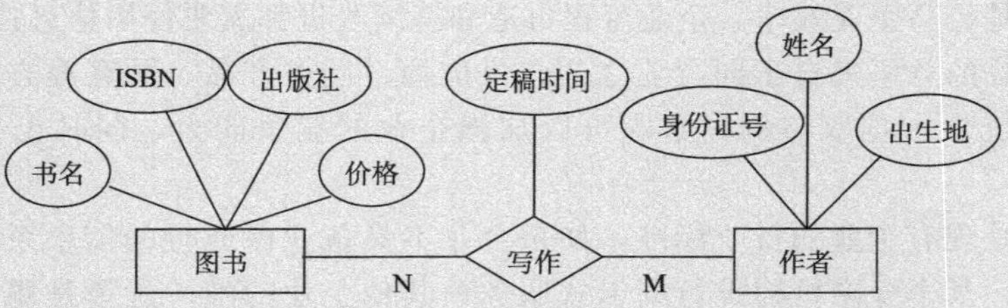

转换成的关系数据模型如下：

图书（ISBN，书名，出版社，价格）

作者（身份证号，姓名，出生地）

写作（ISBN，身份证号，定稿时间）

六、案例分析题（本题 15 分）

竞争战略是指在企业总体战略的制约下，指导和管理具体战略经营单位的计划和行动。企业竞争战略要解决的核心问题是，如何根据顾客需求、竞争者产品及本企业产品这三者之间的关系，来确立本企业产品在市场上的特定地位并维持这一地位。企业的竞争战略的选择和确定，要根据企业所处环境与企业本身的具体情况而定，没有一成不变的格式。管理信息系统则可以帮助企业全面、系统和快速地确立其竞争战略，从而提高企业的市场竞争能力，确立和巩固其在市场上的特定地位。

企业信息化是指企业为了提高企业的经济效益和企业的市场竞争力，利用现代信息技术，通过对信息资源的深入开发和广泛利用，使企业资源合理配置，并且不断提高企业决策、生产、经营、管理的效率和水平的过程。

由信息技术引发的管理变革包括五个方面。

(1) 管理模式的变革：“虚拟企业”、“流程再造”、“在家上班”、“学习型组织”等新型的组织模式开始展现它们的特别之处，使组织之间的交流突破了面对面的交流模式。

(2) 组织结构的变革：信息技术在企业中的广泛应用使得传统的等级管理发生转变，

朝着全员参与、模块化组织、水平型组织、流程型组织等新型组织模式方向转变，组织结构朝扁平化方向发展，消除或抑制了中间管理层，冲破传统管理模式的限制，使企业内部上下级之间的距离大为缩短。

(3) 营销策略的变革：广告的宣传等适应了新的 Internet 等网络传播媒体的需要，网络商店等的崛起改变了传统的营销方式。

(4) 服务方式的改变：现代的服务朝着快捷方便和个性化的方向发展。

(5) 企业文化的变革。

企业自身改造的方式包括企业流程再造和持续改进。企业流程再造是为了显著改善衡量绩效的关键指标，从根本上重新思考、彻底改造从接受原材料到提供给客户产品的一系列业务活动的企业流程。持续改进是不断对组织进行改进，以保证满足客户的需求。这也是全面质量管理的内容。组织需要不断发现待改进之处，并进行改正。持续改进对组织的改进是渐进的，通常伴随新信息技术的运用和老技术的更新，同时，也是连续的过程，其目的是提高企业效率。企业流程再造和持续改进都需要使用信息技术。

企业所面临的竞争来自于同行业之间、供应商、同类产品、顾客等方面的压力，而网络与信息系统像一把双刃剑，它既可以加强企业的竞争能力，同时也会危及企业的发展。

信息系统是现有企业的行业标准，如果企业不具备业内通行的信息系统，就会被无情淘汰。比如，某个金融机构推行刷卡式服务，其他企业的唯一选择是跟随，刷卡也就会逐步成为行业标准。在这个意义上，信息系统加剧了现有企业间的竞争。

信息系统的应用，Internet 等快速、廉价的信息传递工具，无疑降低了收集信息的成本，因此，企业降低了寻找供应商的搜寻成本，扩大了供应商的搜寻范围，这就在一定程度上削弱了供应商的砍价能力。另外，行业利润的透明化也增强了供应商的砍价能力。两者之间的动态均衡，将是下游企业与供应商实现“双赢”的共同选择。但是从另一个角度看，网络和信息系统同样降低了顾客搜集信息的成本，削弱了企业的信息优势。也就是说，对于顾客而言信息系统是福音；对于企业，效果恰恰相反。

全真模拟演练（二）

（考试时间 150 分钟）

总分		题号	一	二	三	四	五	六
核分人		得分	20	20	15	20	10	15
复查人		得分						

一、单项选择题（本大题共 20 小题，每小题 1 分，共 20 分。在每小题列出的四个备选项中只有一个是符合题目要求的，请将其代码填写在题后的括号内。错选、多选或未选均无分。）

1. 下面不属于系统实施阶段主要任务的是（　　）。

A. 购置和安装物理系统　　B. 设计数据库关系模式

C. 程序设计　　D. 系统测试

2. 程序设计说明书属于(　　)。

A. 由程序员编写的文档　　B. 由系统设计员编写的文档

C. 文件设计方案　　D. 系统总体设计方案

3. 采用子程序调用，调用模块将需要处理的数据传递给被调模块，这是（　　）。

A. 数据耦合　　B. 内容耦合　　C. 标记耦合　　D. 控制耦合

4. 下列图表工具中，不属于系统分析阶段使用的工具的是（　　）。

A. 组织结构图　　B. 数据流程图

C. 系统功能模块结构图　　D. 管理业务流程图

5. 统一建模语言的英文缩写是（　　）。

A. SEE　　B. GUI　　C. UML　　D. RUP

6. 事务处理信息系统适用于（　　）。

A. 中层管理　　B. 高层管理　　C. 基层管理　　D. 目标管理

7. 计算机软件一般分为系统软件和应用软件两大类，不属于系统软件的是（　　）。

A. 操作系统　　B. 数据库管理系统

C. 客户管理系统　　D. 语言处理程序

8. 新系统的第一次评价，应该在（　　）。

A. 系统投入运行后立即进行　　B. 系统投入运行一段时间后进行

C. 系统验收的同时进行　　D. 系统验收之前进行

9. 电子商务系统的基础是（　　）。

A. 决策支持系统　　B. 电子数据交换

C. 商业信息系统　　D. 财务信息系统

10. 数据字典的内容不包括（　　）。

A. 数据流　　B. 处理逻辑

C. 数据管理机构　　D. 数据存储

11. （　　）的职责是研究企业对信息的需求，指导企业管理信息系统的开发，确定系统维护与修改方案。

A. 程序设计员　　B. 系统操作员

C. 维护人员　　D. 系统分析员

12. 代码的功能主要表现在两方面：①它是实体明确的、唯一的标识；②编码后不仅能简化程序，而且（　　）。

A. 准确　　B. 可靠

C. 处理效率高　　D. 修改容易

13. 模块的分解应使每个模块（　　）。

A. 外部互相之间的信息联系紧密

B. 执行更多的功能

C. 内部处理相对独立

D. 内部自身联系紧密

14. 在系统开发过程中，企业管理人员直接参与执行的工作包括系统分析和（　　）。

A. 系统运行、评价　　B. 系统调试

C. 编写程序　　D. 系统设计

15. 在系统设计中使用 U/C 矩阵方法的主要目的是（　　）。

A. 确定系统边界　　B. 确定系统内部关系

C. 确定系统与外部的联系　　D. 确定系统子系统的划分

16. 一般情况下，可将管理分为三个层次，即高层、中层和基层，其中高层管理属于（　　）。

A. 战术级管理　　B. 战略级管理

C. 控制层管理　　D. 作业层管理

17. 原型化方法一般可分为三类，即（　　）。

A. 探索型、开发型、直接型　　B. 探索型、实验型、演化型

C. 灵活型、结构型、复杂型　　D. 目标型、实验型、探索型

18. 下列系统开发的各阶段中难度最大的是（　　）。

A. 系统分析　　B. 系统设计

C. 系统实施　　D. 系统规划

19. 文件系统中最小的数据存取单位是（　　）。

A. 数据项　　B. 记录

C. 文件　　D. 数据库

20. 以下各点中，（　　）不属于构造数据流程图的要素。

A. 外部实体　　B. 数据存储

C. 处理　　D. 处理部门

二、多项选择题（本大题共 10 小题，每小题 2 分，共 20 分。在每小题列出的五个备选项中至少有两个是符合题目要求的，请将其代码填写在题后的括号内。错选、多选或未选均无分。）

21. 组织文化是关于（　　）的一组基本设想。

A. 生产什么　　B. 如何生产

C. 在哪里生产　　D. 为谁生产

E. 如何销售

22. 计算机通信按照传输连方式可分为（　　）。

A. 直接式　　B. 间接式　　C. 局域式

D. 城域式　　E. 广域式

23. 按企业所处的层次，对应管理信息的分类特点，可将管理信息系统分成（　　）。

A. 执行层子系统　　B. 管理控制子系统

C. 操作层子系统　　D. 交易层子系统

E. 战略信息管理子系统

24. 计算机应用对企业管理现代化的促进作用具体表现在（　　）等方面。

A. 管理体制合理化　　B. 管理方式有效化

C. 管理效果最优化　　D. 基础数据科学化

E. 管理劳动性质的变化

25. 系统总体方案中，对系统运行环境的描述，内容包括（　　）。

A. 系统运行的基本要求及条件

B. 管理思想及管理方法更新的设想

C. 管理体制改革及组织机构

D. 职能调整的设想

E. 管理工作程序的制定

26. 管理信息系统的三大支柱是（　　）。

A. 计算机硬件　　B. 计算机网络

C. 现代化的管理　　D. 数据库

E. 先进技术

27. 管理系统按层次可分为（　　）几个层次。

A. 战略管理　　B. 管理控制

C. 操作管理　　D. 作业管理

E. 流程管理

28. 如果企业采用全面购置商品软件的方式来开发自己的管理信息系统，则下面工作（　　）需要软件公司完成。

A. 调查分析　　B. 方案设计

C. 确定方案　　D. 模块设置

E. 培训

29. 以下属于管理信息系统维护的内容的是（　　）。

A. 程序维护　　B. 数据维护

C. 代码维护　　D. 硬件设备维护

E. 机构和人员的变动

30. 文件组织方式中的直接方式的特点是（　　）。

A. 对文件大小没有限制　　B. 随机查找速度最快

C. 顺序查找速度最快　　D. 适用于活动率高的场合

E. 对软件的要求高

三、名词解释（本大题共 5 小题，每小题 3 分，共 15 分）

31. 决策支持系统

32. 信息

33. 数据库设计

34. 模块化

35. 决策

四、简答题（本大题共 4 小题，每小题 5 分，共 20 分）

36. 简述面向对象法开发系统的优缺点及适用场合。

37. 简述业务流程图及其主要作用。

38. 简述系统规划的作用。

39. 简述信息系统维护的类型。

五、应用题（本题 10 分）

40. 请将下列决策处理过程用决策树和决策表表示出来。

铁路货运收费标准如下。①若收货地点在本省以内，快件每公斤 5 元，慢件每公斤 3 元。②若收货地点在外省，且重量小于或等于 20 公斤，快件每公斤 7 元，慢件每公斤 5 元；反之，若重量大于 20 公斤，超重部分每公斤加收 1.5 元。

六、案例分析题（本题 15 分）

41. 某企业购买了一套功能较完整，基于先进的管理模式设计的 ERP 系统商品软件。经过艰难的系统实施，该企业在业务流程上向 ERP 靠拢，进行了较大的改革，一些重复的单据输入和审核业务被取消，现在客户订单一产生，生产和采购部门就能看到，原来经常遇到的业务数据差错也有了明显的减少。原材料的采购也能精确地根据客户订单和产品结构等因素来安排，既确保满足生产的需要，按时向客户交货，又大大地减少了原材料的积压。目前该系统运行正常，企业管理人员也能熟练地使用，并开始提出进一步改进系统的意见。

请根据该企业实施和应用 ERP 系统的情况介绍，就系统的效益和所起的作用作一个定性评价。

全真模拟演练（二）参考答案及解析

一、单项选择题（本大题共 20 小题，每小题 1 分，共 20 分）

1. B	2. B	3. A	4. C	5. C
6. C	7. C	8. C	9. B	10. C
11. D	12. C	13. D	14. A	15. D
16. B	17. B	18. A	19. A	20. D

二、多项选择题（本大题共 10 小题，每小题 2 分，共 20 分）

21. ABCD	22. AB	23. BCE	24. ABCDE	25. ABCD
26. BCD	27. ABD	28. ABCDE	29. ABCDE	30. BE

三、名词解释（本大题共 5 小题，每小题 3 分，共 15 分）

31. 决策支持系统是辅助决策者通过数据、模型和知识，以人机交互方式进行半结构化或非结构化决策的计算机应用系统。

32. 信息是对客观事物特征和变化的反映，是有一定含义的、经过加工处理的数据，它对接收者有意义，对决策或行为有现实或潜在的价值。

33. 数据库设计是指根据业务需求、信息需求和处理需求，确定信息系统中数据的整体组织形式、表或文件的形式，以及决定数据的结构、类别、载体、组织方式、保密等级等一系列的问题。

34. 模块化是指解决一个复杂问题时自顶向下逐层把系统划分成若干模块的过程，每个模块完成一个特定的子功能，所有的模块按某种方法组装起来，成为一个整体，完成整个系统所要求的功能。

35. 决策是人们为达到一定的目的而进行的有意识、有选择的活动。在一定的人力、设备、材料、技术、资金和时间因素的制约下，人们为了实现特定目标，可从多种可供选择的策略中作出决断，以求得最优或较好效果的过程就是决策过程。

四、简答题（本大题共 4 小题，每小题 5 分，共 20 分）

36. 优点：与人类习惯的思维方法一致，稳定性好，可重用性好和可维护性好。

缺点：从面向过程到面向对象是一个不容易的转变，如何真正使描述问题的问题空间与实现解法的解空间在结构上达到一致，以及建立一个好的类层次结构关系具有相当难度。

适用场合：系统规模不限，数据与功能关系不太复杂，有一定的工作基础和开发经验。

37. 业务流程图就是用一些尽可能少的规定的符号及连线来表示某个具体业务处理过程。业务流程图易于阅读和理解，是分析业务流程的重要步骤。业务流程分析可以帮助我们理解某项业务的具体处理过程，发现和处理系统调查工作中的错误和疏漏，修改和删除原系统的不合理部分，在新系统基础上优化业务处理流程。

38. 系统规划的作用包括五个方面。

(1) 系统规划是系统开发工作的前提。管理信息系统开发是一项非常复杂的系统工程，涉及组织的多个管理层次和管理部门，各子系统除了完成相对独立的功能外，相互之间还需协调工作，管理信息系统规划能够从整体上把握管理信息系统的开发，使信息系统的各个组成部分之间能够相互协调。

(2) 系统规划是系统开发成功的保证。管理信息系统规划有利于集中全部资源优势，使人力、物力、时间的安排合理、有序，使其得到合理配置与使用，有利于保证系统开发的顺利进行和成功。

(3) 系统规划是系统开发的标准。系统开发、验收、评价都是以系统规划为标准的。

(4) 系统规划指明了系统开发的方向。管理信息系统规划明确规定了系统开发的目标、任务、方法和步骤，这是项目开发小组的每个成员需要遵循的内容，给系统开发指明了方向。

(5) 系统规划是管理科学化规范化的基础。管理信息系统规划过程中促使管理人员回顾过去的工作，发现可以改进的薄弱环节，有利于管理科学化、规范化的实现。

39. 信息系统维护主要包括五种类型。

(1) 支援性维护。

(2) 预防性维护。

(3) 改正性维护。

(4) 适应性维护。

(5) 完善性维护。

五、应用题（本大题 10 分）

40. 决策树如下：

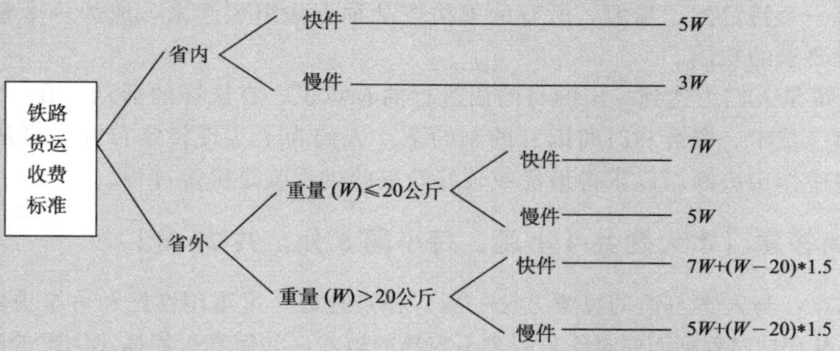

决策表如下：

条件与方案 \ 组合	1	2	3	4	5	6
是否省内	Y	Y	N	N	N	N
是否快件	Y	N	Y	Y	N	N

续表

组合 条件与方案	1	2	3	4	5	6
重量（*W*）＞20公斤	—	—	*Y*	*N*	*Y*	*N*
3*W*		*				
5*W*	*					*
7*W*				*		
5*W*＋（*W*－20）*1.5					*	
7*W*＋（*W*－20）*1.5			*			

六、案例分析题（本大题15分）

41. 该企业的ERP系统是成功的，对企业的变革有推动和促进作用，并且取得了较好的经济效益。具体有以下几个方面。

（1）业务流程的成功改造，使管理效率有很大的提高。

（2）先进管理模式的应用，企业的管理水平得到提升。

（3）业务处理速度提高，部门之间信息流转加快，各项业务的衔接和部门的协作情况有很大的改善。

（4）客户对订单落实的满意度有了很大的提高。

（5）业务数据的准确性与精确度有明显的提高，减少了返工等造成的损失。

（6）原材料库存积压减少。

（7）管理人员对管理方法等的改进能积极主动地参与，进而素质得到提高，与企业管理水平与效率的提升相互促进，进入良性循环。

全真模拟演练（三）

（考试时间 150 分钟）

总分		题号	一	二	三	四	五	六
核分人		得分	20	20	15	20	10	15
复查人		得分						

一、单项选择题（本大题共 20 小题，每小题 1 分，共 20 分。在每小题列出的四个备选项中只有一个是符合题目要求的，请将其代码填写在题后的括号内。错选、多选或未选均无分。）

1. 下述不属于系统逻辑模型描述工具的是(　　)。

A. 数据流程图　　B. 业务流程图

C. 数据字典　　D. 决策表

2. 在下列决策问题中，结构化程度最高的决策问题是（　　）。

A. 公司选址　　B. 飞机订票

C. 广告费用媒体选择　　D. 机票定价

3. 国家标准《计算机软件产品开发文件指南》中的 14 个文件，其中需要说明一个软件系统的各个层次中的每一个程序（模块）设计考虑的文件应该是（　　）。

A. 概要设计说明书　　B. 软件需求说明书

C. 程序设计说明书　　D. 总体设计说明书

4. 若原代码为 4321，各位之权分别为 2、3、4、5，模为 11，用算术级数法求得的校验位是(　　)。

A. 9　　B. 8　　C. 7　　D. 6

5. 关于什么是信息的不正确描述为（　　）。

A. 信息是客观世界事物变化和特征的反映　　B. 信息是可以通信的

C. 信息可以形成知识　　D. 信息是无法度量的

6. 职工工资汇总表格中包括职工号、部门号、身份证号、职工工资级别等数据项，表格中的主键应该是（　　）。

A. 职工号　　B. 部门号

C. 身份证号　　D. 职工工资级别

7. 下列图表工具中，不属于系统分析阶段使用的工具是（　　）。

A. 组织结构图　　B. 数据流程图

C. 系统功能模块结构图　　D. 管理业务流程图

8. 普遍地被用于商业企业、工商、质检、海关等的信息系统中的数模/模数转换输入方式是（　　）。

A. 网络传送　　B. 传感器输入

C. 扫描仪输入　　D. 条码输入

9. 系统开发阶段的工作不包括（　　）。

A. 系统规划　　B. 系统设计

C. 系统实施　　D. 系统更新

10. Oracle 是一种(　　)。

A. 文字处理软件　　B. 电子表格软件

C. 数据库管理软件　　D. 电子演示软件

11. 现行系统的详细调查在系统开发的（　　）阶段。

A. 系统规划　　B. 系统分析

C. 系统设计　　D. 系统实施

12. 用于支持领导层决策的信息系统是（　　）。

A. 专家系统　　B. 经理信息系统

C. 战略信息系统　　D. 电子数据交换

13. 关于系统切换，正确的叙述是（　　）。

A. 直接切换风险小　　B. 平行切换费用低

C. 平行切换工作量小　　D. 分段转换存在接口问题

14. 邮政编码属于（　　）。

A. 分组顺序码　　B. 区间码　　C. 缩写码　　D. 多面码

15. 现在广泛采用的数据模型是（　　）。

A. 层次模型　　B. 网状模型　　C. 对象模型　　D. 关系模型

16. 业务流程图圆形符号的意义是（　　）。

A. 数据/文件存档　　B. 业务处理单位

C. 收集/统计数据　　D. 表格/报表制作

17. 用于管理信息系统规划的方法很多，把企业目标转化为信息系统战略的规划方法属于（　　）。

A. U/C 矩阵　　B. SST　　C. CSF　　BSP

18. 结构化系统开发方法在开发策略上强调（　　）。

A. 自上而下　　B. 系统调查　　C. 自下而上　　D. 综合法

19. 规模较大的数据处理系统，其数据流程图往往是变换型和事务型的混合结构，此时，通常主要进行的是（　　）。

A. 事务分析　　B. 变换分析

C. 同时进行　　D. 逐步求精

20. 描述系统结构和模块内部处理功能的工具（技术）是（　　）。

A. 决策树　　B. 系统流程图

C. HIPO 图　　D. IPO 图

二、多项选择题（本大题共10小题，每小题2分，共20分。在每小题列出的五个备选项中至少有两个是符合题目要求的，请将其代码填写在题后的括号内。错选、多选或未选均无分。）

21. 下面属于系统实施阶段主要任务的是(　　)。

A. 购置和安装物理系统　　B. 设计数据库关系模式

C. 程序设计　　D. 系统测试

E. 整理基础数据

22. 现在认为高质量的程序，必须符合以下要求(　　)。

A. 可靠性　　B. 效率

C. 可重用性　　D. 简洁性

E. 实用性

23. 程序设计最基本的要求是(　　)。

A. 正确性　　B. 效率

C. 可读性　　D. 可重用性

E. 结构化

24. 单元测试的主要内容包括(　　)。

A. 模块接口　　B. 数据结构

C. 边界条件　　D. 覆盖条件

E. 出错处理

25. 适用于黑盒测试技术的有(　　)。

A. 等价划分　　B. 语句覆盖

C. 错误推测　　D. 边界值分析

E. 输入组合

26. 系统设计中常用的菜单设计方式主要有(　　)。

A. 菜单式　　B. 填表式　　C. 问答式

D. 权限管理　　E. 提示方式

27. 属于模块结构图设计方法的是(　　)。

A. 概念结构分析　　B. 需求分析

C. 数据分析　　D. 事务分析

E. 变换分析

28. 关系二维表具有以下性质（　　）。

A. 列是同质的　　B. 列的顺序无所谓

C. 行的顺序无所谓　　D. 任意两个列不能完全相同

E. 任意两个元组不能完全相同

29. 常见的耦合类型有(　　)。

A. 标记耦合　　B. 概念耦合

C. 控制耦合　　D. 公共环境耦合

E. 内容耦合

30. 数据流程图的基本元素有（　　）。

A. 数据存储　　B. 数据流

C. 外部项　　D. 数据结构

E. 数据处理

三、名词解释（本大题共 5 小题，每小题 3 分，共 15 分）

31. 系统软件

32. 操作系统

33. 企业信息化

34. 决策

35. 信息系统原型

四、简答题（本大题共 4 小题，每小题 5 分，共 20 分）

36. 请简述诺兰阶段模型对管理信息系统研发的启示。

37. 某企业由相对独立的 5 个子公司组成，在管理上其中 3 个子公司管理基础完善，基本达到科学管理的要求，现企业高层为企业长远发展考虑决定建设一个管理信息系统。企业开发建设管理信息系统应选择哪种开发方法，为什么？请简述这种开发方法的优点。

38. 请简述管理信息系统的概念结构。

39. 请简述企业资源计划系统的发展阶段。

五、应用题（本题 10 分）

40. 成品库保管员按车间送来的入库单登记库存台账。发货时，发货员根据销售科送来的发货通知单将成品出库，并发货，同时填写三份出库单，其中一份交给成品库保管员，由他按此出库单登记库存台账，出库单的另外两联分别送销售科和会计科。

请根据题意绘制业务流程图。

六、案例分析题（本题 15 分）

41. 1965 年，加州的机动车管理局（DMV）的联机系统还是热门技术，25 年以后，他们已经用该系统处理了 5000 万个驾驶执照和车辆登记，同时还处理每年 52 亿美元的税收。虽然这个系统已经在升级后的 IBM 主机上，每天能处理 100 万笔业务了，它的软件却赶不上时代的发展，它们是用汇编语言写成的，非常难以维护。为了在执照和登记上加上一项“社会保障号码”，需要用 18 个人年去编制程序。虽然它在旧式的文件系统中仍能够很快地提取数据，却不能完成有条件的搜索和查询。机动车、管理局的地方机构用的是一些已经有十年役龄的 IBM 系列小型机和与主机相连接的一些简易终端，这些设备也都有些过时了。

1987 年，机动车管理局启动了一个雄心勃勃的项目，他们把系统转换到 SQL 关系数据库上，该系统在 24 台协力公司的计算机上运行。为了在这个新的技术平台上开发应用软件，他们又雇佣了 E. & Y. 咨询公司，该公司用 COBOI 与第四代开发工具工作。后来，这个项目搁浅了，E. &Y. 公司也于 1990 年退出了该项目，取而代之的是管理局自己的人员。

他们打算靠自己的力量用德州仪器公司的CASE开发工具IEF完成应用软件的开发。不幸的是，他们内部的开发人员没有能克服学习新的开发工具所遇到的巨大困难。七年过去了，这个管理局在花了4400万美元以后终于停止了再向该项目注入资金。他们开始明白，这并不单单是一个编写应用软件的问题。他们可能还要再投入1亿美元和4年的时间才能使该项目完成。经过一段调查后，管理局的一位发言人解释说，我们决定采用的这个数据库并没有经过检验，它无法处理我们每天来自3万个用户的业务数据。协力公司却认为，自己已经完全尽了职责，并把失败的原因归咎于E. & Y. 公司退出后项目管理的混乱。E. &Y. 公司说，我们介入了还不到一年，不能对失败负责。机动车管理局一筹莫展，只好凑合着用那套已经陈旧的技术和花了4400万美元更新来的却并不好用的数据。

案例分析：

(1) 结合案例谈谈系统规划的意义、作用。(8分)

(2) 结合案例谈谈可行性分析的内容。(7分)

全真模拟演练（三）参考答案及解析

一、单项选择题（本大题共20小题，每小题1分，共20分）

1. D	2. B	3. C	4. B	5. D
6. A	7. C	8. D	9. D	10. C
11. B	12. C	13. D	14. A	15. D
16. B	17. B	18. A	19. B	20. C

二、多项选择题（本大题共10小题，每小题2分，共20分）

21. ACDE	22. ABCE	23. ACE	24. ABCDE	25. ACDE
26. ABCDE	27. DE	28. ABCE	29. ACDE	30. ABCE

三、名词解释（本大题共5小题，每小题3分，共15分）

31. 系统软件由一组控制计算机系统管理资源的，还为应用软件提供支持和服务的程序组成，其主要功能包括启动计算机，存储、加载和执行应用程序，对文件进行排序、检索，将程序语言翻译成机器语言等。

32. 操作系统是管理、控制和监督计算机软件、硬件资源协调运行的程序系统，由一系列具有不同控制和管理功能的程序组成，是直接运行在计算机硬件上的最基本的系统软件，是系统软件的核心。

33. 企业信息化是指企业为了提高企业的经济效益和市场竞争力，利用现代信息技术，通过对信息资源的深入开发和广泛利用，使企业资源合理配置，并且不断提高企业决策、生产、经营、管理的效率和水平的过程。

34. 决策就是解决现实中出现的问题，实现某个特定的目标的一种方法和途径。根据对相关信息的充分搜集和详细分析，提出解决问题和实现目标的各种可行方案，并依据评定准则，选定方案并实施。

35. 信息系统原型，就是一个可以实际运行、反复修改、不断完善的信息系统。

四、简答题（本大题共4小题，每小题5分，共20分）

36. 诺兰阶段模型对管理信息系统的作用如下。

诺兰阶段模型总结了西方发达国家信息系统发展的经验和规律。无论是确定开发信息系统的策略，还是制订信息系统规划，都应首先明确组织当前处于哪一阶段，根据该阶段的特征来科学地规划和指导整个组织的信息系统建设工作。其主要启示如下：①信息系统建设是一项长期的、复杂的、投入高的社会化系统工程，其发展进程呈波浪式，它受各种综合条件的影响和制约，并不是一蹴而就的，而应遵循一定的客观规律；②信息系统伴随着计算机技术的应用发展而实施，其发展的各阶段是一个人类对其应用的认识逐步提高的过程，各阶段是不能逾越的，但我们可以尽可能压缩蔓延和控制阶段的时间，对其规划和改造，使其沿正确的方向前进，并推动它从低层向到高层发展；③我国是一个发展中国家，人口众多，资源还很紧缺，要在短时间内改变现有的管理信息系统的现状是不现实的，我们应该吸取别国的经验教训，避免盲从，少走弯路，根据自己国家、自己地区、自己单位的实际情况，规划出一套切实可行的信息系统建设方案来。

37. 选择结构化开发方法，因为这种方法适用于一些组织相对稳定、业务处理过程相对规范、需求相对明确且在一定时期内不会发生大的变化的大型复杂系统的开发。

结构化开发方法有很多优点。①由于是分阶段、分任务地完成系统开发，前一个阶段工作的完成是后一个阶段工作的前提和依据，而后一阶段工作的完成往往又验证了前一阶段的成果。②这个开发过程是从抽象到具体、逐步求精的过程。从时间的进程来看，每一阶段的工作，都体现出自上而下、逐步求精的结构化技术特点。③分析和设计过程完善，即首先进行系统分析，然后进行系统设计，从而大大提高了系统的正确性、可靠性和可维护性。④由于对每一个阶段的工作任务完成情况进行设立检查点，对出现的错误或问题，必须及时加以解决，否则不允许转入下一工作阶段，也就是及时对本阶段工作成果进行评定，使错误止于该阶段，从而减少了损失，开发的质量得到保证。

38. 从概念来看，管理信息系统由四大部分组成：信息源、信息处理器、信息使用者、信息管理者。

（1）信息源。信息源就是原始信息的产生地。

（2）信息处理器。信息处理器是根据不同的需求，对原始信息进行收集、分析、加工、存储并转化成所需要的信息，最终传递给信息使用者。

（3）信息使用者。信息使用者就是信息的归宿，他应用信息来进行决策。

（4）信息管理者。信息管理者对管理信息系统进行设计和维护，在管理信息系统运行之后，对其进行协调，保证各个部分能够正常运行。

39. 一般地，可将企业资源计划的发展分为如下五个阶段。

（1）管理信息系统阶段。企业的信息管理系统主要是记录大量原始数据，支持查询、汇总等方面的工作。

（2）制造资源计划阶段。企业的信息管理系统对产品构成进行管理，借助计算机的运算能力及系统对客户订单、在库物料、产品构成的管理能力，依据客户订单、按照产品结构清单展开并计算物料需求计划。实现减少库存、优化库存的管理目标。

（3）制造资源计划 II 阶段。制造资源计划 II 阶段在制造资源计划管理系统的基础上，系统增加了对企业生产中心、加工工时、生产能力等方面的管理，以实现计算机进行生产排程的功能，同时也将财务的功能囊括进来，在企业中形成以计算机为核心的闭环管理系统，这种管理系统已能动态监察到产、供、销的全部生产过程。

（4）企业资源计划阶段。进入企业资源计划阶段后，以计算机为核心的企业级的管理系统更为成熟，系统增加了财务预测、生产能力、调整资源调度等方面的功能。配合企业实现 JIT 全面管理、质量管理和生产资源调度管理及辅助决策的功能，成为企业进行生产管理及决策的平台工具。

（5）电子商务时代的企业资源计划。Internet 技术的成熟为企业信息管理系统增加了与客户或供应商实现信息共享和直接的数据交换的能力，从而强化了企业间的联系，形成共同发展的生存链，体现企业为达到生存竞争的供应链管理。企业资源计划系统相应实现这方面的功能，使决策者及业务部门实现跨企业的联合作战。

五、应用题（本题10分）

40.（本图仅供参考，绘制图形不一定与之完全相同，根据是否符合题意综合打分）

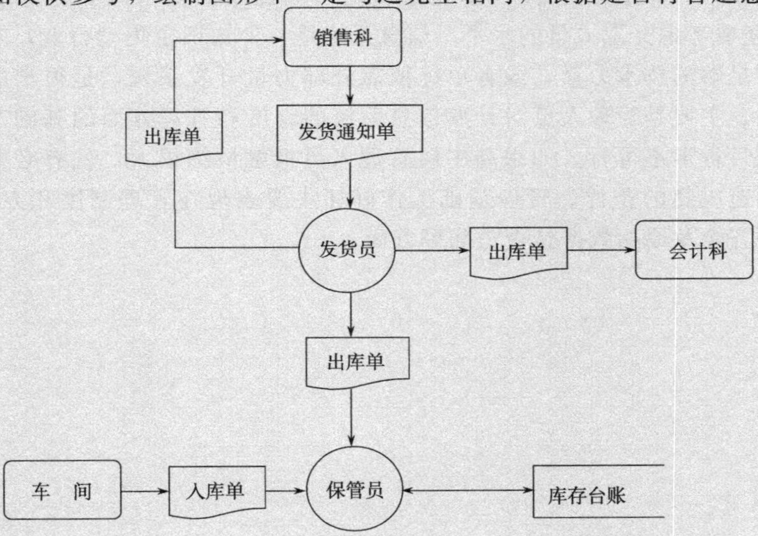

六、案例分析题（本题15分）

41.（1）管理信息系统规划是关于管理信息系统的长远发展计划，是企业战略规划的一个重要组成部分。规划指全面的长远发展计划。系统规划是信息系统生命周期的第一阶段。这一阶段的主要目标是明确组织管理信息系统建设的发展方向、系统规模和开发计划。组织的信息系统建设具有持续性，是永不停歇的一个社会技术系统工程。科学的规划可以减少盲目性，使系统有良好的整体性、较高的适应性，建设工作有良好的阶段性，以便以较少的投入，获得更大的产出。现代企业用于信息系统的投资越来越多，规划不好不仅会造成管理信息系统开发工作的损失，还会造成企业运行的间接损失。通常人们就有一种认识，假如一个操作错误可能损失几万元，那么一个设计错误就能损失几十万元，一个计划的错误就能损失几百万元，而一个规划错误的损失则能达到千万元，甚至上亿元。所以必须把信息系统的规划摆到重要的战略位置上。有的组织开发出的管理信息系统，或不适用，或适应性差、难以扩充。缺乏科学的规划是造成这种现象的原因之一。有些规模较大的项目，由于没有系统规划和科学论证，上马时轰轰烈烈，上马后困难重重、骑虎难下，不仅造成资金、人力的巨大浪费，而且为今后的系统建设留下隐患。因此，系统规划是信息系统建设成功的关键因素之一，它比具体项目的开发更为重要。

（2）可行性分析包括以下三方面内容。①经济可行性，主要是对项目的经济效益进行评价。一方面是支出的费用，其中包括设备购置费、软件开发费、管理和维护费用、人员工资和培训费等。另一方面，是取得的收益，其中有一部分可以用钱来衡量，如加强库存管理后，加快流动资金周转，减少资金积压等；另一部分难以用钱表示，如比原系统提供更多的信息，缩短取得信息的时间等。②技术上的可行性。技术上的可行性分析要考虑将来采用的硬件和软件技术能否满足用户提出的要求（如计算机容量、速度等）。此外，还要考虑开发人员的水平。信息系统是一种知识密集型行业，对技术要求较高，如果没有足够的技术力量，或者单纯依靠外部力量开发系统，是很难成功的。③管理上的可行性。主要是管理人员对开发信息系统的态度和管理方面的基础工作。主要领导不支持的项目肯定不可行。如果高中层管理人员抵触情绪很大，就有必要等一等，积极做工作，创造成熟的条件。管理基础工作好坏主要表现在管理制度和方法是否科学、规章制度是否齐全及原始数据是否正确等方面。

全真模拟演练（四）

（考试时间 150 分钟）

总分		题号	一	二	三	四	五	六
核分人		得分	20	20	15	20	10	15
复查人		得分						

一、单项选择题（本大题共 20 小题，每小题 1 分，共 20 分。在每小题列出的四个备选项中只有一个是符合题目要求的，请将其代码填写在题后的括号内。错选、多选或未选均无分。）

1. 有关信息的说法，不正确的是（　　）。
   A. 信息不随着载体的变化而变化
   B. 信息可以同时被多方共同享有
   C. 信息是可以传递的
   D. 信息有时效性，所以过去的信息可以直接扔掉
2. ISO/OSI 是指（　　）。
   A. 国际标准协议　　B. 计算机网络的开放系统互连模型
   C. 开放系统互连协议　　D. 一种实际网络
3. 数据库的概念设计一般在系统开发的下列这个阶段进行（　　）。
   A. 系统开发之前　　B. 系统分析阶段
   C. 系统设计阶段　　D. 系统实施阶段
4. 身份证号码属于（　　）。
   A. 区间码　　B. 混合码　　C. 分组顺序码　　D. 排序码
5. 下列图表工具中，不属于系统分析阶段使用的工具是（　　）。
   A. 组织结构图　　B. 数据流程图
   C. 系统功能模块结构图　　D. 管理业务流程图
6. U/C 矩阵描述了（　　）。
   A. 部门与部门之间的关系　　B. 部门与报表之间的关系
   C. 业务功能类与数据类之间的关系　　D. 多种数据类之间的关系
7. 下面不属于系统设计阶段内容的工作是（　　）。
   A. 程序设计　　B. 文件设计
   C. 处理过程设计　　D. 编写程序设计说明书

8. 以网络为中心属于办公自动化的（　　）。

A. 第一阶段　　B. 第二阶段

C. 第三阶段　　D. 第四阶段

9. 系统开发过程中最重要、最关键的阶段是（　　）。

A. 系统分析　　B. 系统设计

C. 系统实施　　D. 系统规划

10. 系统对提高企业科学管理水平，增强企业竞争力及提高管理人员素质等带来的收益属于（　　）。

A. 直接经济效益　　B. 间接经济效益

C. 系统收益　　D. 投资回收效益

11. 用 MIPS 为单位来衡量计算机的性能，它指的是计算机的（　　）。

A. 传输速率　　B. 存储器容量

C. 字长　　D. 运算速度

12. 系统切换不包括以下（　　）。

A. 直接切换　　B. 间接切换

C. 平行切换　　D. 分阶段切换

13. 采用子程序调用，调用模块将需要处理的数据传递给被调模块，这是（　　）。

A. 数据耦合　　B. 内容耦合

C. 控制耦合　　D. 标记耦合

14. 我们要尽可能地把物流转换为信息流，体现了信息的（　　）。

A. 可存储性　　B. 可传递性

C. 可处理性　　D. 可转换性

15. 在下列决策问题中，结构化程度最高的决策问题是（　　）。

A. 绩效评估　　B. 飞机订票

C. 厂址选择　　D 机票定价

16. 校验输入月份最大不能超过 12 是属于（　　）。

A. 人工校验　　B. 数据类型校验

C. 逻辑校验　　D. 界限校验

17. 国家标准《计算机软件产品开发文件指南》中的 14 个文件，其中需要说明一个软件系统的各个层次中的每一个程序（模块）设计考虑的文件应该是（　　）。

A. 概要设计说明书　　B. 软件需求说明书

C. 程序设计说明书　　D. 总体设计说明书

18. 绘制数据流程图时，右边的符号表示（　　）。

A. 数据存储　　B. 数据处理

C. 外部实体　　D. 单据、报表

19. 计算机系统中，最贴近硬件的系统软件是（　　）。

A. 语言处理程序　　B. 数据库管理系统

C. 服务性程序　　D. 操作系统

20. 每个决策都需要经过四个阶段，其顺序是（　　）。

A. 方案设计、情报采集、方案选择和方案执行阶段

B. 情报采集、方案设计、方案选择和方案执行阶段

C. 方案选择、方案设计、情报采集和方案执行阶段

D. 方案设计、方案选择、情报采集和方案执行阶段

二、多项选择题（本大题共10小题，每小题2分，共20分。在每小题列出的五个备选项中至少有两个是符合题目要求的，请将其代码填写在题后的括号内。错选、多选或未选均无分。）

21. 计算机硬件系统的主要组成部件包括下面（　　）。

A. 运算器　　B. I/O 设备

C. 数据库管理系统　　D. CPU

E. 外围设备

22. 结构化程序设计方法的特点是对任何程序都设计成几种基本逻辑结构，包括（　　）。

A. 顺序结构　　B. 选择结构

C. 循环结构　　D. 直接结构

E. 切换结构

23. 常用的面向对象的语言有（　　）。

A. C＋＋　　B. C　　C. Visual Basic

D. Java　　E. Fortran

24. 关于 UML（统一建模语言），下面哪些说法是正确的（　　）。

A. 是面向对象而进行分析与设计的

B. 是第三代用来为原型法系统开发进行说明使其可视化和编制文档的建模语言

C. 它不是一种可视化的程序设计语言，而是一种可视化的建模语言

D. 它不是过程也不是方法

E. 跨平台，可应用于任何语言平台和工具平台

25. 信息资源管理的基本原则有（　　）。

A. 信息管理人文化

B. 着重信息系统中的管理因素

C. 合理有效地接受信息，避免信息过分数字化和结构化

D. 信息资源管理的全球化

E. 信息资源管理的经济化

26. 根据系统组成的要素和功能，系统可以分为（　　）。

A. 自然系统　　B. 人工系统

C. 复合系统　　D. 生态系统

E. 信息系统

27. 计算机系统中的系统软件包括（　　）。

A. 操作系统　　B. 数据库管理系统

C. 程序设计语言　　D. 工具软件

E. Office 软件

28. UC 矩阵的正确性检验可以从以下几方面进行（　　）。

A. 完备性　　B. 可靠性

C. 一致性　　D. 安全性

E. 无冗余性

29. 不好的关系模式存在以下问题（　　）。

A. 数据冗余　　B. 更新异常

C. 查询异常　　D. 插入异常

E. 删除异常

30. 利用代码校验位可检测出以下错误（　　）。

A. 抄写错误　　B. 仿真错误

C. 易位错误　　D. 开发错误

E. 双易位错误

三、名词解释（本大题共 5 小题，每小题 3 分，共 15 分）

31. 企业流程再造

32. 信息

33. 可行性分析

34. 白盒测试

35. 系统切换

四、简答题（本大题共 4 小题，每小题 5 分，共 20 分）

36. 计算机采用二进制主要的原因。

37. 简述决策的阶段。

38. 结构化的程序设计方法强调的要点。

39. 简述系统测试的实施过程。

五、应用题（本题 10 分）

40. 试根据以下储蓄所取款过程画出数据流程图：储户将填好的取款单及存折交储蓄所，经查对存款账，将不合格的存折和取款单退回储户，合格的存折和取款单被送交取款处理，处理时要修改存款账户，处理的结果是将存折、利息单和现金交储户，同时将取款单存档。

六、案例分析题（本题 15 分）

41. KN 公司的产品覆盖了塑料模具制品的大部分领域，模具主要用来制作各种不同的产品，如电动车、园艺工具和儿童玩具。由于多样性，这里有 6 个不同的销售部，1 个生产部和一个订货部。另外有 1 个单独的 IT 服务部为所有部门提供 IT 服务。公司已经在每个单独的部门建立了 IT 系统。每个部门有自己独立的计算机化的数据库和记录。KN 公司的

IT 服务部前几年在实施 IT 系统方面非常成功，为其他的部门提供了高质量的服务。KN 公司现在希望建立一个可以被各个部门应用的中心销售数据库。数据库包括货物的信息，客户和负债人分析。这就意味着每个部门的单独的数据库需要整合成一个中心数据库。

结合案例回答下列问题：

(1) 公司处于诺兰模型的哪一个阶段？请简述这个阶段的特点。(5 分)

(2) 简述诺兰阶段模型对企业管理信息系统建设的启示。(5 分)

(3) 说明 KN 公司把部门单独的数据和信息集成到中心数据库的优点及可能会遇到的问题。(5 分)

全真模拟演练（四）参考答案及解析

一、单项选择题（本大题共 20 小题，每小题 1 分，共 20 分）

1. D	2. B	3. B	4. C	5. C
6. C	7. A	8. C	9. A	10. B
11. D	12. B	13. A	14. D	15. B
16. D	17. C	18. B	19. D	20. B

二、多项选择题（本大题共 10 小题，每小题 2 分，共 20 分）

21. ABDE	22. ABC	23. ACD	24. ACDE	25. ABC
26. ABC	27. ABCD	28. ACE	29. ABDE	30. ACE

三、名词解释（本大题共 5 小题，每小题 3 分，共 15 分）

31. 企业流程再造是为了显著改善衡量绩效的关键指标，从根本上重新思考、彻底改造从接受原材料到提供给客户产品的一系列业务活动的企业流程。

32. 信息是经过加工并对人类社会实践和生产经营活动产生影响的数据。

33. 可行性分析的任务是了解客户的要求及现实环境，从技术、经济和社会因素等三方面研究并论证本软件项目开发的可行性，编写可行性分析报告，制订初步的项目开发计划。建设管理信息系统的必要性取决于需求的迫切性和实现的可行性。可行性并不等于可能性，它还包括必要性，如果领导或管理人员对信息的需求并不迫切，或者各方面的条件不具备，就是不具备可行性。

34. 白盒测试，也称结构测试，即将软件看作透明的白盒，从程序的逻辑结构入手，按照一定的原则来设计测试用例，设定测试数据，对软件的逻辑过程进行测试，检查是否符合设计要求。

35. 系统切换指由原来的系统运行模式过渡到新开发的管理信息系统的过程，是新老系统之间的转换，包括原来全部用人工处理的系统转换到新的以计算机为基础的信息系统，也包括从旧的信息系统向新的信息系统的切换过程。

四、简答题（本大题共 4 小题，每小题 5 分，共 20 分）

36. 原因如下：①二进制只有 0 和 1 两种状态，与计算机所使用的逻辑器件的两种状态（有或无）吻合，所以技术上容易实现；②二进制数运算规则简单，适合于计算机进行逻辑运算；③二进制数与十进制数之间的转换不复杂，容易实现。

使用二进制的好处是：运算简单、实现方便、成本低。

37. 现在通常每个决策都需要经过四个阶段：情报采集阶段、方案设计阶段、方案选择阶段和方案执行阶段。

（1）情报采集阶段：确定要决策的事件和所需条件，调查决策环境和获取决策所需要的有关信息。

（2）方案设计阶段：依据条件和相关信息，分析和研究与实现目标有关的限制性因素，制订出可供选择的多种方案。在制订方案的过程中，要不断地寻求和辨认限制性因素。制订方案需要全方位地考虑各种问题，往往需要不同部门、不同专业的人员共同参与。

（3）方案选择阶段：包括方案论证和决策形成两个步骤。方案论证是对备选方案进行定量和定性的分析、比较和研究，进行初选，并把经过初选后的可行方案提供给决策者。决策形成是决策者对经过论证的方案进行最后的抉择。

（4）方案执行阶段：选定的决策方案最终实施的阶段。在实施过程中，不仅要监督实施过程，还要收集实施过程中的情报，通过这些情报来分析和研究，随时调整实施步骤，作继续执行、停止实施或修改后继续实施的决定，同时为决策方案最终的评价作准备。

38. 结构化的程序设计方法强调的要点如下。采用自顶向下、逐步求精的模块化分解原则。采用三种基本的控制结构。①程序设计中尽量只采用顺序结构、选择结构、循环结构三种基本控制结构。②各程序部分的联系尽量使用调子程序（CALL-RETURN）方式。③限制使用无条件转移语句“GOTO”。

39. 根据管理信息系统的开发周期，系统测试可分为五个方面。①单元测试：以模块为单位，测试每个模块的正确性；②集成测试：组装经过测试的模块，测试模块之间的接口是否正确；③确认测试：测试整个软件系统是否满足用户功能、性能和限制条件的要求；④系统测试：针对整个产品系统进行的测试，目的是验证系统是否满足了需求规格的定义，找出与需求规格不相符合或与之矛盾的地方。⑤安装测试：在用户环境进行测试，确认是否达到验收标准。

五、应用题（本题 10 分）

40. 流程图如下：（本图仅供参考，绘制图形不一定与之完全相同，根据是否符合题意综合打分）

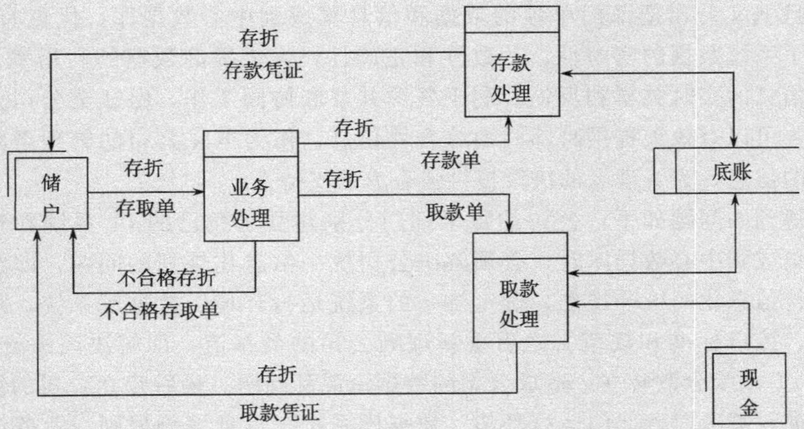

六、案例分析题（本题15分）

41.（本题不一定需要回答所有知识点，关键看理论与实践的结合程度和深度。）

（1）根据诺兰模型，分析KN公司目前信息化建设的具体情况，我们认为该公司正处在从控制阶段向集成阶段的发展过程中。第三阶段是控制阶段。在这一阶段，因为计算机的迅速增长超出了控制，预算费用高比例增长，投资回收却不理想。另外，对信息系统的认识逐渐深入，经验逐渐丰富，信息系统项目的不断积累，客观上要求组织加强对信息系统的规划、协调和控制。这阶段的特点如下：①出现了由组织高层和职能部门负责人参加的信息系统规划领导小组，对整个组织的信息系统建设进行统筹规划和严格控制，信息系统应用的无序发展和膨胀得到了遏制；②诺兰认为，这个阶段是组织实现从以计算机管理为主到以数据管理为主转换的关键，发展比较缓慢，相对来说投资比较平缓；③采用了数据库技术。

这个阶段的特征就是：组织开始以控制代替蔓延，思考代替盲目膨胀，规划代替无序。

（2）诺兰阶段模型总结了西方发达国家信息系统发展的经验和规律。无论是确定开发信息系统的策略，还是制订信息系统规划，都应首先明确组织当前处于哪一阶段，根据该阶段的特征来科学地规划和指导整个组织的信息系统建设工作。其主要启示如下。①信息系统建设是一项长期的、复杂的、投入高的社会化系统工程，其发展进程呈波浪式，它受各种综合条件的影响和制约，并不是一蹴而就的，而应遵循一定的客观规律。②信息系统伴随着计算机技术的应用发展而实施，其发展的各阶段是一个人类对其应用的认识逐步提高的过程，各阶段是不能逾越的，但我们可以尽可能压缩蔓延和控制阶段的时间，对其规划和改造，使其按照正确的方向前进，并推动它从低层向到高层发展。③我国是一个发展中国家，人口众多，资源还很紧缺，要在短时间内改变现有的管理信息系统的现状是不现实的，我们应该吸取别国的经验教训，避免盲从，少走弯路，根据自己国家、自己地区、自己单位的实际情况，规划出一套切实可行的信息系统建设方案来。

（3）一旦KN公司把部门单独的数据和信息集成到中心数据库，优点有三个方面。其一，保证了系统数据的实时性、一致性和正确性，大大提高数据的利用率；其二，可以实现系统信息的实时共享和反馈，利于资源共享和协同工作，保证全公司业务的顺利开展；其三，可以有效地提供跨部门的综合性信息，作为KN公司的管理者随时可得到全局的实时的信息，为管理者的决策提供强有力的支持。

可能会遇到的问题如下：公司的每个部门分别建立了自己的IT系统和独立的数据库，因此在集成到中心数据库时，必须解决公司统一信息化规划的问题，即结合公司实际情况，进行信息化的统一规划，确定统一的系统运行环境、数据库系统，规定公司信息集成模式、接口标准和规范。之后重新理顺公司的数据流，即解决因缺乏全局规划，各个部门的IT系统分散林立，造成公司的数据流混乱问题。最后建立公司的统一数据平台和集成标准。解决因各部门运行环境、数据库系统、信息编码规则、业务流程定义等方面执行不同的标准，造成的各子系统之间无法实现信息共享和集成的问题。

全真模拟演练（五）

（考试时间 150 分钟）

总分		题号	一	二	三	四	五	六
核分人		得分	20	20	15	20	10	15
复查人		得分						

一、单项选择题（本大题共 20 小题，每小题 1 分，共 20 分。在每小题列出的四个备选项中只有一个是符合题目要求的，请将其代码填写在题后的括号内。错选、多选或未选均无分。）

1. 以下关于信息的描述，说法正确的是(　　)。
   A. 信息就是字母、数字、图像、声音或其他符号
   B. 信息是原始的数据
   C. 信息是不可存储的
   D. 信息是表征事物状态的普遍形式
2. 以下属于人工系统的是（　　）。
   A. 宇宙系统　　B. 企业系统
   C. 计算机系统　　D. 生态系统
3. 第三代计算机的硬件特点是使用了（　　）。
   A. 真空管　　B. 晶体管
   C. 集成电路芯片　　D. 大规模集成电路
4. （　　）是计算机系统的核心部件。
   A. 中央处理单元　　B. 存储器
   C. 输入设备　　D. 输出设备
5. 按制定决策的组织层次可将决策分为战略决策、管理决策和（　　）。
   A. 方案决策　　B. 业务决策
   C. 单元决策　　D. 分析决策
6. 以下关于面向对象方法，说法不正确的是（　　）。
   A. 具有抽象性　　B. 具有封装性
   C. 具有继承性　　D. 不易与用户沟通
7. 用户的参与是保证目标系统最终成为用户所接受、真正服务用户的管理信息系统的

关键之一。这一描述符合管理信息系统的（　　）。

A. 规范原则　　B. 人文原则

C. 系统原则　　D. 发展原则

8. 在描述信息系统发展阶段的诺兰模型中，蔓延阶段之后信息系统的开发进入(　　)阶段。

A. 初装　　B. 控制

C. 集成　　D. 成熟

9. 在U/C矩阵中，对具体的数据项必有且仅有一个产生者，这种检验是（　　）检验。

A. 无冗余性　　B. 有效性

C. 完备性　　D. 一致性

10. (　　)是管理信息系统开发中最基础最重要的阶段，也是困难最多的阶段。

A. 系统规划　　B. 系统分析

C. 系统设计　　D. 系统实施

11. 业务流程图中的矩形符号代表(　　)。

A. 业务处理功能　　B. 业务处理单位

C. 收集/统计数据　　D. 表格/报表制作

12. 系统功能模块的耦合反映了模块间联系的紧密程度，如果两个模块共享同一全局数据，称为(　　)。

A. 数据耦合　　B. 标记耦合

C. 公共环境耦合　　D. 内容耦合

13. 在代码设计中，一般要求通过代码能够比较容易地识别被编码的对象，这体现了代码设计的(　　)原则。

A. 有效性　　B. 简明性

C. 标准化　　D. 规范性

14. 利用代码校验可以检测出很多错误，如将47928写成42978，这属于(　　)。

A. 抄写错误　　B. 易位错误

C. 双易位错误　　D. 随机错误

15. 下列选项属于人工测试采用的具体形式的是(　　)。

A. 会审　　B. 错误推断

C. 黑盒测试　　D. 白盒测试

16. 程序设计中，应尽量只采用顺序结构、分支结构和(　　)三种基本控制结构。

A. 调用结构　　B. 封装结构

C. 继承结构　　D. 循环结构

17. 程序设计应使程序的应变能力强，便于修改、调整，这是指程序应具有的(　　)。

A. 可读性　　B. 可靠性

C. 可维护性　　D. 可重用性

18. 管理信息系统运行成败的关键是(　　)。

A. 系统管理　　B. 人员管理

C. 客户管理　　D. 服务管理

19. 将程序转移到一个新的计算环境的可能性的大小，称为信息系统的（　　）。

A. 可修改性　　B. 可测试性

C. 可移植性　　D. 可使用性

20. 在某一维上将低层次的细节数据概括到高层次的汇总数据，这种多维分析操作是(　　)。

A. 向上钻取　　B. 向下钻取

C. 切块　　D. 旋转

二、多项选择题（本大题共 10 小题，每小题 2 分，共 20 分。在每小题列出的五个备选项中至少有两个是符合题目要求的，请将其代码填写在题后的括号内。错选、多选或未选均无分。）

21. 系统的构成必须具备下列哪三个条件（　　）。

A. 必须有人的参与

B. 必须有两个以上的组成成分

C. 两个以上的组成成分相互联系、相互制约

D. 整体是具有特定功能的有机整体

E. 必须由动态的组成成分构成

22. 计算机软件一般分为系统软件和应用软件两大类，下列选项属于系统软件的有（　　）。

A. 操作系统　　B. 客户管理系统

C. 文字处理软件　　D. 数据库管理系统

E. 程序设计语言

23. 下列选项是决策活动的三要素的是（　　）。

A. 决策者　　B. 决策对象

C. 决策过程　　D. 决策环境

E. 决策情报

24. 以下属于系统开发环境和工具的是(　　)。

A. 软件工程环境（SEE）　　B. 计算机辅助软件工程（CASE）

C. 软件开发环境（SDE）　　D. 系统工程（SE）

E. 集成化项目/程序支持环境 IPSE

25. 在管理信息系统开发中，可用于总体规划的方法有(　　)。

A. CSF　　B. SST

C. U/C 矩阵　　D. ROI

E. DFD

26. 在系统分析中，描述处理逻辑的工具有以下三种（　　）。

A. 决策树　　B. 决策表

C. 结构化语言　　D. 数据流程图

E. 业务流程图

27. 管理信息系统详细设计阶段的主要工作有（　　）。

A. 总体设计　　B. 代码设计

C. 数据库设计　　D. 用户界面设计

E. 编写程序模块设计说明书

28. 信息系统切换的常见方式主要有（　　）。

A. 顺序切换　　B. 平行切换

C. 分段转换　　D. 渐增切换

E. 直接切换

29. 以下属于信息系统给企业带来的直接经济效益的选项有（　　）。

A. 系统运行费用的节约额

B. 企业年生产费用的节约额

C. 资金流转速度的加快

D. 企业管理水平的提高

E. 企业管理效率的提高

30. 一般的企业资源计划系统软件的财务部分分为（　　）两大块。

A. 现金管理　　B. 固定资产核算

C. 会计核算　　D. 财务预测

E. 财务管理

三、名词解释（本大题共 5 小题，每小题 3 分，共 15 分）

31. 管理信息系统

32. 结构化系统分析与设计方法

33. U/C 矩阵

34. 系统维护

35. 数据挖掘

四、简答题（本大题共 4 小题，每小题 5 分，共 20 分）

36. 简述管理信息系统的特点。

37. 简述原型法的基本思想及特点。

38. 评价与衡量系统设计的指标有哪些？

39. 简述系统测试的实施过程。

五、应用题（本题 10 分）

40. 请根据以下描述绘制该校教务处的组织结构图与教务管理的功能结构图。

某函授学校的教务处管理着学校约 3000 名学生与 100 多名一线教师的相关教学信息。由于函授学校学生的流动性较大，学习周期长，兼职教师多，其教务管理具有一定的难度。为了提高教务管理工作的效率和准确率，该校领导决定组织力量教务管理信息系统。

该校的教务处分设 4 个科室：学生学籍管理科、学生信息管理科、学生成绩管理科、教师考核管理科。其中，学生学籍管理科，负责学生入学、学生毕业、学生异动（如留级、休学）等业务的安排和处理；学生信息管理科，要进行学生基本信息维护、德育管理，生成学生信息报表；学生成绩管理科，要进行排课管理、考试管理、成绩分析并生成相关报表；教师考核管理，主要体现为教师考勤和教学课堂评价两大业务功能。

六、案例分析题（本题 15 分）

41. 本部位于亚特兰大的 Mr. Sweeper 商店是销售真空清洁器和清洁部件、办公室清洁设备和必需品的零售商。公司有良好的管理体系和较高的管理效率，公司员工大多有长期的行业从业经验，但商店员工平均年龄偏大，对信息系统的操作能力较差。两年以前，Mr. Sweeper 的雇员仍然在笨手笨脚地通过一个目录来查找其需要的部件号或价格。Mr. Sweeper 商店的行政部门主管 Betty Smith 说“因为手头有 8000 多种商品，我们需要一个完全有经验的存货管理系统来追踪我们的存货状况，并与三个商店相互联通”。他还说：“我们还需要一个非常容易使用的软件给我们的销售人员，同时还需要相应的工作机制。”商店的各层管理人员都对该系统寄予厚望，连普通员工也希望该系统能减轻他们的工作压力，提高工作效率。

Mr. Sweeper 商店打算拿出 20 万美元购买适合自己的硬件和软件系统，如个人计算机、打印机、软件，以处理诸如控制存货、支付账单、收取款项等工作。经过选择和比较，Mr. Sweeper 商店打算聘请当地的一家专业且富有经验的系统集成商为他们提供所需的产品和服务。希望该存货管理系统能够把商店所需要的所有有关存货和会计的数据都存于同一个数据库内，个人计算机通过通信线路与网络相连。Betty Smith 说：“希望从一个最小的螺丝钉到最大的机器都存于数据库中。”

Mr. Sweeper 商店希望新的基于计算机的库存管理系统可以指出哪个产品库存已高于标准，哪个产品的库存太低了，它还能帮助计划订购周期，甚至还能计算供应商运送所订购的产品的平均时间。Betty Smith 希望：“到下一年，我公司可以将存货减少一半。”与此同时，销售人员可以通过查看数据库中的老订单帮助顾客记起以前他们曾买过什么产品。而且，机械师能查看维修的历史信息。

（1）结合案例回答什么是可行性分析？可行性分析包括哪些内容？（7 分）

（2）请为 Mr. Sweeper 商店作一个简要的可行性分析，并得出可行性分析结论。（8 分）

全真模拟演练（五）参考答案及解析

一、单项选择题（本大题共20小题，每小题1分，共20分）

1. D	2. C	3. C	4. A	5. B
6. D	7. B	8. B	9. D	10. D
11. A	12. C	13. A	14. C	15. A
16. D	17. C	18. A	19. C	20. A

二、多项选择题（本大题共10小题，每小题2分，共20分）

21. BCD	22. ADE	23. ABD	24. ABCE	25. CBD
26. ABC	27. BCDE	28. BCE	29. AB	30. CE

三、名词解释（本大题共5小题，每小题3分，共15分）

31. 管理信息系统包括了人、计算机技术、信息流三大要素，它借助计算机技术，对信息进行收集、存储、加工、传递、更新和维护，是通过处理信息流来为企业组织提供决策支撑的信息处理系统。

32. 结构化系统分析与设计方法又称结构化生命周期法，是自上而下分析与设计和从下向上逐步实施的建立计算机信息系统的一个过程，是组织、管理和控制信息系统开发过程的一种基本框架。

33. U/C 矩阵是一个二维矩阵，U（use）代表“使用”，C（create）代表“创建”。

34. 为了清除系统运行中发生的故障和错误，软件、硬件维护人员要对系统进行必要的修改与完善；为了使系统适应用户环境的变化，满足新提出的需要，也要对原系统作些局部的更新，这些工作称为系统维护。

35. 数据挖掘就是数据的深加工过程，是指从大量的数据中提取出隐含的、先前未知的、对决策有潜在价值的知识和规则，并能够根据已有的信息对未发生行为作出结果预测，为企业经营决策、市场策划提供依据。

四、简答题（本大题共4小题，每小题5分，共20分）

36. 管理信息系统的特点如下。

（1）管理信息系统的最终目的是为决策提供服务。

（2）管理信息系统能够对企业整个供应链进行有效和全面的管理。

（3）管理信息系统是人机相结合的系统。

（4）管理信息系统将先进的管理手段融入其中。

（5）管理信息系统是多学科交叉而成的边缘学科。

37. 原型法是在系统开发初期，系统开发人员凭借对用户需求的深入了解和系统主要功能的要求，在强有力的软件环境支持下，迅速构造出系统的初始原型，然后与用户一起不断对原型进行修改、完善，直到满足用户需求。

其优点是较好地满足用户的需求，增强了用户和系统开发人员的交流，使开发的系统更加贴近实际，提高了用户的满意程度，降低了系统开发风险，相对地减少了开发费用。

其不足是需要很好的开发工具，解决复杂系统和大型系统相对困难，要求用户要有较高地的管理水平。

38. 评价与衡量系统设计的指标主要有以下方面。

（1）系统的工作效率。

（2）系统的工作质量。

（3）系统的灵活性。

（4）系统的可靠性。

（5）系统的通用性。

（6）系统的经济性。

（注：答对 5 个即可得满分 5 分）

39. 根据管理信息系统的开发周期，系统测试可分为五个方面。

（1）单元测试：以模块为单位，测试每个模块的正确性。

（2）集成测试：组装经过测试的模块，测试模块之间的接口是否正确。

（3）确认测试：测试整个软件系统是否满足用户功能、性能和限制条件的要求。

（4）系统测试：针对整个产品系统进行的测试，目的是验证系统是否满足了需求规格的定义，找出与需求规格不相符合或与之矛盾的地方。

（5）安装测试：在用户环境进行测试，确认是否达到验收标准。

五、应用题（本题 10 分）

40.（1）该校的教务处下设 4 个科室：学生学籍管理科、学生信息管理科、学生成绩管理科、教师考核管理科。校教务处的组织结构图如图 1 所示。

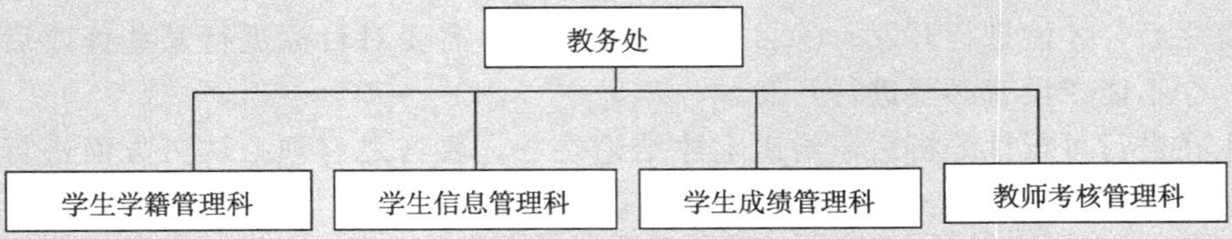

图 1　教务处组织结构图

评分说明：画出以教务处为顶层的两层组织结构即给 2 分，满分 4 分。

（2）教务管理的功能结构图如图 2 所示。

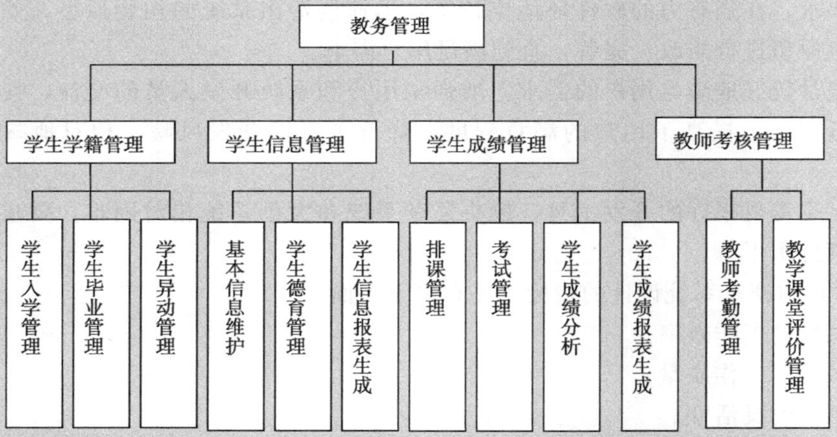

图 2　教务管理功能结构图

评分说明：画出以“教务管理”为顶层的三层组织结构即给 2 分，具体评分由老师酌情给出，满分 6 分。

七、案例分析题（本题 15 分）

41.（1）所谓可行性分析是指：在当前组织内外的具体环境和现有条件下，分析投资项目的研制工作是否具备必要的资源及其他条件。

可行性分析的内容包括三个方面。①经济可行性，主要是对项目的经济效益进行评价。②技术上的可行性，主要考虑将来采用的硬件和软件技术能否满足用户提出的要求（如计算机容量、速度等）及开发人员的水平。③管理上的可行性，主要是分析管理人员对开发信息系统的态度和管理方面的基础工作。

（2）解题思路：可行性分析应从经济、技术、管理三方面进行，分析在案例描述的资源和条件下，系统目标是否可以达到，并得出结论。结论一般有五种情形：①条件具备，可立即开发；②时机不成熟，需要增加资源才能进行开发；③需要推迟，直到某些条件具备之后，才能进行开发；④目标太低或太高，需要对目标进行某些修改后才能进行开发；⑤不能或没有必要进行开发。

学生在进行可行性分析后，给出上述结论之一，要言之有理。从三方面进行可行性分析即可得 3 分，给出结论给 2 分，言之有理可给 2～3 分。

全真模拟演练（六）

（考试时间 150 分钟）

总分		题号	一	二	三	四	五	六
核分人		得分	20	20	15	20	10	15
复查人		得分						

一、单项选择题（本大题共 20 小题，每小题 1 分，共 20 分。在每小题列出的四个备选项中只有一个是符合题目要求的，请将其代码填写在题后的括号内。错选、多选或未选均无分。）

1. 新闻网站里播报的一条经济信息，可以同时被全世界的读者浏览，信息的这种特征是(　　)。

A. 客观性　　B. 共享性

C. 可处理性　　D. 可再生性

2. 以下属于自然系统的系统是（　　）。

A. 通信系统　　B. 人体系统

C. 信息系统　　D. 教育系统

3. 计算机系统采用的是（　　）信息编码。

A. 二进制　　B. 八进制

C. 十进制　　D. 十六进制

4. 在计算机程序设计语言中，可以直接被计算机识别并执行的只有（　　）。

A. 机器语言　　B. 汇编语言

C. 算法语言　　D. 高级语言

5. 企业系统规划法的英文缩写是（　　）。

A. BPR　　B. BPI

C. ERP　　D. BSP

6. 以下关于原型法，说法正确的是（　　）。

A. 原型法降低了复杂系统的开发难度

B. 改进了用户和系统开发人员的交流方式

C. 增加了开发成本

D. 增加了开发风险

7. 我们应结合目标组织的技术水平、管理水平和人员素质等条件，合理有效地开发目标系统，不盲目追求高、大、全。这一描述符合管理信息系统的（　　）开发原则。

A. 规范原则　　B. 经济原则

C. 系统原则　　D. 发展原则

8. 在 U/C 矩阵中，U 代表（　　）。

A. 用户　　B. 有用

C. 使用　　D. 用品

9. 以下不属于系统规划的主要任务的选项是(　　)。

A. 制定信息系统的目标

B. 进行可行性分析

C. 制订系统建设的资源分配计划

D. 确定计算机软硬件的方案

10. 在数据字典中，(　　)是不可再分的数据单元。

A. 数据项　　B. 数据结构

C. 数据流　　D. 数据处理

11. 系统分析报告的主要作用是(　　)。

A. 系统规划的依据　　B. 系统实施的依据

C. 系统设计的依据　　D. 系统评价的依据

12. 系统功能模块的内聚反映了模块内部联系的紧密程度，如果一个某块内部的各个组成部分在逻辑上具有相似的处理动作，在功能上、用途上却无关，称为(　　)。

A. 偶然内聚　　B. 功能内聚

C. 逻辑内聚　　D. 顺序内聚

13. 在代码设计中，代码的长度会影响输入输出的速度和出错的概率，因此，代码应具有（　　）。

A. 有效性　　B. 简明性

C. 系统性　　D. 规范性

14. 已知原代码为 2 3 4 5，各位的权分别为 5，4，3，2，模为 13，则用算术级数求得的具有校验位的代码为(　　)。

A. 2 3 4 5 5　　B. 2 3 4 5 6

C. 2 3 4 5 7　　D. 2 3 4 5 8

15. 下列选项属于黑盒测试技术的是(　　)。

A. 个人复查　　B. 错误推断

C. 语句覆盖　　D. 条件覆盖

16. 原有系统停止运行的某一时刻，新系统立刻投入运行，这种信息系统切换方式被称为（　　）。

A. 过渡切换　　B. 分段切换

C. 平行切换　　D. 直接切换

17. 程序设计应使程序的结构清晰、可理解性好，这是指程序应具有的(　　)。

A. 可读性　　B. 可靠性

C. 可维护性　　D. 可重用性

18. 以下关于管理信息系统运行维护，说法正确的是(　　)。

A. 在管理信息系统中，运行维护阶段的工作量占全部工作量的比重没有开发阶段的工作量占比大

B. 在管理信息系统中，运行维护阶段的工作效率没有开发阶段的工作效率高

C. 管理信息系统的运行维护管理不需要大量资金的投入

D. 管理信息系统的运行维护不会为企业创造价值

19. 软件产品使已修改软件能被确认的能力，称为信息系统的（　　）。

A. 可修改性　　B. 可测试性

C. 可移植性　　D. 可使用性

20. 下列网站中，属于 B2B 型电子商务企业的是（　　）。

A. 当当网　　B. 亚马逊

C. 淘宝网　　D. 阿里巴巴

二、多项选择题（本大题共 10 小题，每小题 2 分，共 20 分。在每小题列出的五个备选项中至少有两个是符合题目要求的，请将其代码填写在题后的括号内。错选、多选或未选均无分。）

21. 管理信息系统发展经历了哪三个发展阶段（　　）。

A. 单项数据处理阶段　　B. 管理信息系统阶段

C. 决策支持系统阶段　　D. 综合数据处理阶段

E. 电子数据处理系统阶段

22. 按通信覆盖地域的广度，可把计算机网络分为（　　）。

A. 直接式　　B. 间接式

C. 局域网　　D. 城域网

E. 广域网

23. 以决策者为主题的管理决策过程一般经历下列（　　）三个阶段。

A. 计划　　B. 情报

C. 设计　　D. 选择

E. 执行

24. 管理信息系统的开发主要采用（　　）这两种策略。

A. 自上而下　　B. 自下而上

C. 封装　　D. 继承

E. 抽象

25. 可行性分析包括（　　）分析。

A. 经济可行性　　B. 技术可行性

C. 政策可行性　　D. 管理可行性

E. 决策可行性

26. 在系统分析阶段，系统分析员可以利用以下（　　）直观的分析图表，来帮助和用

户的沟通。

A. 功能结构图　　B. 业务流程图

C. 数据流程图　　D. 数据字典

E. 组织结构图

27. 管理信息系统的总体设计阶段的主要工作有(　　)。

A. 系统平台设计　　B. 代码设计

C. 数据库设计　　D. 系统功能模块设计

E. 系统处理流程设计

28. 在管理信息系统的系统实施阶段，系统测试一般通过下列（　　）测试来完成。

A. 恢复测试　　B. 安全测试

C. 强度测试　　D. 确认测试

E. 性能测试

29. 管理信息系统需要维护的原因有（　　）。

A. 系统的环境变化

B. 企业追求最新潮的系统

C. 系统自身的隐藏错误

D. 系统的功能增加需求

E. 企业管理的需要

30. 以下关于数据仓库的说法，正确的是(　　)。

A. 数据仓库中存储的是联机事务处理产生的数据

B. 数据仓库中的数据可直接从原有的数据库系统直接得到

C. 数据仓库的数据供企业决策分析使用

D. 数据仓库中的数据是永远不变的

E. 数据仓库技术是决策支持系统的主要技术之一

三、名词解释（本大题共 5 小题，每小题 3 分，共 15 分）

31. 计算机网络。

32. 企业流程再造

33. 业务流程图

34. 办公自动化

35. 电子政务

四、简答题（本大题共 4 小题，每小题 5 分，共 20 分）

36. 简述计算机系统的基本组成。

37. 简述结构化系统的开发过程。

38. 简述数据库设计的步骤。

39. 简述结构化的程序设计方法强调的要点。

五、应用题（本题 10 分）

40. 根据以下描述绘制出计算所得税的决策树和决策表。

有一工资处理系统，每月根据职工应发的工资计算个人收入所得税，交税额算法如下：

（1）若职工月收入小于等于 3500 元，不交税；

（2）若职工月收入大于 3500 元并小于等于 5000 元，则所交税额为超过 3500 元工资额部分的 5%；

（3）若职工月收入大于 5000 元，则所交税额为 3500～5000 元部分的 5%和超过 5000 元部分的 10%。

六、案例分析题（本题 15 分）

41. ABC 企业是国内一家从事大型仪表车床制造的公司。该企业从 2000 年就开始准备 ERP 项目，随后几年内选定了软件，开始实施包括财务、分销和制造在内的整合的 ERP 系统。

为此，ABC 公司专门成立了 ERP 实施小组，在专业咨询公司的协助下，经过一段时间的需求分析、流程设计、用户培训，实施工作进入了紧张的上线前数据准备的关键阶段。

这时候，采购部门对敏感的采购信息在系统中的安全性提出了质疑，包括对相关采购数据的输入、修改、批准、查询、报告、打印等，提出了一系列要求。整个采购部门有几十个从事采购相关业务的工作人员，分管几十个大类、数以万计的不同物品的相关采购工作。根据内控的要求，不同大类物品的采购价格和数量，以及到货时间等诸如此类的订单信息和供应商信息，对其他无关部门，甚至同部门的其他采购人员，都是保密的。

在这样的内控要求下，ERP 用户权限的设定，不是仅在功能模块的菜单上设定权限，就能符合岗位隔离的要求的。不少安全要求，具体到需要对数据库内的数据表的字段作出相应的权限设定。岗位隔离的要求，形成了一个极其复杂的安全需求矩阵。

在系统实施工作的后期阶段，提出这样的安全要求，对 ERP 实施小组无疑是个难题。由于事先准备不足，ERP 系统的功能、需求分析、流程设计、项目实施的资源，都没有充分考虑公司内控和信息安全的要求。上述信息安全和岗位隔离的要求，对采购模块的实施，形成了难以逾越的障碍，并且直接导致了采购模块不能和其他模块一起集成上线；应付账款模块、库存管理模块、成本计算功能的应用，都受到了很大的制约；该 ERP 系统的实施，没能达到产供销财务一体化的目标。

其实，该公司内其他部门也有类似的信息安全的考虑和内控的要求，只不过没有采购部门反应强烈而已。这些问题深深困扰着 ABC 这家企业……

阅读材料并回答以下问题：

（1）在系统分析阶段，系统分析人员需要完成哪些任务？（7 分）

（2）在系统分析阶段，系统分析人员在哪方面存在重大的失误？（3 分）

（3）你认为应如何解决案例中描述的问题？（5 分）

全真模拟演练（六）参考答案及解析

一、单项选择题（本大题共20小题，每小题1分，共20分）

1. B	2. B	3. A	4. A	5. D
6. B	7. B	8. C	9. D	10. A
11. C	12. C	13. B	14. D	15. B
16. D	17. A	18. B	19. B	20. D

二、多项选择题（本大题共10小题，每小题2分，共20分）

21. BCE	22. CDE	23. BCD	24. AB	25. ABD
26. ABCDE	27. ADE	28. ABCE	29. ACD	30. CE

三、名词解释（本大题共5小题，每小题3分，共15分）

31. 计算机网络是用通信介质把分布在不同地理位置的计算机和其他网络设备连接起来，实现信息互通和资源共享的系统。

32. 企业流程再造是为了显著改善衡量绩效的关键指标，从根本上重新思考、彻底改造从接受原材料到提供给客户产品的一系列业务活动的企业流程。

33. 业务流程图是用一些规定的符号及连线来描述系统内各单位、人员之间业务关系、作业顺序和管理信息流向的图表。

34. 办公自动化是一门综合技术，它是将办公业务活动物化于人之外的各种设备，并由设备与各种办公人员构成服务于某种目标的人机信息系统。

35. 世界银行认为，电子政务是指政府部门利用信息技术（如广域网、互联网和移动电脑）转变政府同公民、企业和政府其他部门的关系。

四、简答题（本大题共4小题，每小题5分，共20分）

36. 计算机系统由计算机硬件系统和软件系统两大部分组成。硬件系统包括主要由运算器和控制器组成、用于运算和控制的中央处理器，用来存储程序和数据的存储器，用于输入程序和所需的原始数据的输入设备，用于输出计算机的运行结果或数据处理结果的输出设备，以及其他的外围设备。软件系统包括系统软件和应用软件。

37. 结构化系统开发过程包括五个阶段：

（1）系统规划阶段；

（2）系统分析阶段；

（3）系统设计阶段；

（4）系统实施阶段；

（5）系统运行与维护阶段。

38．数据库设计主要分为六个步骤：需求分析、概念结构设计、逻辑结构设计、物理结构设计、数据库实现和运行维护。（注：1个步骤一分，答对5个即可得满分5分）

39．结构化的程序设计方法强调要点如下。

（1）自顶向下、逐步求精的模块化分解原则。

（2）采用三种基本的控制结构：程序设计中尽量只采用顺序结构、选择结构、循环结构三种基本控制结构。

（3）各程序部分的联系尽量使用调子程序（Call-Return）方式。

（4）限制使用无条件转移语句“GOTO”。

五、应用题（本题10分）

40．设 X 为职工月收入，Y 为职工应交税额。

（1）决策树如下：（4分）

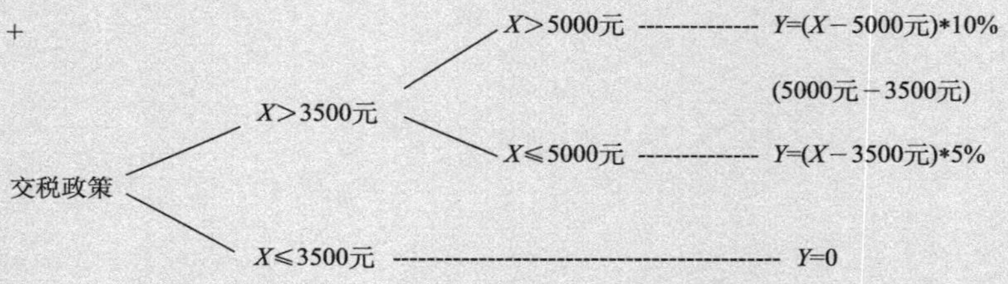

（2）决策表如下：（6分）

表1 决策表条件分析及取值

条件名称	取值	含义
月收入（X）	L	$X \leqslant 3500$ 元
	M	3500 元 $< X \leqslant 5000$ 元
	H	$X > 5000$ 元

表2 计算所得税的判断表

	可能方案	1	2	3
条件	月收入（X）	L	M	H
结果	$Y=0$	×		
	$Y=(X-3500) * 5\%$		×	
	$Y=(X-5000) * 10\%+1500*5\%$			×

八、案例分析题（本题15分）

41．（1）应完成以下任务：确定系统目标、现行系统的详细调查、用户需求分析、组织结构与业务流程分析、数据流程分析、建立新系统的逻辑模型、撰写系统分析报告。

(2) 主要失误如下：①对现行的系统及流程未进行认真详细的调查；②没有完全掌握各个业务部门的需求，进而无法从整个业务流程优化的角度来进行系统分析；③对各业务部门的信息安全的需求调查不清，考虑不周。

(3) 解决思路如下：(5分，参考答案，具体评分由老师酌情处理)

这个系统不仅带来了业务处理方面的问题，而且它是非常不安全的，很容易将企业的相关内部情报泄露出去。因此，应该首先在信息安全方面组织工作。同时，重新分析业务流程和各部门信息需求，并严格根据流程设定功能模块，实现信息集成和流程优化。